国家自然科学基金面上项目：
"大学生创新创业能力评价体系与结构模型研究"
（71974163）终期成果

获得厦门大学教育学一流学科建设基金资助

创新创业教育丛书

王洪才　主编

中国大学生创新创业能力结构与发展水平研究

王洪才 等◎著

厦门大学出版社
XIAMEN UNIVERSITY PRESS
国家一级出版社
全国百佳图书出版单位

图书在版编目（CIP）数据

中国大学生创新创业能力结构与发展水平研究 / 王
洪才等著. -- 厦门：厦门大学出版社，2023.8
（创新创业教育丛书/王洪才主编）
ISBN 978-7-5615-9075-1

Ⅰ. ①中… Ⅱ. ①王… Ⅲ. ①大学生-创业-研究-
中国 Ⅳ. ①G647.38

中国版本图书馆CIP数据核字(2023)第151070号

出 版 人　郑文礼
责任编辑　曾妍妍
美术编辑　李夏凌
技术编辑　朱　楷

出版发行　厦门大学出版社
社　　址　厦门市软件园二期望海路 39 号
邮政编码　361008
总　　机　0592-2181111　0592-2181406(传真)
营销中心　0592-2184458　0592-2181365
网　　址　http://www.xmupress.com
邮　　箱　xmup@xmupress.com
印　　刷　厦门集大印刷有限公司

开本　720 mm×1 000 mm　1/16
印张　15.75
插页　2
字数　267 千字
版次　2023 年 8 月第 1 版
印次　2023 年 8 月第 1 次印刷
定价　64.00 元

本书如有印装质量问题请直接寄承印厂调换

厦门大学出版社
微信二维码

厦门大学出版社
微博二维码

总序

一、创新创业教育是我国高等教育进入大众化后提出的急迫命题

众所周知，创新创业教育是我国高等教育进入大众化阶段后才出现的一个命题，其产生的最直接，也是最主要原因就是高等教育入学人口激增致使大学生就业压力加剧。事实上，早在高等教育精英化阶段后期，我国高校毕业生就业压力问题就已经呈现出来了，当时集中的问题是"所学专业与就业岗位不对口"和"区域性的供需关系不匹配"以及"人才供需结构不平衡"。当高等教育进入大众化阶段后，高校毕业生就业难问题就成为一个非常突出的矛盾。事实表明，传统的就业岗位供应已经很难满足数量迅速增长的大学生毕业人口的需求，为此必须开辟大批新的就业岗位。有识之士普遍认为掌握先进知识和技术的大学生有可能成为开辟新工作岗位的重要分子，这可能是创新创业教育概念提出的最直接动因。换言之，当代大学生在掌握先进知识和技术之后，也可以不走传统的直接就业路径，而走独立创业路径，特别是在新技术领域和新行业进行创业。如此就可以在一定程度上缓解就业压力问题。显然，能够开展这种创新创业活动的是极少数学生，对于绝大多数学生而言，创新创业意味着运用掌握的知识和技术去进行岗位创业，通过钻研岗位所需要的知识、技术和技能而为所在部门做出创造性贡献。

必须指出，创新创业教育概念的提出具有鲜明的时代特征。我们知道，创新创业教育概念提出之时恰是我国社会经济发展处于动能转变时期，传统的依靠密集劳动的粗放型经济发展时代已经过去，再依靠引进简单技术和来料加工进行低附加值生产的时代也一去不复返了，我国社会经济发展动力必须转向依靠自主知识创新,换言之,我国经济增长不能再依靠粗放型发展模式,必须转向集约型经济,集约型经济所依靠的不是劳动力数量或资本数量的增加,而是依靠技术创新、知识创新。这就涉及人力资源的开发问题,从本质上说就是依赖于培养大量具有创新知识、创新技能和创业能力的人才,而人才培养这一重要使命必然首先落在大学身上,这也是我国在高等教育领域提出创新创业教育的另一个动因。

此外,还有一个更深层次的动因,那就是作为高等教育学习主体的学生群体发生了巨大变化,要求高等教育人才培养模式必须变革,否则就难以适应学生的需要。我们知道,新一代大学生基本上都是网络时代的原住民,已经习惯于从网络世界接受学习资源,不再满足于从教师身上获取知识,为此师生关系模式、教学模式必须转变,人才培养规格必须转变,否则就难以适应他们的发展要求,从而高等教育系统自身也面临着创新与创业的要求。所以,创新创业教育也有高等教育自身转变的意味。对于这一点,虽然高等学校普遍有所意识,但还没有转变为行动动力。

最后,也是一个根本性原因,那就是消除应试教育带来的后遗症,把创新创业教育作为解决应试教育的根本对策。我们知道,应试教育严重压抑了人的创造性,使学生的创新思维处于一种不发达状态,从而导致人的创新动力不足、创业能力欠缺。这种教育模式显然无法适应高等教育大众化的就业形势要求,提出创新创业教育策略可以从根本上解决这一问题。创新创业教育无疑是以创新创业能力培养作为人才培养的根本指向,目的就在于改变目前人才普遍缺乏创新活力和创业动力的问题,旨在带动整个教育系统向创新创业方向转变,使整个教育系统具有创新活力与创业动力,从而带动中华民族整体素质的提升。如此,提出创新创业教育概念是高等教育发展战略观念转变的标志。所以,我们认为创新创业教育是一种具有中国特色的高等教育改革发展观念。

二、创新创业教育本质在于开发每个学生身上潜藏的创造力

显然,开展创新创业教育并非一件易事,因为它试图从根本上扭转传统的应试教育体制,从而注定了要走一条充满荆棘的坎坷之路。开展创新创业教育,需要反对传统的教育观念,即要反对传统的以知识传授为中心

的教学模式,在该教学模式下,学生常常作为被动的受体出现,把接受现成知识作为核心任务,并没有把学生的能力发展作为中心任务。这种教学模式的典型表现就是"老师讲、学生听""上课记笔记,考试背笔记,考后全忘记"。事实上,学生认真听讲、记笔记属于优质课堂的表现,而大量学生在课堂并未认真听讲,而是在玩手机,从而造成了大量的"水课"出现。如果不改变这种教学模式,不从根本上转变传统教学观念,创新创业教育就无法有效开展。可以说,扫平创新创业教育面临的观念障碍是首先需要解决的问题。

转变传统教学观念需要确立正确的教育观念,提出创新创业教育概念可谓正应其时。当然,对创新创业教育概念的理解应该突破狭隘化的误区。传统上对创新与创业两个概念都存在着严重的狭隘化理解,从而形成了另一种观念障碍,如果不能从根本上突破这种观念障碍,创新创业教育也不可能顺利开展。对创新创业概念最常见的狭隘化理解是把创新看成是科学家的事,把创业看成是企业家的事,认为创新创业是与普通人无关的事。这种狭隘化事实上就是把创新创业神秘化,如果这样的认识得不到澄清,那么创新创业教育就无法广泛开展。在实践中还存在着一种狭隘化认识,认为创新创业教育是一种专门化训练如"创业训练",从而与专业教育或通识教育无关,这种封闭化认识导致了创新创业教育的开展独立于专业教育与通识教育之外。虽然这种误解与目前的管理体制有关,但确实产生了割裂创新创业教育的结果。这一切都是创新创业教育进行过程中的观念障碍,都必须及时清理。

我们认为,正确的创新创业教育观念应该认识到创新创业与每个人的生活息息相关,同时与每个人的福祉息息相关,也与国家利益、中华民族根本利益息息相关。创新就是我们克服困难的过程,创业就是取得事业成功的过程,创新创业教育就是培养每个人克服困难的能力和获得成功的本领,这就是创新创业教育的本质内涵。这就回答了创新创业教育是什么的问题。因而,对创新创业教育的认识,集中在对创新创业教育目标的设计上,也即"培养什么人",因为只有知道创新创业教育力求达到的目标是什么,才能进行具体的规划设计和具体的制度设计。

创新创业教育无疑就是要培养大学生成为具有创新创业精神、创新创业能力和创新创业动力的创新创业人才。可以说，具有创新创业精神主要属于认知层面，创新创业能力属于实践层面，创新创业动力属于意志层面或人格层面。形成创新创业精神并不难，难的是形成创新创业能力，最难的是始终具有创新创业动力。创新创业精神形成是前提，创新创业能力形成是关键，创新创业人格形成是根本。具有创新创业的精神不一定具有创新创业能力，具有创新创业能力不一定使其成为终身追求，因为这些都与环境有关，与教育方式有关，与个体志趣有关。只有具有创新创业的人格追求才能最终成为创新创业人才。

培养大学生具有创新创业能力就是创新创业教育的关键点和核心，一句话，如果我们无法培养大学生具有创新创业能力，那么创新创业教育就不可能是成功的。因此，如何培养大学生具有创新创业能力是整个创新创业教育关注的核心问题。

三、创新创业教育高质量发展需要探明的五个基本问题

要培养大学生创新创业能力，就需要回答五个基本问题：一是创新创业能力该如何进行科学定义并实施有效的测量？这是创新创业教育高质量发展面临的最为核心的问题。因为创新创业教育目标就在于培养大学生的创新创业能力，如果不能对创新创业能力进行科学的界定，那么就很难进行科学的引导和评价。二是创新创业能力发展主要受哪些因素影响以及其内在作用机制是什么？这是对创新创业能力发展机制的探讨，因为创新创业能力发展不可能发生在真空中，不可能完全由个体天赋决定，必然受到后天因素的影响，在现实中这些因素究竟是如何作用于创新创业能力发展过程的，就需要探明。三是创新创业能力培养如何适应不同学校办学层次或类型的要求并发挥各自的优势？这是对创新创业教育活动主体职能的探讨，即探讨高等学校如何依据自身的特点来开展有效的创新创业教育促进大学生创新创业能力最大程度地发展。四是该如何检验目前我国高校大学生的创新创业计划项目实施的效果以及该如何完善？这是对我国创新创业教育重要举措的实施效果的研究，检验我国大学生创新创业计划项目究竟发挥了什么样的作用，能否为创新创业教育高质量发展提供

有力的支持。五是如何借鉴国外经验以促进我国创新创业教育制度设计更加完善？这是站在国际视野高度来审视我国创新创业教育优化问题，也即怎么来取长补短、洋为中用，使我国创新创业教育获得突破性发展，实现高质量发展的目标。

（一）关于创新创业能力的界定与测量

关于创新创业能力的科学定义和有效测量，可谓是创新创业教育推行过程中面临的一个最基础的且也是最核心的问题。[①] 如前所述，创新创业教育目标是培养创新创业人才，其中关键是培养大学生具有创新创业能力，如果不明确创新创业能力的具体内涵，那么创新创业教育就缺乏明确的指导性，也就无法建立科学的导向机制。对创新创业能力进行测量的目的则是为创新创业教育开展建立一个有效的督促机制，因为人们总是根据评价标准来调整自我行为方式，如果创新创业能力不可测量，人们就不知道自己创新创业能力培养的效果如何。当创新创业能力可以测量时，人们就容易观察自身工作的成效和具体改进及努力的方向。所以，创新创业能力的科学界定与有效测量是创新创业教育推进过程中面临的最基础问题。但由于能力测量向来都是一个非常复杂的课题，而且创新创业能力本身又是一个新课题，故而研究的难度大，进行测量的难度也非常大。正因为研究这个问题的难度大，所以相关成果非常少，从而该问题也成为制约创新创业教育有效开展的"卡脖子"难题。

为了解决这个难题，我结合自身经验展开了系统的理论思辨，同时也借鉴那些成功人士的经历进行思考，总结他们创新创业能力的共同特点，从中我得到了四点启示：首先，我意识到创新创业能力绝不是一种单纯的能力，而是一种复合能力；其次，我意识到创新创业能力主要是一种行动能力而非一种思辨能力；再次，我意识到创新创业能力是一种动态发展的能力，而非一旦形成就固定不变的能力；最后，我意识到创新创业能力是一种结构性能力而非一种无序的能力组合。由此我开创性地提出了创新创业

[①]王洪才.创新创业能力评价：高等教育高质量发展的真正难题与破解思路[J].江苏高教,2022(11):39-46.

能力七阶段理论。在此基础上,我带领团队的核心成员段肖阳、郑雅倩、杨振芳三位博士生对背后的理论基础进行深入剖析,与已有的研究成果展开对话,最终我们确认我提出的七阶段理论具有包容性、科学性和系统性,适合作为大学生创新创业能力结构模型。在此基础上我们开展了大学生创新创业能力测量量表的开发工作,在经过三轮的施测之后,最终形成了具有良好信效度的大学生创新创业能力测量量表。由此我们开展大样本的抽样调查,通过调查进一步验证了我提出的能力理论的有效性,同时也了解了大学生创新创业能力发展状况。我们的调查有许多新发现,对于进一步开展创新创业教育具有重要的启发意义。由于段肖阳、郑雅倩、杨振芳参与了调查研究全过程,从而他们也成为《中国大学生创新创业能力结构与发展水平研究》这本书的撰写主力。段肖阳是最早加入团队开展工作的,对于文献研究和模型构建发挥了重要作用,从而承担这两部分内容的撰写;郑雅倩参与了研究设计和实证调研工作,从而适合承担这两部分内容的撰写;杨振芳负责整理我的创新创业教育论述,协助我完成绪论部分工作。

(二)关于创新创业能力发展影响因素与作用机制

无疑,对创新创业能力进行定义与测量的目的是指导创新创业教育实践,那么,如何来提升创新创业能力培养效果必然是创新创业教育关注的核心问题。为此就必须探讨创新创业能力发展的影响因素以及内在的机制问题。我们认为,既然创新创业能力是可以测量的,那么就应该找到影响创新创业能力的主要相关因素,而且也要找到这些影响因素之间的相互关系,如此就能够为创新创业能力提升计划提供有效的参考方案。我们知道,影响大学生创新创业能力成长的相关因素非常多,既有直接的,也有间接的,当然,其中必然有主要的和次要的。我们不可能罗列所有的要素,必须通过调查找到影响学生创新创业能力发展的最主要的而且也是最直接的影响因素,并且通过深度调查和统计分析来找到各种影响因素之间的相互关系,如此才能找到影响创新创业能力成长的作用机制。只有这样,我们才可能调动一切积极的因素来推进创新创业教育。很显然,如果对创新创业能力的认识不同,那么对创新创业能力的发展定位就不同,进而所发现的相应的影响因素就会出现根本的不同,因为它们背后的作用机理不同。

为了解答这个问题,我们在研制大学生创新创业能力测量量表过程中就预计到了有哪些因素可能影响大学生创新创业能力的发展。为了更好地确定大学生创新创业能力的影响因素及其作用机制,研究团队认为需要专人负责这一项工作,因为这不单纯是一项调研活动,更是一个理论探讨过程。在协商基础上,确定段肖阳作为主力主要负责探讨该问题,因为她掌握的相关研究文献最丰富,有亲身的实践经历,对该问题非常感兴趣,而且全程参与了课题研究,于是该主题就成了她的博士论文选题。事实证明她从事该项研究是非常合适的,她在研究过程中发现了一个有趣的现象,即大量数据表明,影响大学生创新创业能力发展的最主要的因素就是个体的主动性,其次是教师的支持,再次是课程与教学的影响,最后是学校环境的影响,而且学校环境、课程与教学和教师都需要通过个体主动性发挥作用,不仅如此,学校环境也需要通过课程与教学再通过教师发挥作用,构成了一个从中心到边缘的层次,由此提出了"圈层理论",可以说这是通过实证研究得出的一个微型理论。由段肖阳完成的《中国大学生创新创业能力影响因素研究:基于全国大样本的实证研究》系统地阐释了"圈层理论"的提出和验证过程。

(三)高校层次与类型对创新创业能力发展的影响

对大学生创新创业能力发展影响因素的认识,必然涉及办学条件、办学环境的影响问题。我们知道,大学生创新创业能力发展必然会受到环境的影响,但办学条件对大学生创新创业能力发展的影响究竟如何确实值得探索。具体而言,我们并不清楚究竟是哪一类大学对大学生创新创业能力发展影响大:是研究型大学,还是应用型大学,或是高职高专院校?它们之间完全没有区别是不可能的,但它们之间的区别究竟显著不显著却无法确定。我们可以预料,创新创业能力必然受家庭环境影响,因为家庭文化氛围对一个人的创新创业意识和创新创业精神形成具有潜移默化的影响,也必然在一定程度上影响个体的创新创业能力。但创新创业能力更多是个体在挑战环境、挑战困难的过程中形成的,所以个体的学习经历和生活经历发挥着关键作用。创新创业能力发展必然也存在着学科差异,因为有的学科偏重于应用性,对学生实践能力训练的作用更直接,从而更有利于创新创业能力成长;而有的学科更偏重于理论知识传授,对创新创业能力的影响可能就不直接,那么作用就不怎么显著。创新创业能力也会受到性别因素影响,因为性别角色对个体的自我认知会产生非常大的影响。此外,课堂教学模式对大学生的创新创业能力影响也是非常直接的,因为它能够直接影响个体主动性的发挥,影响个体的思维方式,特别是影响个体的交往能力发展。这一切都可以汇集到学校校园文化和办学风格上。如果学校非常注重创新创业能力培养,就会有意识地创造条件,促进大学生参加创新创业实践活动,如此就会使大学生的创新创业能力得到更快的发展。一句话,创新创业能力发展主要是受教育环境的影响。要使一个人的成长不受环境因素影响是不可能的,但究竟受到多大程度上的影响? 大学生的个体在与环境互动之中究竟处于什么位置? 这对个体创新创业能力的发展究竟发挥了什么作用? 这些是必须思考的。

事实上,我们在进行了大样本的数据调查之后,就发现这些问题得到了一定程度的解答。调查数据显示,大学生创新创业能力发展确实与个体的主动性发挥具有直接的关系,但与学校的层次类型没有直接的关系,甚至呈现了一些难以理解的状况,即研究型大学的创新创业能力反倒不如应用型大学和高职高专院校。这种情况非常出人意料,必须予以验证与解释。为了揭示这个现象,我们开展了个案研究,选择一些具有代表性的高校进行验证,看这种状况在个案学校是否存在。具体操作方式是在各层级高校中选择1~2所案例学校进行研究,综合比较各个因素在不同层次类型高校中的表现,由此来判断环境作为一个整体因素是如何影响大学生创新创业能力发展的。这就是我们团队《中国大学生创新创业能力发展路径研究:基于不同类型高校的实证分析》一书的由来,段肖阳、杨振芳、郑雅倩、李淑娥、孙佳鹏五位博士生承担该项工作。

(四)大学生创新创业训练计划项目实施效果

为了促进大学生创新创业能力培养,国家进行了强有力的政策指导,如评选创新创业教育示范校,评选创新创业实践基地,组织大学生创新创业大赛,从而为高校开展创新创业教育创设了良好的政策氛围。在国家政策的引导下,高校开设了大学生创新创业训练计划项目(简称"大创"项目),设立大学生创业园,鼓励大学生开展多种形式的创新创业实践。许多高校都设有大学生创新创业训练计划项目,以此作为培养大学生创新创业能力的主要阵地。我们认为,这种大学生创新创业实践机会是非常难得的,对大学生创新创业能力的提升作用也是比较明显的。那么,我们需要知道:大学生创新创业训练计划项目究竟是如何发挥作用的?其中的作用机制是什么?哪些做法更有效?是否存在着规律性?这是一些非常有趣的问题。我们知道,大学生创新创业能力培养肯定不能脱离具体专业学习,离开专业知识支撑,创新创业教育就难以走向深入,创新创业能力也难以健康发展。但如果专业学习的理论性太强,缺乏实践机会,大学生创新创业能力发展也不会太顺利。所以,如何处理理论学习与实践探索的关系,始终是创新创业能力培养面临的一个难题。大学生创新创业训练计划项目的实施为解决该问题提供了一个有效途径,因而,如何充分发挥这一制度的作用是我们必须要认真思考的。

要完成这样一项研究任务,需要对大学生创新创业训练计划项目运行过程有一个基本的了解,最好是实际参与过大学生创新创业训练计划项目的设计和指导工作,了解每个环节的运行规则。杨振芳显然具有该方面的优势,因为她实际指导过大学生参加并完成了大学生创新创业训练计划项目,而且她本人对探究该议题具有浓厚的兴趣,所以她把该研究主题作为她的博士论文选题。她经过两年多的田野调查,对多所高校的大学生创新创业训练计划项目团队进行了访谈,提炼出大学生创新创业训练计划项目有效运行的基本特征,回答了有效运行的内在机理问题。这个研究结果与研究过程构成了《大学生创新创业训练计划项目育人有效性研究》一书。

(五)国外创新创业教育对我们的借鉴意义

创新创业教育作为具有中国特色的高等教育理念,是在学习国外先进经验基础上进行的本土化创新,是针对中国高等教育存在的实际问题提出的发展理念。但是从理念到行动仍然有不少路要走。如何才能使中国创新创业教育比较稳健地发展?此时吸收国外先进经验就不可少,那么国外高校是如何培养大学生创新创业能力的？有哪些比较成功的经验值得我们学习和借鉴？如何才能进一步完善我国的创新创业教育体系？这些都是非常值得关注的问题。郑雅倩对这些问题非常感兴趣，她从硕士阶段就开始关注"保研生"创新创业能力发展问题，进入博士阶段后对创新创业教育兴趣更浓，特别是对国外大学开展创新创业教育的经验非常感兴趣，所以她主持完成了《研究型大学本科生创新创业能力培养研究：中外比较的视域》一书。

我们知道，对大学生创新创业能力培养在国际上具有比较长的历史，早在20世纪中期美国哈佛大学就已经开始了创业教育实践，但之后发展并不顺利，直到20世纪末叶才形成一个比较大的高潮。这个时期我国刚刚引入创业教育概念，尚未开展大面积的实践。尽管此时我国已经开始进行教育改革，但改革主要是为了让教育从服从计划体制要求转变到适应市场经济发展要求。高等教育的人才培养目标也发生了剧烈变化，开始从传统的"专业对口式"人才培养模式转变到培养复合型人才上，但并未涉及创新创业教育主题，虽然当时已经出现了部分大学生就业难问题。这个时期我国高校主要是在商学院中引入创业教育概念并进行了试点。创新教育观念开始在中小学中兴起，尚未进入高等教育改革视野。进入新世纪之后，我国改革开放进入深化期，高等教育开始重视学习国外的先进经验，开始重视创新能力培养问题，但并未形成一种普遍认识，而对大学生创业能力培养的重视是随着高等教育大众化的深入而兴起的。当走过新世纪第十个年头后，我国对创新教育与创业教育有了新的认识，开始把两者整合成一种新的教育理念，从而创新创业教育在高校得到普遍重视，其中创新创业大赛在其中发挥了决定性作用。

四、对创新创业教育五个基本问题的解答过程

显然，以上五个问题的解答都非常具有挑战性，每解决一个问题都会在理论上或实践中产生很大的推进作用。当然，各个问题之间还是存在着一定序列的，其中最具有挑战性的还是创新创业能力概念的界定与测量问题，因为它是最基础的问题。为了解答这个问题，我们对以往的创新与创业概念进行了系统的梳理，找到传统理解存在的不足，然后根据现实需要

赋予其新内涵。传统上人们对创新与创业的理解存在着严重的神秘化和窄化误区,不利于创新创业教育走向大众,所以破除这种神秘化与窄化是当务之急。

过去人们经常把创新与科学家联系在一起,创业与企业家联系在一起,这就把创新与创业神秘化了。目前人们对创新创业教育的理解主要是围绕创办科技企业进行的,这种理解使创新创业教育内涵严重窄化了,束缚了人们对创新创业教育的热情。我们进行观念创新的目的是使创新创业教育适合每个人,使创新创业教育能够发现每个人所具有的创新创业潜质,从而可以进行针对性的教育,只有这样才能使创新创业教育收到成效。这是本丛书的基本观念,我们在每本书的基本概念探讨中都会突出这个观点。

在达成这一基本理解之后,我们就开始了广泛萃取创新创业教育成功案例的工作,[1]进而凝练创新创业教育成功经验,从中建构评判创新创业成功的核心指标,最终形成创新创业能力指标体系,构建出创新创业能力模型。其中最为关键的一步是大学生创新创业能力测量量表的制定。显然这是一个非常复杂的系统工程,非单个人可以胜任,必须发挥团队的优势才能承担。作为课题负责人,我主要负责创新创业教育的理念构建和创新创业能力框架的设计工作,为整个团队的研究提供理论解释与指导;另一个主要工作就是组织团队进行量表研制开发和系列测试。段肖阳在其中发挥了骨干作用,她是我创新创业教育思想的第一个受众,也是创新创业能力测量量表研制过程中的主要联系人,她自身具有长时间创新创业实践的亲身经历,对创新创业教育具有浓厚的兴趣,她的博士论文选题就是关于大学生创新创业能力影响因素的研究。郑雅倩在本科阶段参加过创新创业实践活动,在硕士阶段就已经参与了我的创新创业教育课题研究,并且采用扎根理论方法对参加夏令营的大学生进行了调研分析,顺利地完成了硕士阶段学业并进入博士阶段学习,而且在段肖阳博士毕业后担负起团队联系人的职责,在本次研究中重点负责中外创新创业教育比较。这两

---

① 王洪才,刘隽颖,韩竹. 中国特色的高职"双创"教育模式探索:以宁波职业技术学院"1234"创新创业教育模型建构为案例[J].教育学术月刊,2018(2):56-64.

位联系人都有非常强的敬业精神和韧性品质,敢于挑战困难,能够把挑战当作自己成长的机遇。杨振芳虽然是后来加入的,但她具有心理学专业基础,在量化研究过程中具有优势。她具有强烈的挑战自我的愿望,所以在博士论文选题中大胆采用质性研究方法来研究大学生创新创业训练计划项目的实践效果,想从典型事例出发来分析大学生创新创业训练计划项目有效运行的机制。她们三个人在整个研究过程中都发挥了核心成员的作用,特别是在大学生创新创业能力测量量表的研制过程中开展了高密度、高强度的研究合作,最终使量表研制获得圆满成功。李淑娥博士生和孙佳鹏博士生都是后来吸收进研究团队的,这两位博士生都具有丰富的管理实践经验,都对创新创业教育问题非常感兴趣,两人的学习能力非常强,她们很快就融入了团队,在不同类型高校案例研究过程中发挥了积极的作用。

在对大学生创新创业能力测量量表研制成功的基础上,我们对我国大学生创新创业能力的发展状况进行了大面积的测量,取得了一系列可喜的成果。

首先,我们开展理论探索,[1]为本丛书的撰写进行理论铺垫;进而瞄准国内创新创业教育研究热点,[2]从本体论意义探索创新创业教育内涵。[3]我们是从重新界定创新与创业概念进行突破的,[4]把创新创业能力研究作为重点和突破点,[5]开创了创新创业教育研究新风尚。我们进行了一系列的理论创新,把创新创业教育从狭义推向广义,[6]整体更新了人们关于创新创业教育的观念;发现了创新创业教育的多重蕴涵,[7]从而为创新创业教育体系构建提供了理论基础;发现了创新创业教育在中国高等教育转型

---

① 王洪才.创新创业教育必须树立的四个理念[J].中国高等教育,2016(21):13-15.

② 王洪才,刘隽颖.大学创新创业教育核心·难点·突破点[J].中国高等教育,2017(Z2):61-63.

③ 王洪才.创新创业教育的意义、本质及其实现[J].创新与创业教育,2020,11(6):1-9.

④ 王洪才.创新创业能力的科学内涵及其意义[J].教育发展研究,2022,42(1):53-59.

⑤ 王洪才.创新创业能力培养:作为高质量高等教育的核心内涵[J].江苏高教,2021(11):21-27.

⑥ 王洪才,郑雅倩.创新创业教育的哲学假设与实践意蕴[J].高校教育管理,2020,14(6):34-40.

⑦ 王洪才.论创新创业教育的多重意蕴[J].江苏高教,2018(3):1-5.

与发展中的地位,①引导人们从战略角度认识创新创业教育;发现了创新创业教育是中国本土化高等教育发展理念,②为构建中国高等教育自主知识体系和话语体系做出了贡献。这些理论探索,为创新创业能力的测量与评价研究打下了良好基础。最终,我们建构了创新创业能力的结构模型,③研制出具有广泛适用性的创新创业能力测量量表,④对该量表拥有完全知识产权。

其次,我们发现大学生创新创业能力发展存在着一系列不平衡现象,⑤其中最大的发现是:大学生创新创业能力并未随年级提升而不断提升,而且也没有受到学校层次和类型的显著影响,从而打破了人们对大学生创新创业能力发展的美好想象。这些新发现具有重要的学术价值和实践意义,成为我们进行深入研究的切入点。

再次,我们对调查发现的大学生创新创业能力发展状况展开一系列的解释性研究,也即致力于发现创新创业能力发展背后的影响因素及其作用机理。我们发现自我发展理论是创新创业能力发展的最重要的理论基础,理性行动理论能够为创新创业能力模型构建提供重要的学术支撑。

复次,我们展开了多个案例研究来验证调查研究发现的结果。通过分类型研究不同高校的大学生创新创业能力发展状况及其影响因素,也通过高校的大学生创新创业计划项目的实践案例来研究创新创业教育的实施效果。多方面的案例研究就为了解释创新创业能力测量结果的有效性和普适性。

最后,我们也通过比较视角来审视国内外高校在开展创新创业教育方

①王洪才,汤建.创新创业教育:高等教育内涵式发展的关键[J].武汉科技大学学报(社会科学版),2021,23(1):110-116.

②王洪才.创新创业教育:中国特色的高等教育发展理念[J].南京师大学报(社会科学版),2021(6):38-46.

③王洪才.论创新创业人才的人格特质、核心素质与关键能力[J].江苏高教,2020(12):44-51.

④段肖阳.论创新创业能力模型与评价指标体系构建[J].教育发展研究,2022,42(1):60-67.

⑤王洪才,郑雅倩.大学生创新创业能力测量及发展特征研究[J].华中师范大学学报(人文社会科学版),2022,61(3):155-165.

面的差别，借鉴国外先进经验，弥补自身的不足。自然而然，美国高校就成为主要的比较分析对象，因为美国是一个典型的创新型国家，全社会对创新创业持高度认同的态度，这种认同也渗透到高校的办学制度设计和政策制定上。所以，认真分析和借鉴国外高校的成功经验对于客观地认识我国创新创业教育存在的不足具有重要的启发意义。

五、创新创业能力研究需要扎实的田野研究与系统的思辨研究相结合

通过研究我们发现，只有将创新创业教育与日常生活建立密切的联系，才能找到创新创业教育的切入口，否则创新创业教育就只能流于概念式的宣教。当前创新创业教育面临的最大问题是各个高校都没有把创新创业教育与专业教育、通识教育和思想政治教育有机地联系起来，各种教育都是分别实施的，没有组成一个有机整体，好像创新创业教育本质上是一种专门技能训练，只有通过特殊培训才能成功。这种理解就使创新创业教育与其他教育割裂开来。创新创业教育要想有效开展必须打破这种割裂局面，如果不从对创新创业概念的理解进行突破，就很难推动创新创业教育有效开展。事实上，创新创业教育是一个庞大的体系，它包含了专业教育和通识教育，特别是思想政治教育，因为思想政治教育根本目的就是解决培养什么样的人的问题，而创新创业教育就为此提供了答案，即培养社会急需的创新创业人才！专业教育和通识教育就是为培养创新创业人才提供支撑。

可以看出，解决创新创业教育观念问题是一个复杂的思辨研究过程，当然，这也是一个深入认识创新创业教育本质的过程。从深层次讲，这也是一个将创新创业本质与创新创业具体实践有机联系在一起的过程，如果研究者没有长期的创新创业实践体验就难以进行有效的哲学思辨，也就难以提炼出影响创新创业能力的有效因子，那么也就难以认识创新创业的真正本质。显然，如果研究者缺乏对复杂事物的透视分析能力，也就无法认识创新创业的本质，自然也就难以领会创新创业能力的旨趣。因此，对创新创业能力的界定过程是一个思辨研究与田野研究紧密结合在一起的活动。相对而言，在对创新创业能力内涵进行清晰的界定之后再进行操作化

和指标化就简单多了,尽管这个工作仍然非常烦琐细碎。当我们对创新创业能力进行科学界定之后,就基本上确立了测量创新创业能力的理论框架。有了这个基本框架指引,先确立核心要素,后找到关键的指标,然后形成指标体系,再通过问卷调查进行测量验证,最终就可以形成一个比较完整的测量量表。不得不说,这也是一个巨大工程,需要进行反复的尝试和调整。

当大学生创新创业能力测量量表构建出来之后,后续的验证工作和结果分析就容易开展了。首先,我们可以根据测量量表来衡量目前大学生创新创业能力发展水平。这是一个非常重要的工作,因为这关系到对高等教育质量的评价,关系到教育投入,关系到对学生发展的引导,所以与创新创业教育如何正确定位有关。一旦建立创新创业能力测量量表,就容易确定影响创新创业能力发展的基本维度,那么进行相应的教育计划调整就容易多了。其次,我们可以结合测量量表再针对性地开展影响因素问卷研制,从而可以确定各影响因素的作用并确定各因素之间相互作用的原理,如此许多教育行为及其效果就容易解释了。再次,我们可以运用该量表对具体的教育行为过程的效果进行评定,验证它们对大学生创新创业能力发展究竟发挥多大的作用。最后,我们可以运用该量表展开对大学生的跟踪调查,看看大学生在哪个阶段表现最好,哪个阶段表现不尽如人意,由此我们可以建立大学生创新创业能力发展的数据库,为大学生创新创业教育的开展提供咨询服务,如此就可以使研究成果广泛运用于创新创业教育改革实践中。

可以说,从事大学生创新创业能力研究对于每位作者都是一次非常重要的学术创业实践,因为创新创业教育是新时代高等教育发展面临的最为急迫也是最为核心的难题,解答这个难题无疑需要巨大的学术勇气,因为它不仅需要我们转变思维模式,还需要改变自己的研究范式,需要重新建构自身的知识体系和能力系统。我们的研究团队经受住了这次考验,这次考验也使我们每个人进一步成熟和成长起来。在此感谢国家自然科学基金所提供的这一次机遇,这次机遇为我们团队发展提供了良机,我们衷心希望能不负国家自然科学基金所托,做出具有中国自主知识产权的科研成果,为后人进一步研究创新创业教育主题打下一个扎实的基础。

六、反思与展望

我们知道,解决大学生创新创业能力测量和评价问题只是推进创新创业教育体系建设工作的重要一环,创新创业能力影响因素研究、"大创"项目研究和国外借鉴研究对创新创业教育体系建设仅仅发挥辅助作用,未来建设创新创业教育体系的任务还非常繁重,可谓道阻且长。不得不说,思维方式革命是先导,如果不能确立创新创业价值在高等教育活动中的核心地位,就难以顺利推进创新创业教育。创新创业精神完全融入专业教育与通识教育过程中是创新创业教育体系建设的根本目标。只有管理系统把大学生创新创业能力成长作为评价高等教育质量高低的主要衡量指标时,高等教育系统变革才能走向成功。由于专业教育就是一种成才教育,通识教育就是一种成人教育,创新创业教育的有效开展依赖于专业教育的成功,创新创业教育又是通识教育的时代精华所在,故而,只有专业教育与创新创业教育完全融合,创新创业教育实践才算真正成功,那时中国高等教育就实现了彻底的转型,就能够为中国社会经济的高质量发展提供战略性支撑和源源不绝的动能,那时也是中国式高等教育现代化成功之时。让我们为此目标的实现加倍努力!

王洪才

于厦门大学黄宜弘楼

2022 年 12 月 25 日

目录

第一章

大学生创新创业能力的理论探索

第一节　大学生创新创业能力的研究背景

发展创新创业教育,培养创新创业型人才,不仅是高等教育改革与发展的重要内容,也是高等教育研究的重要课题。特别是党的十八大提出要实施创新驱动发展战略,要将科技创新摆在国家发展全局的核心位置,创新创业教育更是成为社会各界广泛关注的热门话题。作为一个中国本土原创的概念,创新创业教育更是中国高等教育转型发展需求的反映。创新创业能力培养则是创新创业教育的根本目的,是我国高等教育高质量发展的核心内涵。

一、创新创业教育:中国特色的高等教育发展理念

创新创业教育(简称"双创"教育)是一种具有中国特色的高等教育理念,反映了中国高等教育从精英阶段向大众化阶段转变的特殊需要,具有浓郁的本土气息。可以说,它反映了中国高等教育发展的客观需要,蕴含了中国高等教育发展的价值观,体现了中国高等教育的体制优势,发挥了高等教育发展的导向作用,创造了一个有效的实践模型,成为中国高等教育走向世界的窗口,为中国高等教育现代化做出了积极贡献。目前,它仍面临着一系列挑战,亟待进一步完善,从而也具有明显的开放性与发展性特征,代表了中国高等教育改革发展的基本方向。理解和解读创新创业教育理念的生成过程是中国特色高等教育理论建设的重要使命。

创新创业教育是一个诞生于中国本土的概念①,具有多重蕴含②,代表了一种新的高等教育发展方向。它最显著的特征是面向全体学生,倡导"广谱式"教育③,其中蕴含了一个非常具有潜力的基本理论假设,即:每个大学生都具有创新创业潜能④,从而大学有责任提供适宜的条件把它激发出来,使他们都发展成为社会急需的创新创业人才。2014 年,中国总理李克强在夏季达沃斯论坛(The Summer Davos Forum)上提出要在中国大地上形成"大众创业"浪潮和"万众创新"态势⑤,随后他又在首届世界互联网大会(2014 World Internet Conference)⑥、国务院常务会议⑦和 2015 年第十二届全国人民代表大会第三次会议⑧等场合频频阐释这一关键词,从而为中国创新创业教育注入了独特的精神内涵。我们知道,无论"大众"还是"万众",都是一种概指,而不是确指,意思是指芸芸众生,而非特指某个人或某个群体。这显然是对每个生命个体的尊重与信任,从而颠覆了人们传统的创新与创业观念。过去人们习惯上认为创新与创业都是少数人的事情,如认为创新是科学家的专利,而创业是企业家的专利,一般百姓是与此无关的。而"大众创业、万众创新"口号的提出不仅展示出中国领导人的豪迈之情,更是把人民群众当成历史创造者的反映,这也是大国自信的展现。当它与创新创业教育结合在一起之后,就形成了具有中国特色的"双创"教育的理论支点。

无疑,创新创业教育概念是为解决中国高等教育发展问题而提出的。众所周知,在中国高等教育实现大众化之后,所面临的最急迫问题就是毕业生就

①王占仁.创新创业教育的历史由来与释义[J].创新与创业教育,2015,6(4):1-6.

②王洪才.论创新创业教育的多重意蕴[J].江苏高教,2018(3):1-5.

③王占仁."广谱式"创新创业教育体系建设论析[J].教育发展研究,2012,32(3):54-58.

④王洪才.创新创业教育的意义、本质及其实现[J].创新与创业教育,2020,11(6):1-9.

⑤李克强出席第八届夏季达沃斯论坛开幕式并发表致辞[EB/OL].(2014-09-10)[2021-11-25].http://www.gov.cn/guowuyuan/2014-09/11/content_2748703.htm.

⑥李克强同世界互联网大会中外代表座谈时强调促进互联网共享共治 推动大众创业万众创新[EB/OL].(2014-11-12)[2021-11-25].http://www.xinhuanet.com/politics/2014-11/20/c_1113340416.htm? url_type=39.

⑦沈忠浩.改革提速让万众创新"红火起来"[EB/OL].(2014-12-04)[2021-11-25].http://www.gov.cn/zhengce/2014-12/04/content_2786622.htm.

⑧李克强.政府工作报告:2015 年 3 月 5 日在第十二届全国人民代表大会第三次会议上[EB/OL].(2015-03-05)[2021-11-25].http://www.gov.cn/guowuyuan/2015-03/16/content_2835101.htm.

业问题。如果就业问题不能解决，中国高等教育大众化就很难持续。显然，传统的就业路线潜力有限，必须开辟新的就业路径。"创业带动就业"，鼓励大学生自主创业就是在这一背景下提出来的。既然鼓励大学生自主创业，就必须为之提供相应的支持与帮助，高等教育必须在此有所作为。创新创业教育目的就在于使就业培训指导、创业教育和创新教育从分离走向融合，变成一种系统的教育，从而诞生出具有中国特色的高等教育发展理念。

传统上中国教育体系的保守性特征非常明显，教育的主要任务是传授前人积累下来的知识，目的是把个体变成社会发展变化的适应者，而不是成为社会改革发展的创造性主体。所以，在教育方式上非常注重标准化知识的传授，在评价方式上习惯于采用统一考试模式，在教育过程中习惯于以教师为权威，在教育内容上习惯于以书本为中心，在教学场所上习惯于以教室为中心，很少人相信大学生能够做出创新成果。与此相应，大学生的自我定位也比较现实，即获得一个现成的稳定的工作岗位。在计划经济时代，工作岗位一般由国家包分配，大学生就业由国家统一安排，从招生到就业可谓"一包到底"，而且工作分配之后还享受国家干部的待遇。但随着高等教育规模逐渐扩大，出现了"双轨制"招生后[①]，"自费生"毕业后开始"自谋职业"，于是出现新的大学生就业方式，但这部分毕业生总体上属于少数人。当高等教育大扩招开始之后，过去由国家"包分配"的方法根本行不通了，因为用人部门开始在用人事权方面实现了自主，于是"双向选择"就业模式开始流行，"自谋职业"就业方式开始司空见惯。这种转变具有历史的必然性。

"自谋职业"出现实际上开辟了大学生自主择业的先河，它在很大程度上解放了人们的职业思想，改变了人们的就业观念。人们发现，自谋职业除工作稳定性差之外，在收入待遇方面并不低，而且首先富裕起来的群体主要是这一部分人，因为他们的劳动付出与收入是直接挂钩的，从而率先打破了传统的平均主义分配模式，成为改革开放的最大受益者之一。今天，这些人一般自称为"体制外"就业，即他们的工资不是国家发放的，而是自己是自己的老板，从而他们成为最先富起来的群体成员。用今天的眼光看，他们都是创业成功者，是一种创新创业人才，因为他们敢于打破传统就业观念，勇于挑战自我，敢于去实现自己的人生价值，为社会发展做出了积极贡献。我们知道，这些最早的自

①狄枚.高校招生和毕业生就业制度改革新举措"双轨制并轨"试点[J].中国高等教育，1994(Z1):23-24,16.

主创业者,除部分是因为国家无法安排工作而自谋职业外,还有部分是主动从"体制内"转向"体制外"的,当时的时髦词叫"辞职""下海",即他们敢于抛弃"铁饭碗",端起了"瓷饭碗"。这些人的奋斗精神普遍非常强,因为他们不喜欢过"体制内"的安逸生活或接受固定的死工资,希望找到更适合自己的人生舞台,实现自己的人生理想,他们敢闯敢试的精神成就了自己。因为他们敢于挑战自己,更富于冒险精神和创新精神,从而开辟了非常辉煌的事业。这种奋斗精神、创业精神正是创新创业教育的核心内涵。

在创新创业教育概念的形成过程中,政府发挥了主导作用,[①]体现了真正的中国特色,也是中国高等教育体制特征的集中反映。2002 年之前,国内只有个别高校开展创业教育探索。2002 年,教育部选择在清华大学、中国人民大学等 9 所院校中开展创业教育的试点工作,[②]这些高校在创业教育开展过程中发挥了先导作用。在试点过程中,各院校依据自身特点尝试构建起了一些具有个性特色的创业教育模式,为创业教育广泛开展打下了基础。2008 年,教育部设立了 100 个创新与创业教育类人才培养模式创新实验区,[③]促使高校创新创业教育工作全面深入地推进。2010 年,教育部颁布第一个推进创新创业教育的全局性文件《教育部关于大力推进高等学校创新创业教育和大学生自主创业工作的意见》[④],首次正式使用"创新创业教育"这一新概念,并成立"教育部高等学校创新创业教育指导委员会"。文件提出"在高等学校中大力推进创新创业教育……创新创业教育要面向全体学生,融入人才培养全过程。要在专业教育基础上,以转变教育思想、更新教育观念为先导,以提升学生的社会责任感、创新精神、创业意识和创业能力为核心,以改革人才培养模式和课程体系为重点,大力推进高等学校创新创业教育工作,不断提高人才培养质量",并且提出"把创新创业教育有效纳入专业教育和文化素质教育教

①梅伟惠,孟莹.中国高校创新创业教育:政府、高校和社会的角色定位与行动策略[J].高等教育研究,2016,37(8):9-15.

②清华大学发起成立"中国高校创新创业教育联盟"[EB/OL].(2015-04-05)[2021-11-25].https://www.tsinghua.edu.cn/info/1173/18257.htm.

③教育部、财政部关于批准 2008 年度人才培养模式创新实验区建设项目的通知[EB/OL].(2009-01-20)[2021-11-25].http://www.moe.gov.cn/srcsite/A08/s7056/200901/t20090120_109574.html.

④教育部关于大力推进高等学校创新创业教育和大学生自主创业工作的意见[EB/OL].(2010-05-13)[2021-11-25].http://www.moe.gov.cn/srcsite/A08/s5672/201005/t20100513_120174.html.

学计划和学分体系,建立多层次、立体化的创新创业教育课程体系"。之后,教育部建立了高教司、科技司、学生司、就业指导中心四个司局的联动机制,形成了创新创业教育、创业基地建设、创业政策支持、创业服务"四位一体、整体推进"的格局。2012 年 8 月,教育部印发《普通本科学校创业教育教学基本要求(试行)》①,对创新创业教育进行整体规划和顶层设计,推动高校创新创业教育科学化、制度化、规范化建设。2015 年 5 月,国务院颁行《关于深化高等学校创新创业教育改革的实施意见》②,站在国家实施创新驱动发展战略、促进高校毕业生更高质量创业就业的高度,明确了深化高等学校创新创业教育改革的指导思想、基本原则、总体目标,并提出了主要任务和措施。这一切都说明,政府在创新创业教育概念形成中扮演了主导性角色。

全员动员则是中国创新创业教育的基本特色。在我国高校中,创新创业教育是动员全员参与的教育,不仅要求全部高校必须参与,而且号召全体教师积极参与,因为创新创业教育覆盖教育教学的全过程,参加者中当然也包括全体行政人员。如前所述,政府在其中发挥了主导作用。政府扮演了积极动员的角色,是创新创业教育的直接推动者。政府采用多种动员方式,除通过下达政策文件等方式外,也通过举办大赛和纳入大学评估等方式进行。高校在其中发挥主体的作用,可以说,高校对政府呼吁的积极响应是构成创新创业教育有效性的基础,这个动员与响应过程发挥了计划体制独有的优势。也正是这种独特优势,使得我国的创新创业教育在全国高校中快速推进与发展。

二、创新创业能力培养:作为高质量高等教育的核心内涵

创新驱动发展时代呼唤高等教育培养大批创新创业人才,创新创业能力培养理应成为高质量高等教育的核心内涵。高质量高等教育不仅要求人才培养以创新创业能力形成为中心,而且要求高等教育发展机制是公平的、规范的、协调的和个性化的,这些构成高质量高等教育的一般内涵。

"创新创业能力培养"之所以是高质量高等教育的核心内涵,是因为高质量高等教育第一位的含义就是指它的目标属性。换言之,培养什么样的人是

---

①教育部办公厅关于印发《普通本科学校创业教育教学基本要求(试行)》的通知[EB/OL]. (2012-08-01) [2021-11-25]. http://www.moe.gov.cn/srcsite/A08/s5672/201208/t20120801_140455.html.

②国务院办公厅关于深化高等学校创新创业教育改革的实施意见[EB/OL].(2015-05-04)[2021-11-25].http://www.gov.cn/gongbao/content/2015/content_2868465.htm.

高质量高等教育首先要回答的问题。在今天的社会发展背景下,培养创新创业人才无疑是最好的选择。这意味着,如果不选择创新创业人才作为培养目标,那么这样的高等教育就是低质量的,就是要被淘汰的。何以如此?因为今日社会是一个创新驱动发展的社会,社会发展变化非常快,如果一个人不能适应社会发展变化,就无法主导自己的命运。适应社会发展变化是人最基本的诉求,不然就谈不上为自己做主。要适应社会发展变化,个体必须具备创新思维,也即必须善于改变自己的思维方式,接受事物发展变化,调整自己的心态,提升自己的能力,从而能够应对社会发展变化。这种创新思维能力,就是一种基本的创新能力。为此,个体在面对社会纷繁复杂的局势时,必须能够认清自己的定位,从而能够从容地选择自己的行动方向,保持自己基本的价值追求,而且在关键的时候能够做好抉择,做好利弊权衡。当然,这需要个体对事物发展变化本身具有很强的辨别能力,也即能够认识事物的本质,理解事物的内在规定性,从而能够按照事物发展的内在要求进行取舍。如果没有这种基本的辨别能力,就没有后续的合理抉择和果断抉择。如此而言,个体就必须具备一定的专业思维能力,即能够站在一定的专业水准上思考问题,从而找到自己前进的方向。故而,适应社会发展变化已经成为当代高等教育对每一个学习者的基本要求。

可以看出,创新能力从根本上说就是根据环境变化要求做出自身调整的能力,即自己不再固执于过去的行为习惯或思维方式或既得利益,而是勇于放弃这些包袱,使自己更好地应对社会发展局势。显然,这种适应不是一种简单的适应、被动的适应,而是主动的适应,是有选择的适应,是根据自己的发展潜力和自己内在的召唤,选择适合自己的方向,做出主动调整。不难发现,个体的价值导向在其中起到了根本性的作用。如果一个人没有自己的成长目标,那么他在关键时刻是无从抉择的。而每一次的挑战,都会促使个体进行深入反思,强化自己的价值追求。个体在思考自己的价值追求之际,也在思考如何才能更好地实现自己的价值目标,如此他就会考虑如何把价值目标变成可操作的现实目标。在现实目标之中既有长远发展目标,也有近期工作目标。在个体工作目标中就包括日常必须完成的任务和平时必须满足的要求,如此就是一种自律的表现,是个体主动性的显现,也是使个体保持创造性活力的基本表现。我们知道,日常工作是繁杂的、琐碎的,如果缺乏长远目标导引,那么一个人就会很快精疲力竭。正是长远奋斗目标给个体平凡的生活以意义,使自己工作具有方向感和成就感,因为此时自己的每一份努力都是在向理想目标迈进。可以说,这种向着理想目标前进的过程就是个体创业的过程。[①]

创新创业能力培养,就是要使一个人更好地认识自己,认识自己的潜能,认识自己的努力方向,认识自己必须做的基本工作,从而使自己持续不断地努力,进而使自己的人生充满意义。正因如此,创新创业教育具有终身教育的意蕴,也具有通识教育的意蕴,同时还具有科学教育和专业教育的意义。[②] 显然,如果不遵守科学规律,不接受专业教育,就很难使个体的认知水平达到事物的本质层次,也就很难为自己的人生提供充分的指导。对各方面知识的获得,有助于使个体做出正确的价值选择,为自己确立正确的人生目标,也可以为个体制定正确的行动计划提供参考,这就是通识教育的意义所在。个体必须终身学习才能使自己的思想水平紧跟时代发展的前沿。这种终身学习能力就是在自我不断反思过程中形成的,是个体在与环境变化的互动间形成的,是创新能力的基本内涵,也是创业能力的构成因素。我们知道,高等教育的成功就在于使每个学习者都变成主动的人、有价值追求的人、具有高度社会责任感的人、具有创造社会价值能力的人,这些都是创新创业人才的基本品质,其核心内涵就是一个人具备了创新创业能力,知道自己该做什么和该如何做,从而满足自己成长的需要和社会发展的要求。高等教育如果能够使每个学习者都具备了这种能力,无疑就是高质量的。如此而言,创新创业能力培养作为高质量高等教育的核心内涵是成立的。

在确定高质量高等教育核心内涵就是创新创业能力培养后,还需要讨论它的一般内涵。创新创业能力培养的一般内涵是什么呢? 具体而言,首先,它是指公平的高等教育,即每个人都有机会接受创新创业教育,培养自身的创新创业素质,使自身具有较高或比较理想的创新创业能力,从而能够应对人生的挑战,使自己能够赢得并享受精彩的人生。其次,它是指规范的高等教育,即自己所接受的创新创业教育符合一定的规范要求,得到了权威的认证,不会是滥竽充数的创新创业教育。再次,它是指协调的高等教育,也即个体在接受创新创业教育过程中,无论是师资条件还是外部条件都是相互支持的,不会对创新创业教育产生掣肘,从而可以享受一个良好的创新创业教育环境。最后,它是指个性化的高等教育,也即当个人接受创新创业教育时,其课程设置和考核

---

①王洪才,郑雅倩.创新创业教育的哲学假设与实践意蕴[J].高校教育管理,2020,14(6):34-40.

②王洪才.论创新创业教育的多重意蕴[J].江苏高教,2018(3):1-5.

要求与个体的个性爱好是比较一致的,从而也是个体喜欢的,因而也能够调动个体能动性,唯有如此,才能达到高质量要求。

可见,核心内涵与一般内涵是有机统一的,核心内涵需要体现在一般内涵之中,没有一般内涵作为载体,核心内涵就无法呈现。而核心内涵是一般内涵的价值追求,没有核心内涵,一般内涵就成为空壳。只有一般内涵与核心内涵结合在一起,才形成一种由表及里的内在统一的整体,高质量高等教育才具有实体。

三、创新创业能力评价:在创新创业人才培养过程中居于统领地位

在当代,如何才能证明高等教育是高质量发展呢?我们的一个基本判断是:高等教育质量高低是通过人才培养质量体现的,只有证明人才培养是高质量的,才能证明高等教育是高质量的。而人才培养质量是通过大学生能力的发展状况体现的。当代大学生最需要发展的能力是什么?无疑是创新创业能力!之所以如此,就在于当今时代既是一个创新的时代,更是一个创业的时代,因为现时代有许多难题需要人们去面对、去挑战,有许多新事业需要人们去创造、去推动。挑战难题、解决难题就是在进行创新,创造事业、推动事业就是在进行创业。如果一个人缺乏创新能力,就无法跟上时代发展步伐。故而,创新与创业是新时代每个人都面临的基本课题,尤其是大学生。高等教育高质量发展的核心在于培养大学生创新创业能力。

今天的时代是一个数字化的时代,是知识爆炸的时代,更是信息爆炸的时代,一个人如果没有非常强的创新创业能力就无法适应时代要求,也就无法获得稳固的安身立命之本。一个人只有既具备非常强的创新能力又具备非常强的创业能力,才能使自己在快速变革的时代中找到自己的方位并且不断发展自己,逐渐成为社会发展的中流砥柱。创新创业能力就是创新能力与创业能力的有机合成而不是两者的简单叠加,无论缺乏创新能力还是创业能力,都不算具有创新创业能力。换言之,创新能力与创业能力都不是自动生成的,并非创新能力强而创业能力就必然强,反之亦然。创新能力总体上属于一种认识能力,而创业能力则属于一种实践能力。只有能够把创新思想变成创业实践而且随着环境变化而不断地开展创新实践者才是真正具备创新创业能力的人。大学生作为未来社会建设的中坚力量,其创新创业能力发展程度决定了社会未来的发展水平,因此,高等学校必须高度重视大学生创新创业能力的培养。也即,高等学校的一切工作都应该是围绕大学生创新创业能力培养进行

的,如果失去了创新创业能力培养这个核心,高等教育将失去其存在的现实意义和长远发展价值。

目前我国大学生创新创业能力发展状况究竟如何呢？这是一个亟待回答的问题。只有回答了这个问题,我们才能知道我国大学生创新创业能力发展还存在什么样的问题,并探讨该如何促进大学生创新创业能力水平的提升。显然,这些都关系到我国高等教育发展质量问题。要回答这个问题,就需要对大学生创新创业能力发展状况进行评价与测量。换言之,如果不知道该如何评价与测量大学生的创新创业能力,就无法判断大学生创新创业能力水平如何,当然也不知道它目前究竟存在什么样的问题,那么也就无法追溯问题究竟是如何形成的,最终也就难以找到解决的对策。因此,大学生创新创业能力评价与测量是高等教育在高质量发展过程中亟待解决的一个核心问题。

第二节　大学生创新创业能力研究涉及的核心概念

本节将对研究涉及的核心概念——创新创业、创新创业教育与创新创业能力进行梳理与界定,以为研究的开展奠定基础。

一、创新创业的概念界定

在我国,"创新"一词最早出现于《魏书》中的"革弊创新者,先皇之志也",指的是改革、革新制度。在西方,"innovation"源于拉丁语,主要指更新、改变与创造新的东西。在《辞海》中,"创新"是指"抛开旧的,创造新的"。学界一般认为最先对创新进行系统阐述的是约瑟夫·熊彼特（Joseph Alois Schumpeter）,其在《经济发展理论》中将创新理解为在经济活动中通过引入新方法、新产品、新资源等来实现生产要素的新组合。[①] 显然,熊彼特对创新的理解是以追求经济价值为导向的,强调的是创新的经济价值。彼得·德鲁克（Peter F. Drucker）在熊彼特的创新理论的基础上,认为"凡是能使现有资源的财富生产潜力发生改变的事物都足以构成创新",并提出了知识创新的观

---

①约瑟夫·熊彼特.经济发展理论[M].贾拥民,译.北京:中国人民大学出版社,2019:4.

点。① 然而,不管是熊彼特还是德鲁克的观点,均是将创新活动局限于经济领域,注重的是创新的经济价值,是经济学上的创新。我国学者刘红玉与彭福扬则研究认为,马克思(Karl Heinrich Marx)早在 19 世纪的时候就已经对熊彼特创新理论的相当一部分内容进行过论述。刘红玉等认为在马克思的著作中虽然没有使用"创新"一词,但谈及了很多关于创新的理解,整体来说包括科学创新、技术创新和制度创新,他们认为马克思是创新理论的拓荒者。② 从刘红玉等的研究可知,马克思认为创新并不只是技术创新,还有制度创新、科学创新等,创新的价值并非只体现于经济上,还体现在社会价值、政治价值上。显然,马克思关于创新的思想更加全面、广泛。由上可知,学者们对创新的认识会因视角、领域的不同而不同。

在创新创业教育的相关研究中,王占仁认为广义的创新在本质上是实现人的有目的创造性实践活动,广义的创新还包括学科创新、制度创新、理论创新等。③ 虽然该观点中广义的创新突破了经济价值对创新内涵的桎梏,但其强调的还是创新对社会层面的价值意义。张彦则认为,创新是"不拘现状、勇于开拓、乐于尝试、善于变化的精神和态度",主要指思维层面的创造。④ 显然,在这种观点中,创新的内涵更加丰富,并且将重点转向创新的"个体"价值,但在兼顾传统创新内涵方面有所不足。王洪才等提出,对于创新与创业的理解,应该从个体层面与社会层面来理解。⑤ 他们认为对于个体意义而言,只要我们不断地更新自己的观念和修正自己的行为模式,就是在创新;社会只有移风易俗、改变社会认知方式和社会行为方式才能叫创新;但现今人们对创新的理解大多是失之偏颇的,多数人往往仅从社会意义的层面来理解创新,而忽视创新的个体层面意义。但在创新创业教育中,个体层面的创新恰恰是最重要的。⑥ 相对于学者们的观点,这种观点的"创新"内涵更加丰富,既重视创新对个体的价值,又兼顾创新的社会价值。

---

①彼得·德鲁克.创新与企业家精神[M].蔡文燕,译.北京:机械工业出版社,2007:27.

②刘红玉,彭福扬.创新理论的拓荒者[M].北京:人民出版社,2013:18-21.

③王占仁.创新创业教育的核心要义与周边关系论析[J].国家教育行政学院学报,2018(1):21-26.

④张彦.高校创新创业教育的观念辨析与战略思考[J].中国高等教育,2010(23):45-46.

⑤王洪才,郑雅倩.创新创业教育的哲学假设与实践意蕴[J].高校教育管理,2020,14(6):34-40.

⑥王洪才.创新创业教育的意义、本质及其实现[J].创新与创业教育,2020,11(6):1-9.

综上可见,人们对于创新的认识经历了从经济学上的"新的生产函数的组合"到广义的,涉及不同学科及领域的制度创新、社会创新、科学创新、管理创新等,从仅关注社会价值层面的创新到关注个体意义层面的创新的转变。对于创新创业教育而言,笔者认为在人才培养过程中,我们应该更加注重个体意义层面的创新,将创新作为大学生的一种品质进行培养。因为只有个体勇于挑战自我、实现自我的不断更新,才可能有社会意义层面的创新,最终实现社会创新,进而实现"大众创新"。因此,本书采用王洪才对创新概念的阐述,认为创新是个体在主动迎接挑战中不断地更新自我观念与修正自己的行为模式,从而实现自我突破或为社会创造新价值的过程。

在我国,"创业"一词最早出现于《孟子·梁惠王下》中的"君子创业垂统,为何继也",指的是帝王创立功业,如诸葛亮在《出师表》中所言"先帝创业未半,而中道崩殂"。在《辞海》中,创业指的是"创立基业"。在英语中,与创业对应的英语是"venture"和"entrepreneurship",前者指"冒险创建企业",后者则指"企业家活动"。[1] 弗兰克·H.奈特(Frank H.Knight)将创业定义为一种能够对未来进行成功预测的能力。[2] 可见,这种观点对创业的理解是广义的。G.佩奇·韦斯特三世(G. Page West Ⅲ)等认为,创业是一个通过创新来创办能创造价值的企业的过程,同时也是实践新的想法并影响人们生活的过程,是自我实现的一种方式。[3] 这种观点不仅认为创办公司或企业是创业,并且认为个体的自我实现也是创业。综合可见,在国外,人们对创业的理解并不局限于创办企业或是公司,而是关注到创业对个体层面的价值。

在国内,对于创业内涵的理解,有狭义和广义的观点。狭义上,人们一般认为创业即创办一家企业或公司。而对于广义的创业,不同的学者有不同的认识。例如,王占仁认为创业不只是创建新企业,广义的创业更兼具经济意义、政治意义和社会意义:经济意义上的创业不仅包括创建新企业,更包括"岗位创业"与"公益创业";政治意义上的创业则主要指的是创立基业;社会意义上的创业则主要指的是创新事业,既包括个人的事业与家业,也包括国家和集

---

①宋之帅.工科高校创新创业教育模式研究[D].合肥:合肥工业大学,2014:15.

②弗兰克·H.奈特.风险、不确定性与利润[M].郭武军,刘亮,译.北京:商务印书馆,2006:45-51.

③G.佩奇·韦斯特三世,伊丽莎白·J.盖特伍德,等.广谱式创业教育[M].孔洁珺,王占仁,译.北京:商务印书馆,2020:21.

体的大业。① 张彦则认为,创业是"在社会经济、文化、政治领域内开创新的事业、新的企业或新的岗位"②。虽然相对于狭义的创业,广义的创业突破了经济意义的分析框架,在创业主体与创业领域上更为广泛,强调了创业的社会价值,但在个体意义上,其强调的还是经济价值,而非个人的自我实现价值。王洪才等认为,就个体意义而言,创业就是实现自我理想目标的过程,只要实现了行为模式的转变就是在创业;在社会层面上,为社会创造财富的过程即是创业,不管是创造了精神财富还是物质财富,都是创业成功。③ 显然,强调创业对个体成长的意义,从更广义的范围把握创业,创新创业教育才不是仅针对极少部分人的教育,而是可以面向大众的教育。因此,本书采用王洪才等对创业的界定,认为创业是个体实现自我理想目标、创造自我价值与社会价值的过程。

创新与创业并非两个独立存在的概念,而是两个互为一体的概念。例如,德鲁克认为,创新与创业是携手并进的,任何成功的创业者都必然进行过创新实践,因而不能脱离了其中之一来谈另外之一。④ 张彦则认为,创新与创业是"表"与"里"的关系,创新为"里",创业为"表",创业的核心与本质是创新,创新是创业的支撑,创新是一种思维层面的创造,创业则是行为层面的创新。⑤ 王占仁认为,创新标识了创业的方向性,创业是基于创新的创业。这些学者均一致认为创新与创业间具有密切的关系,二者是一个互为一体的概念,但这些观点并未能充分揭示出创新与创业的本质,也未能从个体与社会两个层面对二者进行辨析。王洪才等对创新与创业的关系进行了系统阐述。他认为,创新是创业的起点,创业是创新的延续和提升,创新重于在认识上形成新理念,创业则重于如何实践自己的创新理念,也即是说创新与创业是一个知行合一的过程;从个体意义层面看,创新创业是指超越自己和实现自己,而从社会意义

①王占仁.创新创业教育的核心要义与周边关系论析[J].国家教育行政学院学报,2018(1):21-26.

②张彦.高校创新创业教育的观念辨析与战略思考[J].中国高等教育,2010(23):45-46.

③王洪才,郑雅倩.创新创业教育的哲学假设与实践意蕴[J].高校教育管理,2020,14(6):34-40.

④DAVIDSSON P, LOW M B, WRIGHT M. Editor's introduction: Low and MacMillan ten years on: achievements and future directions for entrepreneurship research [J]. Entrepreneurship theory and practice, 2001, 25(4):5-15.

⑤张彦.高校创新创业教育的观念辨析与战略思考[J].中国高等教育,2010(23):45-46.

层面看,创新创业则指的是超越了前人和发展了前人。[①]

无疑,厘清创新与创业的关系有助于我们拓展创新创业教育的内涵,也能为"面向全体学生开展创新创业教育"提供理论基础。但在现实中,还有不少教育者尚未能清晰认识到二者的关系,将二者割裂开来进行看待,这显然不利于创新创业教育的有效推进。基于上述分析,本书采用王洪才等的观点,认为创新与创业是一个知行合一的过程,并且这一过程同时具有个体意义与社会意义,若从个体意义层面看是指个体的自我超越与自我实现,是一种自我的突破与发展,从社会意义层面看则是与前人做对比所取得的突破与发展。[②]

二、创新创业教育的内涵

对于创新创业教育的概念,不同的学者有不同的观点。虽然创新创业教育是我国独有的一个概念,但其与西方的"创业教育"有密切的关系。总体而言,西方学者们对创业教育的概念界定有狭义、广义两种。狭义的观点主要是从经济利益创造的角度对创业教育进行界定,认为创业教育是一种旨在培养创办企业、商业所需要的技能与知识的教育。例如,贝查德(Bechard)和图卢兹(Toulouse)认为创业教育是培养和训练有志于创业和成为中小企业家的正规化、专业化教学[③];琼斯(Jones)等则认为创业教育是培养个体创业所需要的敏锐感、自信心、知识与技能,进而获得商业机会的过程[④]。在创业教育仅在高校中的商学院开展时,狭义的创业教育盛行。

广义的创业教育则是从个体发展的角度进行界定,认为创业教育是一种旨在培养个体创新与创业精神,形塑个体思维与行为模式,发展个体创新创业能力以应对挑战的教育。例如,著名创业教育研究者吉布(Gibb)认为创业教育是个体和(或)组织通过某种行为或拥有的技能和特性,创造、应对并享受变

---

①王洪才,郑雅倩.创新创业教育的哲学假设与实践意蕴[J].高校教育管理,2020,14(6):34-40.

②王洪才,郑雅倩.创新创业教育的哲学假设与实践意蕴[J].高校教育管理,2020,14(6):34-40.

③BECHARD J P, TOULOUSE J M. Validation of a didactic model for the analysis of training objectives in entrepreneurship[J]. Journal of business venturing, 1998, 13(4): 317-332.

④JONES C, ENGLISH J. A contemporary approach to entrepreneurship education [J]. Education and training, 2004, 46(8/9):416-423.

化和创新的过程,该过程具有高度的不确定性和复杂性,通过这一过程,个体能获得满足感,组织能提升效能。① 显然,这种观点中创业教育的内涵更加丰富,创业教育的核心不再局限于培养个体的创业技能与知识,而是认为创业教育旨在促进个体获得满足感、组织提升效能,这可看成更广义的创业教育,但这一观点却没有揭示出创业教育的本质。澳大利亚学者琼斯在吉布对创业教育定义的基础上,认为创业教育是教育者通过使用以学生为中心的教学方法,让学生积累不同的学习经验,鼓励他们更好地了解自己的能力,并创造机遇来获得满足感。② 该观点同样突破了"创业技能与创业知识"的桎梏,将创业教育引向更广的范畴,并且将创业教育的目的集中于学生的自我实现,注重创业教育的个体层面意义,能为面向全体学生的创新创业教育提供理论参考。在创业教育的开展突破商学院走向"广谱式"后,广义的创业教育开始盛行。

在我国,在2010年教育部印发的《关于大力推进高等学校创新创业教育与促进大学生自主创业工作的意见》中,创新创业教育被明确定义为"是适应经济社会和国家发展战略需要而产生的一种教学理念与模式"③。随后,时任教育部副部长陈希对该概念进行了阐述,认为"创新创业教育的核心是培养大学生的创新精神和创业能力,引导高等学校不断更新教育观念,改革人才培养模式、教育内容和教学方法,将人才培养、科学研究、社会服务紧密结合,实现从注重知识传授向更加重视能力和素质培养转变,提高人才培养质量"④。这一阐述从教育目的的角度对创新创业教育进行了解释,有助于我们全面了解创新创业教育。陈希还进一步强调,创新创业教育首先要培养学生勇于开拓进取的精神。可见,该观点关于创新创业教育的阐述尤其重视创新创业教育对学生成长的意义,并非只是培养学生创办企业的知识与技能。

李亚员通过对我国创新创业教育相关文献进行梳理分析后认为,人们对"创新创业教育"这一概念的认识经历了"替代论"、"整体论"、"综合论"和"融

①GIBB A. Entrepreneurship and enterprise education in schools and colleges: insights from UK practice[J]. International journal of entrepreneurship education,2008,6(2):101-144.

②科林·琼斯.本科生创业教育[M].王占仁,译.北京:商务印书馆,2016:34.

③关于大力推进高等学校创新创业教育与促进大学生自主创业工作的意见[EB/OL].(2010-05-13)[2020-05-13]. http://www. moe. gov. cn/srcsite/A08/s5672/201005/t20100513_120174.html.

④陈希.在推进高等学校创新创业教育和促进大学生自主创业工作视频会议上的讲话[J].中国大学生就业,2010(6):13-17.

合论"四个阶段。他认为在"替代论"阶段,人们基本上只是有意无意地使用创新创业教育的概念,并将其等同于创业教育;在"整体论"阶段,人们开始关注"创新教育"与"创业教育"的关系,意识到创新创业教育应该是一个独立的概念,并提出"创新教育"与"创业教育"应该是一个整体的观点;在"综合论"阶段,政府部门发布的相关文件将"创新创业教育"作为一个整体概念明确使用,在工作会议上对创新创业教育的内涵进行阐述,这些阐述得到了一批有影响力的学者的肯定;在"融合论"阶段,人们慢慢认识到创新创业教育不是创新教育与创业教育的简单叠加,而是在理念和内容上都实现了超越。① 该观点对人们对创新创业教育的概念认识进行阶段划分,有助于我们在纵向上把握人们对创新创业教育概念认识的变化,但该研究中的每个阶段划分并没有与时间段相结合,在对各阶段的命名上,关于"整体论"与"综合论"的划分也不严格,如果单从名称看也较难看出二者的实质性区别。此外,在文献梳理的基础上,李亚员认为创新创业教育的本质是以培养创新创业人才为根本指向的全面的教育改革创新;创新创业教育的基本内涵是以培养学生创新创业意识、创新创业思维、创新创业精神和创新创业能力等创新创业素质为核心的新教育理念和模式,是旨在全面改革传统教育教学、切实培养创新创业人才的教育。② 该观点较为全面地对创新创业教育的内涵进行了阐述,可看成是创新创业教育的综合阐述,但这种观点尚未对创新创业教育的具体内涵进行系统阐述。

在学界,不同学者对创新创业教育有不同的见解。例如,曹胜利和雷家啸认为创新创业教育有广义与狭义之分,广义的创新创业教育指的是"关于创造一种新的伟大事业的教育实践活动",狭义的创新创业教育指的是"创造一种新的职业工作岗位的教学实践活动,是真正解决当代大学生走上自谋职业、灵活就业、自主创业之路的教育改革实践活动"。③ 从上述观点看,广义的创新创业教育内涵很丰富,但很难把握创新创业教育的本质;而狭义的观点对创新创业教育的界定虽然更加明确、可操作,却窄化了创新创业教育的内涵。王占仁在对创造教育、创新教育、创业教育与创新创业教育概念的历史由来与释义进行阐述的基础上指出,创新创业教育的"基本价值取向既包括创新创业精

---

① 李亚员.创新创业教育:内涵阐释与研究展望[J].思想理论教育,2016(4):83-87.
② 李亚员.创新创业教育:内涵阐释与研究展望[J].思想理论教育,2016(4):83-87.
③ 曹胜利,雷家啸.中国大学生创新创业教育发展报告[M].沈阳:万卷出版公司,2009:5-6.

神、创新创业思维的培养,也包括创新创业行为方式、创新创业人生哲学的塑造,还包括创新创业型生活方式、创新创业型生涯选择"[①]。黄兆信则认为,创业教育的本质是激发全体学生的创新精神和创业意识,要形成"以岗位创业为导向"的高校创业教育新理念。[②] 虽然王占仁与黄兆信对广义的创新创业教育本质进行了论述,但对于创新创业教育的本质该从哪些维度进行理解并没有进行系统阐述,这不利于人们对创新创业教育进行确切、深入的理解。

王洪才对创新创业教育的内涵进行了系统阐述。他认为,创新创业教育是一个具有多重意蕴的概念。具体而言,创新创业教育的第一重含义是"健康人格教育",他认为创新创业教育首先是在倡导每个人都应该具备一种创新的精神和创业的意志,成为社会发展中发挥积极作用的一员;第二重含义是"能力教育",创新创业教育的核心目标在于使一个人具有不断改造自身和改造自然以及改变社会的能力;第三重含义是"个性化教育",这是创新创业教育的基点,因而创新创业教育要求开展生成性教学,使教学活动变成一种创造性过程;第四重含义是"终身教育",因为"人生本质上就是一种创业过程,都是为了寻找自己的理想发展空间而奋斗"[③]。这第一重含义显然是从广义的角度对创新创业教育进行理解,阐明了创新创业教育的根本目的;第二重含义揭示了创新创业教育的核心;第三重含义是从实践性的角度进行阐述;第四重含义是从过程性的角度进行阐述。显然,从多个维度对创新创业教育的内涵进行论述不仅有助于揭示创新创业教育本质及其与其他教育的关系,而且有助于人们对创新创业教育形成系统、全面、深入的认识。

基于上述分析,本书采用王洪才对创新创业教育内涵的阐述,认为创新创业教育不仅是一个中国本土原创的概念,其内涵还具有多重意蕴:首先从根本目的上,创新创业教育是一种人格教育,而从本质上是一种科学教育,但其核心则是一种能力教育;其次从实践性上,创新创业教育又兼具通识教育和专业教育品性,而从过程性上又具有合作教育和终身教育旨趣,而其逻辑起点则是一种主体性教育。[④]

①王占仁.创新创业教育的历史由来与释义[J].创新与创业教育,2015,6(4):1-6.

②黄兆信.高校创业教育应以"岗位创业"为导向[N].光明日报,2016-11-08(13).

③王洪才.论创新创业教育的多重意蕴[J].江苏高教,2018(3):1-5.

④王洪才.论创新创业教育的多重意蕴[J].江苏高教,2018(3):1-5.

三、创新创业能力的内涵

创新创业能力是在创新创业教育背景下提出的一个概念,创新创业教育是一个中国本土原创的概念,因而创新创业能力也是一个具有中国特色的概念。虽然有不少学者对大学生的创新创业能力进行了研究,但文献研究却发现少有学者对创新创业能力的内涵进行阐述。学者们要么将其等同于创新教育中培养的创新能力,要么将其等同于创业教育中培养的创业能力,或者认为是创新能力与创业能力的结合。显然,这样的理解并不能把握住创新创业能力的本质。当然,也有极少数研究者对创新创业能力的内涵进行了阐述。例如,欧阳泓杰认为创新创业能力指的是既具有实践能力、创新能力又具备创业潜能的复合能力。[①] 创新创业能力显然是一种复合能力,但这样简单的阐述并不能揭示创新创业能力的本质。

王洪才对创新创业能力的内涵进行了系统阐述。他指出创新创业能力并非一种单一能力,而是一种系统的复合能力,具有很强的个性化色彩,并且该概念的形成过程是一个复杂的演化过程,祛魅化的特征非常明显;在这基础上,他采用哲学分析的方法对创新创业能力的逻辑构成进行了详细的分析,他认为创新创业能力实质上是一个整体,并且是一个动态的发展过程,但可以从逻辑上将其分为创新能力与创业能力两个部分。[②] 其中,创新能力是"从新角度认识事物的能力",其本质是一种自我超越的能力;创业能力则是指"一个人敢于把自己想法付诸行动的能力",其本质是一种实现自我的能力;创新创业能力实质上是"一种有效行动能力,是突破自我发展过程中所遇到的难关的能力",是"自我发展能力的集中体现"。[③]

本书采用王洪才的观点,认为创新创业能力并非一种单一能力,而是一种系统的复合能力,具有很强的个性化色彩,其实质上是"一种有效行动能力,是突破自我发展过程中所遇到的难关的能力",是"自我发展能力的集中体

---

①欧阳泓杰.面向创新创业能力培养的高校实践教学体系研究[D].武汉:华中师范大学,2014:10.

②王洪才.创新创业能力的科学内涵及其意义[J].教育发展研究,2022,42(1):53-59.

③王洪才.论创新创业人才的人格特质、核心素质与关键能力[J].江苏高教,2020(12):44-51.

第一章 大学生创新创业能力的理论探索

017

现"。① 也即,创新创业能力是一个人在事业追求和奋斗过程中所表现出来的能力总和,它是以创造性人格形成为根本、以创新创业素质形成作为中介和以创新创业关键能力形成作为支撑的"人格—素质—能力"系统。②

第三节　大学生创新创业能力结构与发展水平的研究意义

培养创新创业型人才是时代发展赋予我国高等教育的重要任务,创新创业能力是评价高校人才培养质量的重要指标。本书拟对创新创业能力的内涵、构成要素、评价指标以及当前我国大学生创新创业能力的发展水平进行探究,研究将为我国深化推进创新创业教育、培养创新创业型人才提供理论与实践参考。

一、理论意义

从理论研究角度,对大学生创新创业能力结构与发展水平进行研究的意义如下:

一是能为我国开展面向全体大学生的创新创业教育提供理论基础。我国从 20 世纪 90 年代开始局部地推进创新教育或创业教育,到今天,创新创业教育在我国政府的强力推动下得到了普及,人们对创新创业教育的认识也越来越深入,并提出了"广谱式"创新创业教育理念。③ 但当前人们对"面向全体大学生开展创新创业教育"仍然存在不少疑虑,仍有不少理论研究者与实践者认为创新创业教育并不具备普适性,认为创新创业教育只适合少数人,不应该对全体大学生开展创新创业教育。本书运用哲学思辨的方法对创新创业教育的哲学基础——"人人具有创新创业的潜能,人人具有创新创业成功的可能性"进行深度阐述,并在此基础上从大学生自我发展的角度对大学生的创新创业能力内涵进行阐释,将能为我国开展"面向全体学生""结合专业教育""融入人才培养全过程"的创新创业教育提供坚实的理论基础。

---

①王洪才.论创新创业人才的人格特质、核心素质与关键能力[J].江苏高教,2020(12):44-51.

②王洪才.论创新创业人才的人格特质、核心素质与关键能力[J].江苏高教,2020(12):44-51.

③王占仁."广谱式"创新创业教育体系建设论析[J].教育发展研究,2012,32(3):54-58.

二是能为大学生创新创业能力的测量提供理论依据。"大众创业、万众创新"的时代背景为高校推进创新创业教育提供了良机。然而创新创业教育面临的一个"卡脖子"的技术难题就是如何对创新创业能力进行测量,如果不能对创新创业能力进行科学测量,则创新创业教育就失去了有效凭据。要对创新创业能力进行科学测量,就必须首先对创新创业能力进行科学阐释,否则就难以突破。本书在遵循学术界关于创新创业能力基本共识的基础上,运用哲学透视方法,发现创新创业能力实质上是人的自我发展能力的展现,包括七个关键能力,反映了人才成长基本规律,可作为创新创业能力测量的理论依据。

三是能为促进我国高等教育的高质量发展提供理论参考。培养什么样的人是高质量高等教育首先要回答的问题。在今天的社会发展背景下,培养创新创业人才无疑是最好的选择,创新创业能力培养理应成为高质量高等教育的核心内涵。因此,对于"创新创业能力是什么"、"创新创业能力由什么要素构成"以及"如何进行创新创业能力培养"这些问题的回答,是对什么是高质量高等教育的有力回应。

此外,对大学生创新创业能力构成要素的探究,还能为高校教师在开展创新创业教育中确定培养目标提供理论依据,从而有利于促进创新创业教育的有效开展。

二、实践意义

从实践开展的角度,对大学生创新创业能力结构与发展水平进行研究的意义如下:

一是有利于消除人们对创新创业教育的误解,深化对创新创业教育的认识。由于我国的创新创业教育是由政府主导推行的,因而很多高校在开展创新创业教育过程中只是被动地执行政府的政策,而缺乏对创新创业教育进行真正的理性思考。当前,不少教师、学生对创新创业教育的认识是基于各种各样的创新创业大赛(如"互联网+"大学生创新创业大赛)来感受的,或者是基于各种各样的创新创业教育活动进行认识的。这使得部分教师、学生将创新创业教育误解为是一种比赛或者是各种活动,与课堂教学、专业教育无关。本书对创新创业教育、创新创业能力的内涵阐释无疑有助于消除这些误解。

二是能为大学生创新创业能力的测量提供科学的工具。如何有效测量

大学生的创新创业能力是我国创新创业教育面临的一个"卡脖子"的技术难题,如果不能对大学生的创新创业能力进行科学测量,不仅无法有效评价创新创业教育的成效,也无法诊断我国当前创新创业教育存在的问题,更无法判断大学生创新创业能力的发展状况。本书运用哲学透视法对大学生创新创业能力的构成要素进行深度解析,构建了大学生创新创业能力的三重七级"人格—素质—能力"结构模型,在此基础上构建大学生创新创业能力的测量指标体系及相应的测量量表,能为大学生创新创业能力的测量提供科学的工具。

三是有助于了解我国大学生创新创业能力的水平现状。创新创业教育的根本目标在于培养创新创业型人才,也即创新创业教育的根本目的在于提升大学生的创新创业能力。我国在 20 世纪 90 年代就开始了创新创业教育的探索,2015 年 5 月国务院办公厅更是印发了《关于深化高等学校创新创业教育改革的实施意见》,政府、各大高校在创新创业教育中投入了大量的人力、财力与物力,大学生创新创业能力的发展现况如何无疑是人们关切的问题,其不仅事关我国创新创业教育的成效,也是新时代深化推进创新创业教育的关键。本书运用构建的大学生创新创业能力的评价指标体系以及自主编制的大学生创新创业能力量表对大学生的创新创业能力发展水平进行测量,将有助于政府、高校、公众了解我国大学生创新创业能力的发展现况,也能为高校推进创新创业教育改革提供数据参考。

第四节　大学生创新创业能力结构与发展水平的研究设计

本部分主要阐述研究问题的提出以及研究内容的确定,从而搭建起本书的整体性框架,在此基础上根据研究问题选择研究方法,并对其进行阐述。

一、研究问题与研究内容

问题决定方法。本书研究力求解答制约我国创新创业教育深入推进的三方面关键性问题:第一,创新创业能力的科学内涵是什么?构成创新创业能力的核心要素是什么?第二,如何测量大学生创新创业能力的发展水平?第三,中国大学生创新创业能力水平如何?中国大学生创新创业能力发展有何特征与规律?不同大学生群体之间的创新创业能力水平之间是否存在明显差异？

第一，创新创业能力的科学内涵是什么？我们认为，科学合理地界定创新创业能力的概念内涵是探讨大学生创新创业能力发展状况与促进创新创业教育高质量发展的前提条件。通过前文分析得知，国内外在创新创业教育、创新创业能力概念界定上存在着较大的分歧，最为突出的是创新创业能力的可培养性与先天性之争。显然，理顺创新与创业的关系、澄清创新创业能力和创新创业教育的概念内涵是确立创新创业教育在教育体系中的地位与凸显价值意蕴的第一步。因此，本书首先将基于已有文献关于创新创业、创新创业能力和创新创业教育等概念的相关研究，溯源创新创业能力概念内涵，期冀为科学界定创新创业能力提供有力支撑。国外（创新）创业教育发展的历史比较长，相关研究也比较多，取得了一系列的研究成果，其（创新）创业教育发展理念能够为本书科学界定创新创业能力提供有力启示。但是，创新创业教育作为一个中国本土化概念，实现创新创业教育高质量发展理应扎根中国独特的文化基础，并且要与中国学生的思维方式及行为模式相契合。因此，本书在界定创新创业能力时一方面要借鉴国内外相关研究成果，为科学地界定创新创业能力概念寻找尽可能多的理论依据；另一方面也要通过田野调查、专家访谈和哲学思辨等方式挖掘创新创业能力的本土化概念内涵。

第二，如何测量中国大学生创新创业能力发展水平？我们认为，测量中国大学生创新创业能力发展水平必然依赖于科学的测量工具，为此，本书将从以下三方面系统地开展中国大学生创新创业能力发展水平测量工具的研制工作：一是构建创新创业能力结构模型；二是构建创新创业能力评价体系；三是研制中国大学生创新创业能力测量量表。无疑，进行中国大学生创新创业能力测量工具研制的首要前提必然是构建创新创业能力结构模型，即必须了解创新创业能力的主要构成要素。我们知道，创新创业能力是一种复杂的综合能力，唯有了解其构成要素，科学合理地分析创新创业能力的结构，才能为下一步构建创新创业能力评价模型提供基础。

为科学有效地构建创新创业能力结构模型，本书首先梳理并阐释国内外创新创业能力结构模型的理论基础与能力构成，吸收其有益的养分，借鉴其成功的经验。其次，在科学界定创新创业能力的内涵与大量的实地调查的基础上，本书将通过理论思辨与实证调查结果构建具有中国特色的创新创业能力结构模型。创新创业能力结构模型的构建能够为创新创业能力评价指标体系提供科学的分析框架。再次，本书拟在构建创新创业能力结构模型的基础上，

根据二级能力内涵进行能力分解,进而完成三级能力指标的构建,并最终形成创新创业能力评价指标体系。最后,根据建构的创新创业能力评价指标体系,本书拟通过以下两个主要渠道研制中国大学生创新创业能力量表:一是基于课题组所收集的丰富的创新创业型大学生访谈材料,挖掘中国大学生创新创业典型行为表现,组成中国大学生创新创业能力量表题项;二是参考已有成熟量表中比较适切的题项并进行适当修订。

第三,中国大学生创新创业能力水平如何?有何特征与发展规律?本书拟在课题组自主研制的大学生创新创业能力量表基础上,通过大规模问卷调查搜集到的数据,全景式描绘国内不同类型院校与具有不同个体特征的大学生创新创业能力发展水平,并深入分析中国大学生创新创业能力水平及其产生的可能原因,从而期冀为中国高校创新创业教育未来发展方向提供实证数据支撑。

二、研究方法与研究过程

(一)研究方法的选择

教育研究方法由于研究对象的复杂性而丰富多样。一般而言,教育研究方法的基本范式主要分为两类:一为实证研究,二为思辨研究。[1] 其中,实证研究方法(positivistic approach)强调科学精神和客观规律,是指通过对研究对象的调查并基于丰富的调查资料探讨事物的本质属性或发展规律;思辨研究方法实际上是一种哲学的方法,是指在理性命题的基础上,经过严密的逻辑推理得出认识事物本质特征的观点与主张,其研究主题聚焦于本质研究、价值研究与批判研究[2],旨在揭示某一概念、假设、理论的本质。随着教育研究日渐重视研究材料的客观性与研究结果的可检验性及确切性,实证研究的作用功能凸显出来,并逐渐成为教育研究的主流。[3] 但是,"任何研究的起点都是思辨"[4],哲学思辨方法作为一种同时承担发现知识的指向作用与阐明论证的

---

[1]姚计海.教育实证研究方法的范式问题与反思[J].华东师范大学学报(教育科学版),2017,35(3):64-71,169-170.

[2]刘良华.教育研究的类型与走向[J].当代教育与文化,2015,7(3):98-107.

[3]袁振国.实证研究是教育学走向科学的必要途径[J].华东师范大学学报(教育科学版),2017,35(3):4-17,168.

[4]王洪才,等.研究型教学:教学共同体建构[M].厦门:厦门大学出版社,2020:87.

逻辑推理作用的重要研究方法在社会科学研究中始终占据着重要位置。[①] 因此,当思辨研究与实证研究相结合时,才有可能最大程度上澄清事物的本质面貌与揭示事物的现实样态。本书的核心问题之一是对创新创业能力及其结构模型做科学定义与理论判断,因而离不开严谨的思辨论证,所以哲学思辨方法在本书中占据重要地位。与此同时,"讲好中国创新创业教育故事"需要扎根中国创新创业教育实践,因此本书也拟通过实证研究方法归纳与解释实地调研材料。

实证研究一般分为量化研究(quantitative analysis)和质性研究(qualitative analysis)两种。[②] 量化研究主要遵循"自上而下"的思维方式,以检验理论或验证假设为主,其目的在于通过分析大规模具有代表性的数据,呈现事物发展的规律性,进而形成具有普遍性的研究结果,主要采用数字的方式,如问卷调查搜集材料。质性研究则主要遵循"自下而上"的思维方式,其主要目的不是验证假设,而是更为关注个体对世界及其个体行为的理解与意义阐释[③],质性研究主要运用非数字的方式,如访谈、观察等方式收集调查材料。量化研究与质性研究方法各有优势,在不同研究问题中得以合理运用,难以区分两种研究方法孰优孰劣。但为了更好地解释复杂的教育现象,同时也为了实现量化研究与质性研究两种研究方法的优势互补,运用混合研究方法已经成为教育实证研究的发展趋势。[④]

混合研究方法是指在研究中混合使用量化与质性方法。根据量化方法与质性方法使用顺序的不同,学者将混合研究方法分为三类:第一类为聚敛式设计,即强调量化研究与质性研究在研究中处于同等地位并在研究过程中具有同等研究顺序,同时着重对两种研究方法产生的结果进行整合分析。第二类为探索性设计,即以质性研究为主,先通过非数字材料分析找出事物发展特征,后再通过量化研究进行验证。一般来讲,探索性设计适用于发展新的理论模型。具体而言,在已有文献和案例研究等质性研究的基础上提出新的测量

---

①张红霞.教育科学研究方法[M].北京:教育科学出版社,2009:21.

②维尔斯曼.教育研究方法导论[M].袁振国,主译.北京:教育科学出版社,1997:14.

③陈向明.质性研究的新发展及其对社会科学研究的意义[J].教育研究与实验,2008(2):14-18.

④伯克·约翰逊,拉里·克里斯滕森.教育研究:定量、定性和混合方法:第4版[M].马健生,等译.重庆:重庆大学出版社,2015:50.

方式或理论模型,而该理论模型在质性研究中或许是成立的,但是仍需要通过量化研究进行验证。如果量化研究结果也验证了质性研究构建的理论模型,则表明这一新的测量方式或理论模型是基本成立的。第三类为解释性设计,即以量化研究为主,质性材料则主要用以解释和深化量化研究结果。[①] 一般来说,量化研究能够揭示事物的普遍性特征和发展的规律性特点,帮助梳理社会现象中的相关关系或因果关系。但是对于数据背后的复杂性原因,则需要质性材料辅以解释,以此深化与细化数据分析的统计学意义。总而言之,混合研究方法在增强研究科学性上有着不可比拟的作用,但其作用发挥程度则取决于它能否根据研究问题选择相适合的研究序列设计。

本书要探究的核心问题是构建中国大学生创新创业能力测量工具并进行施测,从而展现中国大学生创新创业能力发展水平及其群体特征。在构建大学生创新创业能力测量工具过程中,也即在构建中国大学生创新创业能力量表时,需要基于广泛且具有深度的田野调查资料来提炼大学生创新创业能力的行为表现,如此才更加有利于构建具有中国特色的创新创业能力评价体系,并在此基础上形成大学生创新创业能力量表。当然,量表必须接受科学性检验,如此就依赖于统计学测量结果的支持。

因此,根据上文对质性研究、量化研究以及混合研究的介绍,本书在构建中国大学生创新创业能力量表时采用的是混合研究的探索式设计,而在进行大学生创新创业能力水平测定时,则适合采用混合研究的解释性设计。特别需要提出的是,质性研究的具体方法一般有五大类型——现象学、民族志、个案研究、扎根理论和历史研究,如表 1-1 所示,五大质性研究具体类型各有优劣。由于本书试图从实际的质性材料中建构出本土化的创新创业能力结构模型并挖掘其创新创业能力行为表现,用以弥补现有研究中对中国大学生创新创业能力理论研究的不足,因而在研究创新创业能力结构模型时则适合采用扎根理论的方法,而在解释创新创业能力水平发展特征时则适合采用现象学与个案研究。

①杨立华,李凯林.公共管理混合研究方法的基本路径[J].甘肃行政学院学报,2019(6):36-46,125.

表 1-1　五种质性研究方法具体类型的比较分析①

	现象学	民族志	个案研究	扎根理论	历史研究
研究目的	描述一个或多个个体对于某个现象的体验	描述一群人的文化特征，并描述文化的景观	深度描述一个或多个案例，解决研究问题	以归纳的方式产生一个描述和解释一种现象的扎根理论	了解过去的事情并系统审视历史事件的组合过程
学科来源	哲学	人类学	多学科，包括法学、教育学或医学	社会学	文学、历史学
主要的资料收集方法	对 10 个以上的人进行深度访谈	在一段长时间（如一个月到一年）内参与观察；访谈	多种方法（例如访谈、观察等）	以访谈为主；观察	以档案文献为主；访谈
资料分析方法	列出有意义的陈述，确定陈述的意义，识别现象的本质	使用整体性描述，并提炼资料的文化主题	使用整体描述，提炼能够解释案例的主题	由开放式编码开始，然后进行主轴式编码，以选择式编码结束	对资料进行确认、溯源和情境化，然后将其排序或分类为不同的主题，呈现完整的历史内容
叙事报告的重点	详细描述基本或不变的结构	详细描述背景和文化主题	详细描述一个或多个案例的背景和运作；讨论主题、问题和含义	形成理论或理论模型	详细描述历史事件

（二）资料收集的方法

本书主要采用的资料收集方法如下：

1. 文献法。本书通过收集国内外关于创新创业教育、创新创业能力、创

---

①伯克・约翰逊，拉里・克里斯滕森.教育研究：定量、定性和混合方法：第 4 版［M］.马健生，等译.重庆：重庆大学出版社，2015：50.

新创业教育评价等方面的文献,深入分析并进行文献综述,探讨创新创业能力的科学内涵,界定出创新创业能力的概念,为创新创业能力研究提供理论基础。

2. 访谈法。本书主要使用一对一访谈和集体访谈,访谈对象主要有:一是创新创业教育管理人员。本书认为创新创业教育管理人员是连接创新创业教育教师队伍与大学生的重要群体,对创新创业教育的理念、实施方式与成效评价有着深刻的了解,因此将创新创业教育管理人员视为重要的访谈群体。二是创新创业教育指导教师。创新创业教育指导教师是促进高校创新创业教育高质量开展的关键群体,其创新创业教育理念及指导能力直接影响大学生参与创新创业教育的实质效果。此外,指导教师与大学生的联系最为紧密,能够较为科学地描述中国创新创业型大学生的行为表现与能力素质,从而为本书科学提炼中国大学生创新创业能力提供有效信息。三是创新创业型大学生。本书拟选取具有代表性的大学生为访谈样本,遵循行为事件访谈法思路,就其成长经历、成功路径与阶段特征等进行深度访谈,获取第一手资料。质性研究方法的抽样被称为"基于标准的选择"[①],由于本书是从广义的角度对创新创业概念进行界定的,所以在创新创业教育管理者、创新创业教育指导教师与创新创业型大学生的选取标准上也相对宽泛。经过课题组查阅相关资料以及反复讨论后,将访谈对象筛选标准罗列如下[②][③]:

第一,创新创业教育管理人员筛选标准:(1)在与学生接触较多的学校职能部门如学生处、团委、教务处等担任主要负责人;(2)在学院层面担任主要领导。以上筛选标准满足其一则可成为本书的访谈对象。

第二,创新创业教育指导教师筛选标准:(1)指导过或正在指导学生创新创业项目、竞赛等的教师;(2)教授创新创业课程的教师;(3)在教学上优秀的教师,如获得过教学比赛奖项的教师,或在教学上获得学生广泛好评的教师,或不断尝试创新型教学方式的教师等;(4)在育人上优秀的教师,如学生评选出来的最喜爱教师或优秀辅导员等。以上筛选标准满足其一则可成为本书的访谈对象。

第三,创新创业型大学生筛选标准:(1)本科及本科后学业成绩为年级前30%;(2)本科及本科后至少共获得 3 次校级及以上级别奖励;(3)毕业就职于

①伯克·约翰逊,拉里·克里斯滕森.教育研究:定量、定性和混合方法:第 4 版[M].马健生,等译.重庆:重庆大学出版社,2015:50.

②段肖阳.大学生创新创业能力发展的"个体—院校"双层影响因素实证研究[D].厦门:厦门大学,2022:95.

③王洪才,郑雅倩.大学生创新创业能力测量及发展特征研究[J].华中师范大学学报(人文社会科学版),2022,61(3):155-165.

事业单位或万人规模以上的企业等；(4)有过创业经历或正在创业，且稳定运营两年以上；(5)考取或保送原"211工程"类及以上大学研究生；(6)担任校级学生组织或社团等主要负责人一年以上；(7)主持或参加创新创业训练项目、竞赛。以上标准达到至少三条则可以成为本书的访谈对象。

3. 问卷调查法。本书拟采用问卷调查法获取质性研究材料以及采集量化研究大数据。首先，在质性研究数据的采集上使用开放性问卷，这主要是由于本书是从广义层面对创新创业教育与创新创业能力的概念内涵进行界定的，如此就决定了在有限的调查时间内难以通过一对一访谈广泛获取不同类型创新创业型大学生的质性材料。因此，本书遵循最大变异抽样原则，通过开放性问卷能够有效弥补大学生一对一访谈可能造成的抽样样本限制。其次，在创新创业能力结构理论模型的基础上通过问卷调查获得的大数据能够从测量学层面有效验证本书建构的创新创业能力结构模型的科学性。此外，采用问卷调查法对我国不同类型不同年级等不同特征的大学生进行资料收集，能够在最大程度上反映中国大学生创新创业能力发展水平现状与发展特征，从而全景式描绘与揭示中国大学生创新创业能力发展样貌。

4. 专家调查法。指标体系是评价研究的前提和基础，是指按照其本质属性和特征的某一方面的标志，能够将抽象的研究对象分解为具有外显标志、可操作化的系列指标，并可以对指标体系中的不同指标赋予相应的权重。能力指标体系是连接能力框架理论命题与问卷中具体问题的中间桥梁，能力指标体系的科学性、全面性直接关乎测量工具的有效性。因此，本书使用德尔菲法（Delphi method）进行能力指标构建。具体而言，先是设计具有开放性指标的第一张调查表，让不同专家独立评价指标；之后将不同专家的意见汇总整理，用较准确的术语制定第二张调查表；然后是将第二张调查表反馈给专家，再次由专家独立评价，之后收回评价结果，再次整理制定出第三张调查表，以此类推。经过反复征询、归纳与修改，不断提高指标体系的精确度。可见，采用专家调查法中的德尔菲法完善指标体系，确定指标权重，能够有效克服专家个人判断、专家会议调查等许多缺陷，保证专家意见的独立性、真实性、反馈性，从而有利于构建出科学完善的能力指标体系。

（三）资料分析的方法

根据资料类型的不同，本书主要采用的资料分析方法如下：

1. 文献资料的分析。本书通过"创业教育""创业能力""创新创业教育""创新创业""创新创业能力"及对应英文等关键词搜索国内外学术网站的相关

论文,并借助 Citespace 软件对关键词进行可视化分析,从而搭建国内外创新创业教育研究基本框架,并深度分析相关研究的演进脉络。

2. 质性资料的分析。根据研究问题与研究资料的收集,本书拟采用以下两种方式分析质性材料。一是扎根理论的使用。扎根理论形成三大流派,具体内容如表 1-2 所示。三大流派各有其优缺点,但基本遵循质性分析"类属与情境相结合"原则,呈现"阅读材料—编码—归类—呈现结果"的分析程序。结合扎根理论材料分析的特点与本书的核心问题,本书在构建大学生创新创业能力结构模型时将采取开放式编码、主轴式编码和选择式编码的研究流程。二是基于质性材料对已有量化研究结果的解释。研究指出,演绎式编码可以用以检验已有理论假设,[1]为此,本书在量化研究结果阐释与深化理解上,将主要采取演绎式编码思路。

表 1-2　扎根理论三大流派的异同点比较[2][3]

流派	相同点	不同点			
		认识论（哲学基础）	理论视角	资料/数据搜集	资料/数据分析
格拉泽（Glaser）& 施特劳斯（Strauss）的经典流派	1. 强调扎根理论来源于数据; 2. 强调研究者的"理论敏感性"; 3. 强调理论建构的循环往复; 4. 强调混合目的抽样; 5. 强调灵活运用文献	客观主义	实证主义（强调发现理论）	研究者在资料收集中保持中立态度	实质性编码和理论性编码
施特劳斯 & 科尔班（Juliet Corbin）的程序化流派		客观主义	后实证主义（趋向于建构主义,认为分析数据是研究者的一种解释）		开放式编码、主轴式编码和选择式编码
卡麦兹（Kathy Charmaz）的建构主义流派		社会建构主义	解释主义（理论是解释性分析,是建构的）	研究者与被研究者发生互动关系	强调灵活使用编码原则

① 艾尔·巴比.社会研究方法:第 10 版[M].邱泽奇,译.北京:华夏出版社,2005:368.

② 吴毅,吴刚,马颂歌.扎根理论的起源、流派与应用方法述评:基于工作场所学习的案例分析[J].远程教育杂志,2016,35(3):32-41.

③ 吴肃然,李名荟.扎根理论的历史与逻辑[J].社会学研究,2020,35(2):75-98,243.

3. 量化资料的分析。其一，在指标体系方面，主要使用层次分析法（AHP）分析专家评分结果，用以确定不同指标的权重。其二，在大学生创新创业能力量表的测量学检验上，主要使用 SPSS 软件和 AMOS 软件进行探索性因子分析和验证性因子分析，根据测量学检验标准，同时还对量表进行项目分析与效度检验等。其三，在创新创业能力测评方面，一方面是使用创新创业能力量表进行小样本测试。为避免误差首先利用 SPSS 软件对原始数据进行标准化处理，之后对样本数据进行 KMO 检验和 Bartlett 球形检验，以检验量表的信效度。进行主成分分析，修正指标。再采用 Cronbach's 系数（克龙巴赫 α 系数）对问卷进行信度检验。另一方面是在大规模施测的数据基础上，采用描述性统计分析、独立样本 T 检验、F 检验与偏最小二乘回归分析等多种量化分析方法以分析中国大学生创新创业能力水平，展现中国大学生创新创业能力的发展特征。

（四）研究过程

根据研究思路与研究方法，本书拟采取如图 1-1 所示研究过程：

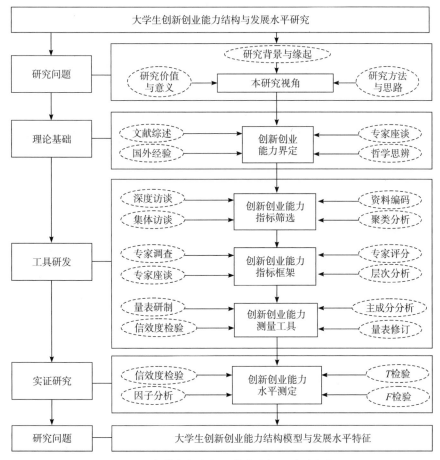

图 1-1　大学生创新创业能力实证研究流程图

第二章

创新创业能力研究进展

第一节　创新创业能力研究背景

　　探究创新创业能力研究问题,需要对与之密切相关的创新创业教育问题进行研究回顾,方能对创新创业能力研究形成更加清晰的认识。"创新创业教育"一词虽然是我国本土特有的概念,但却绝不是我国特有的事物。对于国外许多发达国家,由于创新教育已经贯穿于教育的全过程,从而无需再专门强调,故而国际上的广义"创业教育"亦指"创新创业教育"。而在我国,由于创新教育始终难以落在实处,所以我国特别注重使用"创新创业教育"这一概念,以此强调二者的紧密关系。纵观国内外创新创业教育的发展,可以发现两者有着非常不同的发展演进轨迹。

一、国外创新创业教育的发展演进

　　从国外主要发达国家的创业教育的发展状况和发文趋势看,国外创新创业研究大致可以分为三个阶段:(1)20世纪90年代之前,这是一个基于经济发展需求的初创阶段;(2)20世纪90年代直至2014年,这是一个基于教育内生需求的稳步增长阶段;(3)2015年至今,这是一个基于创新政策引导的突增阶段。

（一）基于经济发展需求的初创阶段（20 世纪 90 年代之前）

虽然哈佛大学商学院早在 1947 年就提供了第一门创业学课程[①]，但直到 20 世纪 70 年代创业教育仅仅是极少数商学院的一门边缘课程，由此可见创业教育的发展速度极其缓慢。进入 20 世纪 70 年代之后，许多美国大学商学院纷纷开始将创业教育作为 MBA 教育的一部分，由此这一领域才真正开始起步。[②] 为了应对当时的石油危机带来的影响，在美国社会，新自由主义又重新活跃起来，此时社会也越来越关注学校的评估，尤其是与经济利益挂钩的评估。随后的"职业生涯教育运动"和"问责制、能力本位运动"，其导向也都是让学校创造更大的效益，尤其是经济效益。[③] 这为美国创业教育普遍开展奠定了基础。到 20 世纪 70 年代末，美国社会掀起了创业型经济和科技创新浪潮，创业教育才开始作为一种正式的教育理念，商学院首先变革了人才培养理念。此时，创业课程开始在四年制大学、学院和一些社区学院兴起，1971 年美国只有 16 所高校开设了创业课程[④]，1979 年时就有 263 所院校提供了创业课程[⑤]。

进入 20 世纪 80 年代，随着美国创业型经济的发展，中小企业成为新工作岗位的主要创造者和创新的重要源泉[⑥]，因而也是保持经济发展活力和增长的主力军，为此社会需要高校培养出更多的创业型人才。在 80 年代初，美国教育部与商务部就共同资助了一个重要项目，即在 20 个主要城市开展创业教育和培训专题研讨会。这一时期，百森商学院、贝勒大学、南加州大学等高校都举行过针对创业教育的大型会议。1983 年，哈佛大学举办了一场以《什么是创业以及该如何教授创业？》的专题座谈会。1984 年，俄亥俄州立大学出版

①JEROME A K. The chronology and intellectual trajectory of American entrepreneurship education：1876—1999[J]. Journal of business venturing，2003，18(2)：283-300.

②KURATKO D F. The emergence of entrepreneurship education：development，trends，and challenges [J]. Entrepreneurship：theory and practice，2005，29(5)：577-597.

③克里斯汀娜·埃尔基莱.创业教育：美国、英国和芬兰的论争[M].汪溢，常飒飒，译.北京：商务印书馆，2017：43.

④阿兰·法约尔，海因茨·克兰特.国际创业教育：议题与创新[M].金昕，王占仁，译.北京：商务印书馆，2019：76.

⑤梅伟惠.美国高校创业教育模式研究[J].比较教育研究，2008(5)：52-56.

⑥克里斯汀娜·埃尔基莱.创业教育：美国、英国和芬兰的论争[M].汪溢，常飒飒，译.北京：商务印书馆，2017：54.

了《国家创业教育行动议程》(A National Entrepreneurship Education Agenda for Action)。① 在这一时期,创业教育开始成为一种真正的专业教育,并获得了学界的较大关注。② 学者们界定了创业、内部创业、代际创业、信息创业等概念,并对其他一些概念进行了区分,这是创业教育领域开始走向成熟的一个标志。贾米森(Jamieson)根据创业教育的目的提出了三种分类方式:(1)关于创业的教育(education about entrepreneurship);(2)为了创业的教育(education for entrepreneurship);(3)在创业中的教育(education in enterprises)。前两类重在强调提高创业意识,鼓励创业并为创业做准备,第三类则是为了帮助现有创业者拓展业务。格拉瓦尼(Garavan)和欧西内德(O'Cinneide)也提出了类似的分类方式,并区分了"创业教育"和"小企业主的教育与培训"。③ 由此可见,虽然学者们对创业教育的概念进行了细化,但这一时期所使用的都是狭义上的创业教育概念。

总体而言,在1990年之前,学界对创业教育的关注还是极少的,每年只有个位数的学术论文,且研究基本上都在讨论创业教育的重要性、创业与教育的关系等,创业教育的作用仍局限于经济层面的讨论。虽然也有研究开始关注创业教育目标、学生和老师的选取、课程内容、教学方式等实施创业教育的基本问题,但许多研究只是简单地介绍了创业课程,探讨了优秀创业课程内容。虽然有的研究关注了如何衡量创业教育项目是否成功的问题,但认为主要衡量指标应该是该项目带来的社会经济影响,如创立公司数量、创造就业岗位数量、对当地的经济贡献等。如克拉克(Clark)等人在1978—1982年对1717名参与创业教育课程的学生进行调查,发现这些学生新创129家企业,新创813份工作,新创企业的年销售额累计为1350万美元。④ 布朗(Brown)在1987年对214名参与创业教育项目的学生进行调查,发现新创企业在一年半之后平均创造了3.3个工作岗位。⑤ 这一时期创业教育的逻辑更符合经济发展的目

①克里斯汀娜·埃尔基莱.创业教育:美国、英国和芬兰的论争[M].汪溢,常飒飒,译.北京:商务印书馆,2017:55.

②KURATKO D F. The emergence of entrepreneurship education:development,trends, and challenges[J]. Entrepreneurship:theory and practice, 2005, 29(5):577-597.

③理查德·韦伯.创业教育评价[M].常飒飒,武晓哲,译.北京:商务印书馆,2017:10.

④CLARK B W, DAVIS C H, HARNISH V C. Do courses in entrepreneurship aid in new venture creation? [J]. Journal of small business management, 1984, 22(2):26-31.

⑤BROWN R. Encouraging enterprise:Britain's graduate enterprise program[J]. Journal of small business management, 1990, 28(4):71-77.

标,而不是高等教育的目标。① 因为此时的创业教育效果研究主要依赖于狭义上的创业定义,创业教育的普遍预期结果是学生创建新公司、创造就业机会,这与注重创业教育的经济效益是一致的。

（二）基于教育内生需求的稳步增长阶段（20 世纪 90 年代—2014 年）

进入 20 世纪 90 年代后,创业教育呈现了突飞猛进的增长态势。如在课程方面,1979 年仅有 263 所院校提供创业课程,到 1998 年就有 1400 所院校开设。② 在 2005 年,美国提供创业教育专业的高校就已经超过了 1600 所,课程达到 2200 门之巨。③（创新）创业教育的重点也转变为培养学生的通用态度、技能和行为,如与沟通、创造力和解决问题有关的技能和行为。④ 美国阿斯彭研究所青年创业战略小组（Aspen Institute Youth Entrepreneurship Strategy Group）指出:"美国（创新）创业教育培养了学生的创业心态,具体而言是一种以成功为导向的积极主动性、理性冒险、协作与机会识别的组合。这种创业心态正是美国繁荣的'秘密'之一,为美国的发展提供了创新引擎。若想让美国年轻人为 21 世纪的成功做好充分准备,那么通过广泛使用（创新）创业教育项目培养创业心态必须成为美国教育体系的核心部分。"⑤

随着创业教育的大规模兴起,学界开始关注创业教育的课程、师资、评估等核心问题。20 世纪 90 年代初及以前,人们基本上都是将创业当作是个人和商业性活动,而不是一种教育和社会现象。正如欧盟的创业教育报告显示,创业教育主要是应用于商业课程。⑥ 但在随后的十几年中,创业教育逐渐得

①MCMULLAN W E, LONG W A. Entrepreneurship education in the nineties [J]. Journal of business venturing, 1987, 2(3):261-275.

②KATZ J A. The chronology and intellectual trajectory of American entrepreneurship education: 1876—1999[J]. Journal of business venturing, 2003(2):283-300.

③KURATKO D F. The emergence of entrepreneurship education: development, trends, and challenges [J]. Entrepreneurship: theory and practice, 2005,29(5):577-597.

④KIRBY D. Entrepreneurship education: can business schools meet the challenge? [J]. Education+training, 2004(8/9):510-519.

⑤Aspen Institute Youth Entrepreneurship Strategy Group (US) (YESG). Youth entrepreneurship education in America: a policymaker's action guide [M]. Washington: Aspen Institute, 2008:40.

⑥阿兰·法约尔,海因茨·克兰特.国际创业教育:议题与创新[M].全昕,王占仁,译.北京:商务印书馆,2019:97.

到了世界性范围的认可,逐渐从商学院走出成为全校甚至全社会关注的问题。如法国的大学、工商管理学院、专科学校等都在提供越来越多的创业项目和课程,再如加拿大所有的大学或者学院都会提供创业课程或创业项目。[①]

创业教育逐渐成为一种正式的教育,研究的主题更加多元、更加深入,研究的数量也在稳定增长,学界已经关注到了与创业教育相关的方方面面。创业教育的概念已经不再只有狭义的定义方式,如有学者根据创业过程关注的认知技能和非认知技能之间的区别将创业教育分为三类:(1)关于创业的教育(education about entrepreneurship),主要关注的是认知导向的创业技能;(2)为了创业的教育(education for entrepreneurship),关注的重点通常是平均分布在认知型和非认知型创业技能之间;(3)通过创业的教育(education through entrepreneurship),所关注的重点主要放在非认知型创业技能上。[②]再如美国凯斯西储大学著名的创业教育学者沙恩(Shane)认为创业并不一定就是创建新的组织,它也可能发生在现有的组织内,也就是在现有岗位内发现机会、创造机会等也是创业。[③]虽然这一时期狭义的、广义的创业教育概念并行,但越来越倾向于使用"通过创业的教育"这一广义的创业教育概念。"通过创业的教育"更倾向于是一种以创业为教学手段的教育方法,这种创业教育方法与企业教育概念密切相关,但创业教育的目标更为广泛,企业教育侧重于创造新的具有风险的机遇,而创业教育的重点是培养有创造力和有进取心的创新个人。这样的创业教育在教育内容上不需要格外侧重于创业精神培养,其教育重点主要是教育哲学观念和教学方法改变。因为创业教育侧重于教授学生非认知创业技能,所以强调使用基于行动的教学方法。教学目标则特别强调学生的学习成果,如提高对模糊性和不确定性管理的能力水平,加深对如何应用和使用特定学科知识的理解。

学界关于创业教育的思考不是在独立的情景中探讨课程设计、课程组合等,而是扩展到更广泛的领域,如触及大学制度体系的转变问题,开始探讨大

①阿兰·法约尔,海因茨·克兰特.国际创业教育:议题与创新[M].金昕,王占仁,译.北京:商务印书馆,2019:253.

②MOBERG K. Assessing the impact of entrepreneurship education: from ABC to PhD [D]. Frederiksberg: Copenhagen Business School, 2014.

③SHANE S A. A general theory of entrepreneurship: the individual-opportunity nexus [M]. Edward Elgar Publishing, 2003.

学与环境的关系问题。[①] 由此也产生了一系列的新概念,如"三螺旋"[②]、"创业型大学"[③]等。甚至有些学者认为必须建立创业型大学,大学创业生态系统成为唯一能够培养创业人才并为其茁壮成长提供环境的一种方式。[④] 因此,学界既关注大学与环境关系的宏观问题,也关注课程组合、学习组织、师资等中观问题,同时还关注到与学习有关的教学方式、课程设计等微观问题。不论是实践领域,还是学术界,都对创业教育展现了极大的热情。创业教育成为许多国家工业和教育政策的重要组成部分,[⑤]其原因可以从不同层面进行解释。表 2-1 总结了不同学者认为应当实施创业教育的原因。

表 2-1 实施创业教育的原因

	个人层面	组织层面	社会层面
创造就业机会	需要更多愿意和有能力创造就业增长的个人	不断发展的组织创造了更多的就业机会	创业和创新是增长和创造就业的主要途径
经济上的成功	创业能给个人带来经济上的成功	组织更新是每个公司长期成功的基础	更新过程是经济活力的基础
全球化、创新与更新	人们需要创业技能以及在不断变化的世界中茁壮成长的能力	创业公司在改变市场结构中起着至关重要的作用	放松管制和灵活的市场需要高级通用技能

①阿兰·法约尔,海因茨·克兰特.国际创业教育:议题与创新[M].金昕,王占仁,译.北京:商务印书馆,2019:26.

②ETZKOWITZ H, LEYDESDORFF L. The dynamics of innovation: from national systems and "Mode 2" to a triple helix of university-industry-government relations[J]. Research policy, 2000, 29: 109-123.

③HOFER A R, POTTER J. Universities, innovation and entrepreneurship: criteria and examples of good practice[R].OECD Local Economic and Employment Development (LEED) Papers 2010/10, OECD Publishing.

④迈克尔·L.费特斯,等.广谱式大学创业生态系统发展研究[M].李亚员,译.北京:商务印书馆,2018:195.

⑤HYTTI U, O'GORMAN C. What is "enterprise education?" An analysis of the objectives and methods of enterprise education programmes in four European countries [J]. Education+training, 2004, 46:11-23.

续表

	个人层面	组织层面	社会层面
快乐、参与、创造力	创造、价值创造、创造力是人们快乐和骄傲的主要来源	员工的创造力和快乐对于新组织和现有组织的绩效至关重要	国家的经济财富与其国民的幸福息息相关
社会挑战	人可以改变社会阶层,边缘化的人可以获得经济上的成功	企业可以与小型社会企业家合作,创造社会价值	社会企业家精神解决了市场经济未能解决的社会问题

资料来源:LACKÉUS M. Entrepreneurship in education:what, why, when, how[R]. OECD Local Economic and Employment Development (LEED), OECD Publishing, 2015:18.

从这些原因中不难看出,实施创业教育不仅对经济有较大的促进作用,而且对学生个体的转变也有明显促进作用。瑞典查尔默斯工业大学(Chalmers University of Technology)查尔默斯创业学院研究者拉克乌斯(Lackéus)指出(创新)创业教育可以作为教育的起点,(创新)创业教育是学生在教育中获得更多兴趣、快乐和创造力的一种手段。[①] 与此同时,创业教育的效果评价不仅关注经济层面的指标,也开始关注学生个体层面的指标,一些典型的创业教育评价研究所使用指标见表2-2。

学生个体层面的评价指标多是根据计划行为理论的理论模型,测量了创业意向、感知合意性、感知社会规范和感知行为控制等。在已有研究中,另一个经常使用的评估指标即为自我效能感。在评估创业教育的短期效果时,应该关注学生的认知能力和非认知能力,认知能力可以通过普通考试进行评估,但非认知能力难以直接测量,所以部分学者提出用创业自我效能这一指标。对特定任务的自我效能感知,已被证明是个体技能获得的重要影响因素。创业自我效能测量(ESE)已经成为创业领域和创业教育评估研究中广泛应用的测量方法,因为创业自我效能已经被证明对创业行为有重大影响,且与创业意向有很强的相关性。[②]

---

①LACKÉUS M. Entrepreneurship in education:what, why, when, how[R]. OECD Local Economic and Employment Development (LEED), OECD Publishing,2015:18.

②MOBERG K. Assessing the impact of entrepreneurship education:from ABC to PhD [D]. Frederiksberg:Copenhagen Business School, 2014.

表 2-2　已有创业教育评价研究

作者(年份)	评价指标	研究结果
格拉瓦尼、欧西内德(1994)	创办的企业数量;创造的工作数量	316 家新创企业,其中 253 家企业在研究进行时依然存在;新创 2665 个工作岗位;成本收益的计算:每创造一份工作的成本为 1283 美元
克里斯曼(1997)	创造的工作数量;税收收入影响;新创企业增加的价值	每个新创企业平均新增 1.2 个新工作岗位;额外增加的税收收入大约在 1019712～4657747 加元之间;总增加值为 70 万加元
科维莱、莫恩(1997)	创业意向;创业活动;选择的创业主修课程	主修创业课程的毕业生有更高的创业意向;主修创业课程的毕业生比其他学生更多地创办了自己的企业
汉塞马克(1998)	对成就的需求;控制源	实验组成员在课程结束后对成就有更高的需求;实验组成员在课程结束后对控制源有更高需求
考克斯、米勒、莫斯(2002)	创业自我效能	课程对创业自我效能产生了负面影响
彼得曼、肯尼迪(2003)	创业意向;感知可行性;感知合意性;前期创业经历和相关经历的评级	实验组学生有更为丰富的前期创业经历,并且这些经历产生了积极影响;课程对感知合意性和感知可行性产生了积极影响(与对照组相比);课程对几乎没有前期创业经历或拥有负面的相关经历的学生有更大的影响
亨利、希尔、利奇(2004)	创办的企业数量;创造的工作数量	8 家新创企业(对比组 9 个;对照组 3 个);40 份新增工作(对比组 9 份;对照组 19 份)
法约尔、加伊、拉塞斯·克勒克(2006)	创业意向;创业态度;感知社会规范;感知行为控制	课程对参加者子样本的感知行为控制和创业意向产生了积极影响

续表

作者(年份)	评价指标	研究结果
萨塔瑞斯、泽尔比纳蒂、阿尔·拉哈姆(2007)	创业态度;感知社会规范;感知行为控制;创业意向;课程期间出现的创业行为;课程益处(学习、激励、资源利用)	课程结束时的创业意向和之后产生的创业活动之间没有关系;课程对感知社会规范和创业意向产生了积极影响;通过该课程产生的激励对感知社会规范和创业意向产生了积极影响
欧斯特贝克、范·普瑞格、艾瑟尔斯恩(2010)	个性特质(对成就的需求、对自主权的需求、对权力的需求、社会取向、自我效能、忍耐力、承担风险的倾向);技能(市场意识、创造性、灵活性);创业意向	课程对所有个性特质或技能均没有显著影响;课程对创业意向产生了显著的消极影响
冯·拉维尼茨、哈霍夫、韦伯(2010)	创业意向	创业意向在课程期间变低;创业意向变得更极端,例如:课程帮助学生自我选择进入了"正确的"职业道路

资料来源:理查德·韦伯.创业教育评价[M].常飒飒,武晓哲,译.北京:商务印书馆,2017:19-27.

(三)基于创新政策引导的突增阶段(2015年至今)

进入21世纪后,世界各国都开始关注创业型人才的培养,尤其是近几年创业型人才培养开始全面铺开,创业教育的研究也呈现出多样化的状态,地区间的借鉴、合作、比较研究等开始增多。尤其是近几年发展迅猛的国家,其创业教育的研究数量也在迅速增加。2015年前美国在创业教育研究方面累计发文1050篇,占总文献的33.6%。但在2015—2019年中世界各国总发文为4889篇,美国发文896篇,占比为18.3%。与美国减少趋势相反的是,中国、西班牙、俄罗斯、巴西、意大利、芬兰、南非等国家创业教育的研究在持续增加(见图2-1)。目前,已有140多个国家或地区开展了(创新)创业教育研究,尤其是美国、英国、芬兰等国家的研究具有较高影响力。[1]

---

[1]VALENCIANO J D P, URIBE-TORIL J, RUIZ-REAL J L. Entrepreneurship and education in the 21st century: analysis and trends in research [J]. Journal of entrepreneurship education, 2019(4):1-20.

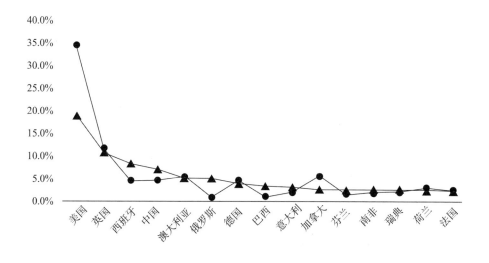

图 2-1　2015 年前后发文量在前 15 名国家的对比图

　　本书对美国、英国、芬兰等国家的创业教育研究进行梳理后,发现国外的创业教育概念并没有统一的界定方式,但不论如何界定,目前已没有学者坚持认为创业教育就是培养学生创建新企业。我们可以从各国对创业教育的分类出发,对其内涵进行深入解剖。世界各国使用的"创业教育"一词各有不同,目前最常用的两个术语是企业教育(enterprise education)和创业教育(entrepreneurship education)。在英国,企业教育(enterprise education)指更广泛地关注与个人发展有关的心态、技能和能力教育;创业教育(entrepreneurship education)是指更加注重建立企业和个体经营的教育。在美国,只有一个术语就是创业教育(entrepreneurship education),但它并没有统一的定义,不过美国普遍认可创业教育是面向所有学生实施的广义创业教育,有些类似"通过创业的教育"(education through entrepreneurship)。[①] "通过创业的教育"是一种以创业为教学手段的教育方法,重点是培养创新、有创造力和有进取心的个人。高校不应该局限在只通过狭义创业教育的环境培养

①MOBERG K. Assessing the impact of entrepreneurship education：from ABC to PhD [D]. Frederiksberg：Copenhagen Business School，2014.

第二章　创新创业能力研究进展

039

学生的创业能力,而应该将创业教育教学模式嵌入到专业教育学习中。[①] 美国创业教育联盟认为广义的创业是一个终身的学习过程,(创新)创业教育应该贯穿从 K-12 到高等教育及成人教育的全过程。[②] 在芬兰,使用内部创业教育(Internal entrepreneurship education)和外部创业教育(external entrepreneurship education)两个术语。内部创业教育类似于英国的企业教育,也就是广义的创业教育;外部创业教育指创办企业的狭义创业教育。欧盟(EU)和经合组织(OECD)中各国的创业计划和倡议中提出创业教育目标主要为两个:一是支持新企业和初创企业;二是在社会(特别是在年轻人中)培养创业心态。前者的创业教育课程侧重于培训个人成为企业家并创业,主要是为了增加初创企业数量,增加经济财富和创造社会价值。后者的创业教育课程旨在培养学生的创业心态,获得一系列动态的态度、价值观和跨学科能力,以应对不确定和不可预测的未来世界。[③] 第一种创业教育更多的是在商学院中开展,而第二种创业教育则是面向所有学生的。因为在快速发展的现代社会,人们越来越需要掌握自己的命运,就必须大力培养人们的创业精神和自主意识。[④] 简而言之,每个人必须充分发挥自身的积极性和主动性,不断进取以应对不确定的未来并实现自我价值。

这些创业教育发展比较迅猛的国家,国家政策都进行了大力推动。当然,国家之所以大力推动也是因为意识到了创业教育对经济、教育等方面的重要作用。那些创业教育开展已久的国家如美国、英国等,创业教育的研究主题和领域都已形成,所以在 2014 年后基本没有太大变化。与此相反,有些国家评价比较注重对投入的量化评价,这些国家的创业教育处于新兴阶段且发展迅猛。世界各地的政府都在高校创业教育的发展规划和内容制定上投入了大量

①PENALUNA A, PENALUNA K. In search of entrepreneurial competencies: peripheral vision and multidisciplinary inspiration [J].Industry and higher education,2021(4):471-484.

②Consortium for entrepreneurship education. National content standards for entrepreneurship education [EB/OL]. [2019-01-09]. http://www. entre-ed. org/natstandards/.

③TOUTAIN O, FAYOLLE A. Labour market uncertainty and career perspectives: competence in entrepreneurship courses [M]//MULDER M. Competence-based vocational and professional education. Springer International Publishing,2017:985.

④阿兰·法约尔.创业教育研究手册:第一卷[M].刘海滨,译.北京:商务印书馆,2019:27-29.

的资金和制度资源①,比如西班牙根据联合国教科文组织的建议,大学也越来越重视就业和促进创业的文化,这也成为学生在选择就读大学时的重要考量②。

综上所述,在国外,创业最初被描述为一种经济现象,创业能力则被视为企业成长的重要因素。在经济处于萧条的社会背景下,为了帮助企业成长,学术界开始探讨成功企业家行为与个性特征、经济和商业环境、教育等之间的关系,聚焦于培养企业家精神研究。学界通过部分实证研究,认为企业家精神意味着拥有创业技能、创业知识和创业态度等要素,而且这些基本素质可以通过学习获得,并且可以形成有利于个人和整个社会的创业观念和文化。于是,学界将"企业家精神"概念化为"创业能力",并对其展开了广泛持续的研究。随后,在世界性经济危机冲击下,创业的重要性不断得到认可,政府开始通过立法、经济资助、科研投入、颁发指导性文件等措施推动创业活动的繁荣和创业教育的发展,并将创业能力纳入不同的政策领域。具体而言,体现在教育领域中,便是高校(创新)创业教育的开展。国外高校创业教育最初从商学院发展起来③,现已走出商学院,向全校乃至社会进行扩散。这一扩散发生在欧洲各

①ABOOBAKER N, RENJINI D. Human capital and entrepreneurial intentions: do entrepreneurship education and training provided by universities add value? [J]. On the horizon, 2020, ahead-of-print (ahead-of-print).

②BARBA-SÁNCHEZ V, ATIENZA-SAHUQUILLO C. Entrepreneurial intention among engineering students: the role of entrepreneurship education [J]. European research on management and business economics (ERMBE), 2018, 24(3):53-61.

③MASON J, SIQUEIRA A. Addressing the challenges of future entrepreneurship education: an assessment of textbooks for teaching entrepreneurship [J]. Advances in the study of entrepreneurship innovation economic growth, 2017(24): 41-64.

国①、英美②、新加坡③、日本及韩国④等国家。目前形成了两类代表性的创新创业教育模式,即"传统商学院的组织模式"和"创业型大学组织模式",⑤⑥这标志着国外(创新)创业教育模式已经从"专业性"模式向"广谱式"模式转变。

二、国内创新创业教育的发展演进

随着高等教育改革的逐步深化以及国家对创新创业教育的重视,我国高校创新创业教育迎来了发展的高峰时期,如创业基础课程普遍被逐渐纳入本科院校的必修课程,越来越多的高校开始组建实体性质的创业教育教学与管理机构等。与此同时,创新创业教育的理论与实证研究也呈现高速增长态势,成为学术研究的热点。我国创新创业教育相关研究主要围绕创新创业教育与人才培养、高校在创新创业教育中的地位和作用、专业教育与创新创业教育融合、创业型大学与创新创业生态系统、大学生创新创业素质和能力等五大主题展开。

必须指出,创新创业教育概念是我国的一个本土化概念。在国内,已有研究并未就创新创业教育的内涵及其本质达成一致的认识。创新创业教育研究先后经历了以创业教育代替创新创业教育的"替代论"、提出创新教育与创业教育是一个整体的"整体论"、创新教育与创业教育密不可分的"综合论"、创新创业教育不是创新教育和创业教育简单叠加的"融合论"(也称超越论)的发展

①GUERRERO M,URBANO D,FAYOLLE A,et al. Entrepreneurial universities:emerging model sin the new social and economic landscape [J]. Small business economics,2016,47(3):1-13.

②SAM C,SIJDE P V D. Understanding the concept of the entrepreneurial university from the perspective of higher education models [J]. Higher education,2014,68(6):1-18.

③MOK K H. The quest for global competitiveness:promotion of innovation and entrepreneurial universities in Singapore [J]. Higher education policy,2015,28(1):91-106.

④HEMMERT M,CROSS A R,CHENG Y,et al. The distinctiveness and diversity of entrepreneurial ecosystems in China,Japan,and South Korea:an exploratory analysis [J]. Asian business & management,2019(18):211-247.

⑤AUDRETSCH D B. From the entrepreneurial university to the university for the entrepreneurial society [J]. Journal of technology transfer,2014,39(3):313-321.

⑥MAAS G,JONES P. An overview of entrepreneurship education [M]// MAAS G,JONES P. Systemic entrepreneurship:contemporary issues and case studies. Palgrave pivot,London. 2015:22-95.

历程。[①]

（一）学界自发探索研究阶段（2007年以前）

我国创新创业教育研究开始于学界自发探索阶段（2007年以前）。我国创新创业教育始于1998年清华大学举办的第一届创业计划大赛，之后在2002年，教育部将清华大学、中国人民大学等9所院校确定为开展创业教育的试点学校。创新创业教育在被提出之初，主要是在高等教育阶段实施，旨在解决大学生就业难的问题。[②] 有学者认为从就业教育走向创业教育，是世界高等教育发展的总的趋势，也是中国高等教育改革与发展的必然选择。[③] 也有较多学者介绍了英国[④]、美国[⑤]等其他国家的创业教育，为我国开展创业教育提供经验借鉴。整体而言，这一时期的研究焦点相对分散，主要是以第一届"挑战杯"为契机，将创业教育与相关竞赛内容和要求相结合。而且，这时期我国高校开始了大规模扩招，于是毕业生就业问题成为我国学界关注的主要焦点之一。这一时期的研究体现了对当时高等教育发展方向以及毕业生就业方式转变的思考。

（二）基于外生动力的宏大叙事研究阶段（2007—2014年）

创新创业教育在我国能够迅速落地生根，得益于国家政策的引导。具体而言，可以分为两个阶段，具体如下：

我国创新创业教育研究开始进入政策驱动下的初步探索阶段（2007—2010年）。我国创新创业教育研究成果在2007年之后有了大幅增长，这种变化与国家对就业创业的高度重视密切相关，国家在2007年提出"实施扩大就业创业的发展战略，促进以创业带动就业"的战略方针，既明确了创业和就业之间的联动机制，又突出了创业的重要地位，这就使创业教育研究有了更加明确的目的和方向。2008年教育部通过了"质量工程"项目建设的30个创新创

①李亚员.创新创业教育：内涵阐释与研究展望[J].思想理论教育，2016(4)：83-87.

②刘宝存.确立创新创业教育理念 培养创新精神和实践能力[J].中国高等教育，2010(12)：12-15.

③唐德海，常小勇.从就业教育走向创业教育的历程[J].教育研究，2001(2)：30-33,72.

④牛长松.英国大学生创业教育政策探析[J].比较教育研究，2007(4)：79-83.

⑤房国忠，刘宏妍.美国大学生创业教育模式及其启示[J].外国教育研究，2006(12)：41-44.

业教育人才培养模式创新试验区[①]，如清华大学、大连理工大学、黑龙江大学、上海财经大学、江南大学等[②]。这一时期，学界主要对创新创业人才培养展开国外借鉴和本土实践探索。而且，这一阶段的创新创业教育研究有了明确的研究对象，即以大学生为主体、高校为载体，对大学生进行创业精神、创新创业能力培养以及高校实施创新创业教育的运行机制、创新创业教育体系构建进行了多方位研究。

创新创业教育研究进入国家政策引导下的宏大叙事研究阶段（2010—2014年）。2010年，教育部发布《关于大力推进高等学校创新创业教育和大学生自主创业工作的意见》，明确了创新创业教育改革的指导思想、基本原则、总体目标后，"创新创业教育"在国家高度重视和一批学者的集中关注和肯定的同时，被正式视为一个新概念进入学术视野。有学者认为2010年成为向全国高校全面推行创新创业教育的元年。[③] 2012年教育部办公厅发布了《普通本科学校创业教育基本要求（试行）》，对创新创业教育的教学目标、内容、方法、组织等进行了整体设计，这一阶段的研究更趋向于适应国家政策方向的宏观层面研究。比如，从国际视野对不同国家创业型大学的发展模式、创新创业教育生态体系构建进行了梳理。这一时期，创新创业教育仍然是创新教育与创业教育的机械叠加，并没有把创新创业教育是对人的发展的总体把握和自我价值实现作为一个整体概念来研究。[④]

（三）基于内生动力的微观研究探索阶段（2015年至今）

2015年至今，创新创业教育研究形成了从宏观到微观、由点及面的研究脉络。2015年5月4日，国务院办公厅正式下发《关于深化高等学校创新创业教育改革的实施意见》，对高校创新创业教育改革进行谋篇布局，从完善人才培养质量标准等9个方面提出意见，成为高校开展创新创业教育的行动指南。创新创业教育政策从关注宏观的教育发展也转向了关注微观的人才培

①张大良.大学中学携手 培养创新人才[N].中国教育报,2010-5-3(5).

②关于批准2008年度人才培养模式创新实验区建设项目的通知[EB/OL].[2020-01-03].http://www.moe.gov.cn/srcsite/A08/s7056/200901/t20090120_109574.html.

③刘宝存.确立创新创业教育理念 培养创新精神和实践能力[J].中国高等教育,2010(12):12-15.

④刘坤,李继怀.创新创业教育本质内涵的演变及其深化策略[J].黑龙江高教研究,2016(1):117-120.

养，这也正是创新创业教育从外延式发展转向内涵式发展所提倡的。近些年来，在国家政策导向和社会现实需要的双重驱动下，我国创新创业教育研究步入了前所未有的高速发展时期。学界开始关注创新创业教育理念、形成和发展路径，创新创业教育的策略及影响因素，创新创业能力培养，不同国家创新创业教育模式的比较等方面。随着创新创业研究成果数量快速增长，研究主题和视角也呈多元化发展。创新创业教育从关注体制、制度等转向关注与"新工科""产教融合""互联网＋""思想政治教育""地方高校""高职院校"等中国特有的问题相结合。也就是说，当前研究期望立足我国教育中的实际问题，通过创新创业教育解决我国教育中的综合改革问题。

总体而言，我国创新创业教育研究从最初的将创业作为解决大学生就业难问题的有效手段向高校转变教育观念、深化高等教育改革方向发展。创新创业教育研究也随之转向创新型人才培养模式改革，优化创新创业教育改革成果，培养具有创新创业能力的人才。

三、国内外创新创业教育的研究述评

在分析国内外创新创业教育的发展后，可以发现我国与国外的创新创业教育概念存在描述的偏差，但实际上又具有内在的一致性。国外的创新教育已经贯穿于教育活动全过程，所以国际上的"创新创业教育"主要指"创业教育"。而在我国，由于受应试教育的影响，创新教育始终难以落实在实处，因而，我国需要把创业与创新紧密地联系在一起。所以，使用"创新创业教育"这一概念，目的就在于强调二者的紧密关系。由于我国的创新创业教育研究起步较晚，从而创新创业教育概念本身也处于发展过程中，而且也在不断借鉴国外的概念、模式以充实其内涵。整体来看，国内外创新创业教育研究呈现以下特点：

（一）创新创业教育的理论研究较为缺乏

著名创业教育专家法约尔（Fayolle）等人分别对 1984—2011 年间的创业教育研究文献（约 100 篇文章）、2004—2012 年间创业教育效果研究文献（102篇）、2006—2012 年间创业意图研究文献（220 篇）进行了综述研究，得出的结论是创业教育研究缺乏理论基础，且 102 篇创业教育效果研究中有 25％的文

献没有理论。^① 由于当前并未形成公认的创新创业教育理论,导致对创新创业教育概念理解也是混乱的。如在英国使用了企业教育(enterprise education)和创业教育(entrepreneurship education)两个概念;在美国虽然只使用了创业教育(entrepreneurship education)一个概念,但对它还没有形成统一的定义^②;在芬兰,经常使用的是内部创业教育(internal entrepreneurship education)和外部创业教育(external entrepreneurship education)两个术语。在我国,人们经常进行广义的创新创业教育和狭义的创新创业教育之分,而且对广义的创新创业教育具体应包括多大范围也是存在争议的。学界在认可广义创新创业教育的同时,意味着不再将创新创业教育作为一种附加的教育活动,而是逐渐接受创新创业教育作为一种全新教育理念、教育模式。但是创新创业教育这种教育模式应该如何开展及推进,却成为当前面临的难题。解决这些难题,就必须加强对创新创业教育的理论研究,尤其是加强本土化的理论研究,从中国的教育实际出发,提出创新性的理论以解决我国高等教育中面临的问题。

(二)创新创业教育的发展进入瓶颈期

国内外的创新创业教育都经历了大规模数量扩张的外延式发展,目前已经步入了关注质量的内涵式发展阶段。尤其是在创新创业教育研究后起的国家如中国,多数高校在投入大量人力、物力后,却面临如何具体培养创新创业型人才和如何提高教育质量的难题。分析中国知网上已有创新创业教育研究的趋势,可以发现创新创业研究在经历两次加速发展后,近五年研究数量呈下降趋势。这说明我国创新创业教育研究将进入理性发展阶段,但同时也意味着进入了艰难的探索阶段。因为已有研究并未完全探明创新创业教育的效果评价和实施路径。虽然不同国家都在摸索中前进,也有研究已经证明项目式教学、体验式学习等是实施创新创业教育的重要方式,但并不清楚具体是什么因素在影响大学生创新创业能力的形成,同时也难以测量大学生创新创业能力的状况。创新创业教育实施路径不明、效果难以科学测量,都制约着高校创新创业教育的深入推进。

①FAYOLLE A. Personal views on the future of entrepreneurship education [J]. Entrepreneurship and regional development,2013:692-701.

②MOBERG K. Assessing the impact of entrepreneurship education:from ABC to PhD [D]. Frederiksberg:Copenhagen Business School,2014:19.

(三)学界并未形成统一的创新创业教育效果评价研究模型

虽然国外很早就开始探索对创业教育效果的评价,但并未形成统一的创业教育效果评估模型。[1] 甚至有学者认为创业教育效果研究还是处于初期阶段,还有很大的进步空间,还有很长的路要走。[2] 在 20 世纪 80 年代创业教育兴起之后,关于创业教育的效果检验研究也与日俱增。最初创业教育效果评价标准局限于一些直接的经济标准,如创办的企业数量或创造的就业岗位数量,但随着研究的深入,所采用的评价标准越来越多元化,评价标准也越来越间接,如"创业意向"也成为一项标准。其中以阿杰恩(Ajzen)提出的计划行为理论(theory of planned behavior,TPB)最为著名,应用也最为广泛。[3] 该理论为通过评价干预创业教育提供了理论依据和操作方法,克鲁格(Krueger)等学者认为该理论尤其适用于衡量创业教育对创业态度和意向等的影响。[4] 这与科尔沃雷德(Kolvereid)认为可以用创业态度和意图的变化来衡量创业教育效果的观点不谋而合。[5] 创业教育专家法约尔基于计划行为理论开发了评估创业教育影响的基本框架,提出将创业教育的机构设置、学生背景条件、创业教育类型、创业教育目标、创业教育教学方式与方法作为自变量,将计划行为理论中的学生创业意图、态度等作为因变量,这一框架具有很强的操作

①BARBA-SÁNCHEZ V,ATIENZA-SAHUQUILLO C. Entrepreneurial intention among engineering students:the role of entrepreneurship education [J]. European research on management and business economics (ERMBE),2018,24(3):53-61.

②RIDEOUT E C, GRAY D O. Does entrepreneurship education really work? a review and methodological critique of the empirical literature on the effects of university-based entrepreneurship education[J]. Journal of small business management,2013,51(3):329-351.

③AJZEN I. The theory of planned behavior [J]. Organizational behavior and human decision processes,1991,50(2):179-211.

④理查德·韦伯.创业教育评价[M].常飒飒,武晓哲,译.北京:商务印书馆,2017:54.

⑤KOLVEREID L. Prediction of employment status choice intentions [J]. Entrepreneurship theory and practice,1996,21(1):47-58.

性。① 但这一理论也同样面临着多种质疑,如莎拉斯瓦蒂(Sarasvathy)等②、克鲁格(Krueger)③都提出,创业过程很少是线性的,它们是相当反复的,这也就是说态度、意图和行为与创业是动态相关的。尽管受到了质疑,但这一理论已经被应用到 1000 多项研究中。④

国内对创新创业教育效果的评价更为间接,并且尤其注重外在的整体性评价,即以学校为主体的硬性指标,而较少关注学生个体成长的微观指标。也就是说,创新创业教育效果评价并未落实在学生的能力发展上,而是过多关注了学校、政府等层面的创新创业教育投入。已有研究从几个方面开展整体性评价:一是从不同利益主体出发进行全要素评价,如冯艳飞等⑤、徐英等⑥、李兵⑦、胡正明⑧等人的研究,主张从政府、学校、学生、社会等四个层面构建创新创业教育评价体系,如政府的资金投入、学校的师资队伍、学生的创业率、社会的认可度等;二是利用不同理论进行全过程评价,如高苛⑨、张丹译⑩、黄兆信⑪、董杜斌⑫等人从"环境—输入—输出"或"投入—产出"角度对创新创业教

①FAYOLLE A，GAILLY B，LASSAS-CLERC N. Assessing the impact of entrepreneurship education programmes：a new methodology [J]. Journal of European industrial training，2006，30(9)：701-720.

②SARASVATHY S D，DEW N. Entrepreneurial logics for a technology of foolishness [J]. Scandinavian journal of management，2005，21(4)：385-406.

③KRUEGER N F. Entrepreneurial intentions are dead：long live entrepreneurial intentions [J]. Revisiting the entrepreneurial mind：inside the black box：an expanded edition，2017：13-34.

④理查德·韦伯.创业教育评价[M].常飒飒,武晓哲,译.北京:商务印书馆,2017:49.

⑤冯艳飞,童晓玲.基于模糊层次分析法的高校创新创业教育评价研究[J].华北电力大学学报(社会科学版),2013(2):137-140.

⑥徐英,白华.高校创新创业教育绩效评价研究[J].创新与创业教育,2014(2):29-33.

⑦李兵.关于高职院校"四位一体"创新创业教育评价体系研究[J].中国职业技术教育,2015(28):78-80.

⑧胡正明.高职院校创新创业教育评价指标体系构建研究[J].中国职业技术教育,2018(8):72-77.

⑨高苛,华菊翠.基于改进 AHP 法的高校创新创业教育评价[J].现代教育管理,2015(4):61-64.

⑩张丹译.高校创新创业教育绩效评价研究[D].武汉:武汉科技大学,2019.

⑪黄兆信,黄扬杰.创新创业教育质量评价探新:来自全国 1231 所高等学校的实证研究[J].教育研究,2019,40(7):91-101.

⑫董杜斌.基于"AHP 层次分析法"的创新创业教育评价指标体系构建[J].教育评论,2019(3):70-73.

育的过程性要素进行评价；三是通过扎根理论挖掘关键要素进行评价，如徐小洲利用扎根理论方法，访谈六个省市的政府、高等学校、企业中的相关人员54人，提出VPR评价体系，其中包括价值评价（value）、过程评价（process）和结果评价（result）[①]。

综合来看，已有的全要素评价、全过程评价或关键要素评价，构建了不同的创新创业教育效果评价模型，但却难以得到学界的公认。一方面是因为模型本身并未真正落实在创新创业教育效果的产出上，即并未落实在测量大学生创新创业能力发展上，进而导致其效果评测的结果均缺乏可信度。另一方面是因为这些评价研究所构建的评价指标体系绝大多数未经过大样本的测量检验，评价模型的科学性有待进一步确认。最为重要的是，这些评价研究的测量结果难以应用于创新创业教育的改进实践中。故学界对这些评价模型及指标的信效度明显存疑，因而难以进行大规模评价推广。

第二节　创新创业能力研究回顾

创新创业教育成效最终是体现在学生能力的发展上，这就涉及大学生创新创业能力及影响因素评价问题。在进行大学生创新创业能力的研究之前，有必要先分析关于创新创业能力的已有研究，故本节对国内外创新创业能力的研究现状进行系统分析。

一、国外创新创业能力的研究现状

在国外，由于创新创业教育主要是指创业教育，因此用创业教育进行文献搜索。通过在 Google Scholar 上以"entrepreneurship education"为检索词进行高级检索，以近5年为检索区间，搜索 SSCI、SCI 文献，总共获得11600篇相关文献。这说明创业教育研究在国外受到高度重视。再以 entrepreneurship/entrepreneurial/ability/capability/skill/competence/competency 为检索词进行检索，涉及创新创业能力评价的有104篇文献。

---

① 徐小洲.创新创业教育评价的 VPR 结构模型[J].教育研究,2019(7):83-90.

（一）国外学术界未形成关于创业能力概念的统一认识

在国外学术界，学者们对创新创业能力有不同的认识。比如宾夕法尼亚州立大学商学院钱德勒（Chandler）教授等人将创新创业能力划分为识别与利用机会的能力、概念性能力、毅力、人力资源管理能力、政策性能力、技术能力等六大维度。①

伦敦国王学院学者威尔逊（Wilson）和英国诺丁汉大学商学院学者马丁（Martin）在能力理论的基础上，重新定义了创业能力的概念，将创业能力理解为个人在环境中追求创业机会的自由，而且探讨了实现这种独特类型自由的七个普遍和必要的条件。②

香港理工大学管理学院托马斯（Thomas）教授和特里萨（Theresa）教授根据将创业能力与中小企业绩效联系起来的理论框架，通过调查香港服务业中小企业经历的创业能力，建构了机会胜任力、关系胜任力、概念胜任力、组织胜任力、战略胜任力和承诺胜任力的六维创业能力结构模型。③

英国威斯敏斯特大学商学院简（Jane）教授和艾莉森（Alison）教授为了考察学生的创业能力在不同阶段实践项目中的发展情况，开发了 17 种创业技能方面的能力，将创业能力划分为技术技能、管理技能、创业技能和个人成熟度四个维度，并进一步细分为 17 种创业技能方面的能力。在项目课程的第 1、6、12 周分别对学生的创业能力进行了定量和定性的数据评估。④ 该研究深入探讨了体验式学习的实践和本质，对项目课程结构安排的优化有借鉴作用。

安特卫普大学教育学院教授舍尔伍德（Schelfhout）等人在文献研究的基础上进行总结归纳，将创业能力划分为 11 种子能力，如创造力、积极性、风险

①CHANDLER G N, HANKS S H. Measuring the performance of emerging businesses: a validation study [J].Journal of business venturing, 1993, 8(5):391-408.

②WILSON N, MARTIN L. Entrepreneurial opportunities for all? entrepreneurial capability and the capabilities approach[J].The international journal of entrepreneurship and innovation,2015,16(3):159-169.

③MAN T, LAU T. Entrepreneurial competencies of SME owner/managers in the HongKong services sector: a qualitative analysis [J].Journal of enterprising culture, 2000, 8(3):235-254.

④CHANG J, RIEPLE A. Assessing students' entrepreneurial skills development in live projects [J]. Journal of small business and enterprise development, 2013, 20(1):225-241.

评估能力、毅力、领导能力等。并将这些能力进一步细分为各种指标,利用指标建立了评价工具,之后在 201 名中等教育学生的样本中进行了验证。[①]

荷兰的创业教育学者德利森(Driessen)和兹瓦特(Zwart)将创业能力分为 7 个企业家特质和 3 个企业家技能,其中 7 个企业家特质分别为对成就的需求、对自主权的需求、对权力的需求、社会取向、自我效能、忍耐力、承担风险的倾向,3 个企业家技能分别为市场意识、创造力、灵活性。[②③] 他们在界定创业能力的基础上,还研发了创业能力自我评估测试问卷(Escan),该问卷在荷兰被广泛用于测量创业能力。如阿姆斯特丹大学廷伯根学院的教授奥斯特比克(Oosterbeek)等学者就利用 Escan 问卷和其他调查工具对美国和欧洲实施的一个领先的创业教育项目(student mini-company,SMC)进行了评价。[④]

整体来看,国外学界虽然对创业能力的概念和结构进行了较多的研究,但不同学者均是从不同角度出发对创业能力进行了探究,已有研究并未形成关于创业能力概念的统一认识。

(二)国外创业能力培养的实践探索已具雏形

在教育领域内,国外学术界倾向于将创业精神作为一种能力要素纳入学校、职业培训和高等教育课程教学中,[⑤]以使这种跨教育背景的横向技能得以重视和培养。创业教育研究比较了“传统教育”与“创业教育”的教学方式,认为传统教育的教学方式是标准化、以内容为中心、被动和单一学科为基础的课程,(创新)创业教育的教学方式是个性化、主动性、过程性、项目性、协作性、体

①SCHELFHOUT W, BRUGGEMAN K, MAEYER S D. Evaluation of entrepreneurial competence through scaled behavioural indicators: validation of an instrument [J].Studies in educational evaluation,2016(51):29-41.

②DRIESSEN M P, ZWART P S. The role of the entrepreneur in small business success: the Entrepreneurship Scan[R]. Working paper, University of Groningen, 1999.

③DRIESSEN M P. E-scan on dernemerstest's-Graveland [R]. Entrepreneur Consultancy BV, The Netherlands, 2005.

④OOSTERBEEK H, VAN PRAAG M, IJSSELSTEIN A. The impact of entrepreneurship education on entrepreneurship skills and motivation [J]. European economic review, 2010, 54(3): 442-454.

⑤European Commission Eurydice. Entrepreneurship education at school in Europe[R]. Eurydice Report. Luxembourg: Publications Office of the European Union, 2012.

验性和多学科方法。[①]

在创新创业能力培养领域中，具有代表性的百森商学院以融入性创业教育课程[②]、体验式创业教育教学[③]、实操性的创业教育平台[④]，为学生具体需求提供"显微镜"式的培养[⑤]，成为国际研究创新创业教育的一个范例[⑥]。麻省理工学院通过创业俱乐部、全球化项目等实践活动培养学生创新创业能力[⑦⑧]，也取得了很大成功[⑨⑩]。不同学者们对创业教育的教学方式有着不同的描述，但其本质基本上一致，都极为强调"体验式学习"，强调学生"边做边学"，这也与约翰·杜威的经验哲学所强调"做中学"是一致的。[⑪] 创业教育在教学策略

①LACKÉUS M. Entrepreneurship in education - what，why，when，how[R].OECD local economic and employment development（LEED），OECD publishing.2015.

②MOSLY I. The significance of including an entrepreneurship course in engineering Programs [J]. Higher education studies，2017，7(4)：9-14.

③NABI G，WALMSLEY A，LIŃÁN F，et al. Does entrepreneurship education in the first year of higher education develop entrepreneurial intentions? The role of learning and inspiration [J]. Studies in higher education，2016，43(3)：452-467.

④SAEED S，YOUSAFZAI S Y，YANI-DE-SORIANO M，et al. The role of perceived university support in the formation of students' entrepreneurial intention [J]. Journal of small business management，2015，53(4)：1127-1145.

⑤TURNER T，GIANIODIS P. Entrepreneurship unleashed：understanding entrepreneurial education outside of the business school [J]. Journal of small business management，2018，56(1)：131-149.

⑥MCCLURE K R. Building the innovative and entrepreneurial university：an institutional case study of administrative academic capitalism [J]. Journal of higher education，2016，87(4)：516-543.

⑦JANSEN S，ZANDE T V D，BRINK S，et al. How education，stimulation，and incubation encourage student entrepreneurship：observations from Utrecht University [J]. International journal of management education，2015，13(2)：170-181.

⑧GUERRERO M，URBANO D，FAYOLLE A，et al. Entrepreneurial universities：emerging model sin the new social and economic landscape [J]. Small business economics，2016，47(3)：1-13.

⑨ABREU M，DEMIREL P，GRINEVICH V，et al. Entrepreneurial practices in research intensive and teaching-led universities[J]. Small business economics，2016，47(3)：1-23.

⑩WALTER S G，BLOCK J H. Outcomes of entrepreneurship education：an institutional perspective [J]. Journal of business venturing，2016，31(2)：216-233.

⑪MATLAY H，PEPIN M. Enterprise education：a deweyan perspective [J]. Education＋training，2012(8/9)：801-812.

上都超越了传统的说教方式。[①] 传统教育是教给学生确定性的知识，学生的角色更倾向于作为知识的被动接受者，但学生所面临的是不确定的未来，必须具备能够创新地解决问题的能力，这就需要变革教育范式。

可见，以美国为首的高校在创新创业能力培养方面已经具备了一些成功的实践模型。国外高校关于创新创业能力培养的系列实践探索已渐成体系，这为本书提供了有益借鉴。

(三)国外创业能力的分类研究渐次深入

起初，国外关于创业能力分类涉及工作期望、与知识和技能相关的投入测量、企业家的个人特征等。随后，英国教育和就业部高级培训顾问奇瑟姆(Cheetham)和英国谢菲尔德大学继续教育学院教授奇弗斯(Chivers)将创业能力确立为认知能力、专业能力、个人能力和元能力。[②③] 这一分类以较为清晰的方式划分了创业能力，有助于进一步理解创业能力。根据美国、英国和欧洲大陆(奥地利、法国和德国)的已有研究，法国图卢兹商学院教授莱德斯特(LeDeist)和温特顿(Winterton)通过将行为方法和功能方法整合到二维矩阵中，提出了"知识(和理解)、技能和行为和态度"的分类方法。[④] 这一分类将创业能力理论运用到创业能力分类上，具有一定的合理性，但在一定程度上遮蔽了创业能力的特殊性。

为了在所有利益攸关方之间建立关于创业能力的共识，并在教育和工作之间建立桥梁，欧盟于 2016 年制定了《创业能力框架》(Entrepreneurship Competence Framework)，该框架包含了创意及机会、资源、付诸行动 3 种领域，包含识别机会、创造力、想象力、价值观、伦理和可持续思考、自我效能感、动机和毅力、调动资源能力、财务及经济知识、动员他人、采取行动、策划及管

①CHEUNG C K. An overview of entrepreneurship education programmes in Hong Kong [J]. Journal of vocational education & training，2008(3)：241-255.

②CHEETHAM G，CHIVERS G. Towards a holistic model of professional competence [J]. Journal of european industrial training，1996，20(5)：20-30.

③CHEETHAM G，CHIVERS G. The reflective (and competent) practitioner：a model of professional competence which seeks to harmonise the reflective practitioner and competence-based approaches [J]. Journal of european industrial training，1998，22(7)：267-276.

④LE DEIST F，WINTERTON J. What is competence? [J]. Human resource development international，2005，8(1)：27-46.

理、应对不确定性风险、与他人合作、从经验中学习等 15 项能力,内含 442 项学习成果,并且划分为初级、中级和高级 3 个等级,以及 8 级进阶模式。① 该框架的优点在于由于大量地咨询了不同类型的专家,从而具有很强的综合性和灵活性②③。但是,该框架的缺陷在于尚未在实际环境中进行测试和评估,从而无法证明其有效性如何。

(四)国外创新创业教育质量评价研究渐成热点

国外关于创新创业教育评价的类型日趋多元和多样④⑤,标志着创新创业教育评价逐渐成为研究的热点。

20 世纪 90 年代至 21 世纪初,美国各州只有各自分散的创业教育标准,而且经常发生调整和变动,严重影响了创业教育的发展进程。于是,美国创业教育联盟通过前期文献调研、专家咨询、小组讨论、网站公布征求意见等方式先后制定了创业教育的 3 大标准:内容标准(CEE)、实践标准(PEE)和评价量规(AEE),⑥从促进创业思维的创业理念、达成创业教育的方式、实现创业成功的责任等 3 个方面评估创业教育的实践现状。这些具有范例性标准的建立体现了美国社会对创业教育的高度重视,也对美国近十年来的创业教育产生了巨大影响,是美国创业教育理论里程碑的成果。但这些成果并未深入到大

---

①BACIGALUPO M, KAMPYLIS P, PUNIE Y, et al. EntreComp: the entrepreneurship competence framework [R]. Luxembourg: publication office of the european union, 2016:6-13.

②GIELNIK M M, FRESE M, KAHARAKAWUKI A, et al. Action and action-regulation in entrepreneurship: evaluating a student training for promoting entrepreneurship [J]. Academy of management learning education, 2017(1): 69-94.

③ROIGMILLERNO N, KRAUS S, CRUZ S. The relation between coopetition and innovation/entrepreneurship [J]. Review of managerial science, 2018, 12(2): 379-383.

④KIRK C H, ANDRES J, TOBIAS H, et al. Evaluating the legitimacy of entrepreneurship and small business as a field of study [J]. Journal of enterprising communities: people and places in the global economy, 2014,1(8):4-19.

⑤FULLER D, BEYNON M, PICKERNELL D. Indexing third stream activities in UK universities: exploring the entrepreneurial/enterprising university [J]. Studies in higher education, 2017(9):1-25.

⑥HUANG KP. Entrepreneurial education: the effect of entrepreneurial political skill on social network, tacit knowledge, and innovation capability [J]. Eurasia journal of mathematics, science and technology education, 2017, 13(8): 5061-5072.

学生创新创业能力测量上。

经合组织在 20 世纪 90 年代制定了《地方经济和就业发展计划》(Local Economic and Employment Development，LEED)，并根据该计划从 2005 年对不同国家高校的创业教育进行案例研究，以帮助其进行质量评估。评估的一级标准为 6 项：创业教育战略；财务及人力资源库；支持创业教育的组织机构；创业教育及创业支持方面的方法；创业启动支持；评估方法。在 2009 年评估了德国东部、芬兰、英国、波兰、南非和美国这 6 个国家(地区)的 20 种创业教育和创业支持计划，评估结果认为这 20 种创业教育和计划建立了良好的实践标准，能够为高校推进创业教育提供经验参照。[1] 也有学者根据 6 所案例大学(巴布森学院、里昂商学院、南加州大学、得克萨斯大学奥斯汀分校、蒙特雷科技大学、新加坡国立大学)的创业生态系统状况，提出了大学创业生态系统的要素(高层领导支持、战略愿景、创业学术部等)[2]，但也没有运用这些要素指标对其他高校的创业教育系统进行评价。

在欧盟创业教育发展过程中，战略或政策拉动一直是其发展引擎。战略及政策制定方迫切想要了解创业教育项目的实施情况，从而改进和提高创业教育的质量和水平，并为后续战略和政策的制定提供依据。因此欧盟在创业教育发展过程中十分重视评价工具的开发，评价类型也趋于多元。2016 年，欧盟分别针对学生开发了"创业教育评价工具和指标"项目(Assessment Tools and Indicators for Entrepreneurship Education，ASTEE)、针对教师开发了"创业教育测量工具"项目(Measurement Tool for Entrepreneurship Education，MTEE)以及针对教育机构的"高等教育机构创业评价"项目(A self-assessment Tool for Higher Education Institutions，HE Innovate)。[3]

综合上述，国外已经开始对创新创业教育评价的探索，并取得了一定成果，这为我国开展创新创业教育评价提供了有益借鉴。

①HOFER A R，POTTER J. Universities，innovation and entrepreneurship：criteria and examples of good practice[R]. OECD Local Economic and Employment Development (LEED) Papers 2010/10，OECD Publishing.

②迈克尔·L.费特斯等.广谱式大学创业生态系统发展研究[M].李亚员，译.北京：商务印书馆，2018：181.

③SCHELFHOUT W，BRUGGEMAN K，MAEYER S D. Evaluation of entrepreneurial competence through scaled behavioural indicators：validation of an instrument [J]. Studies in educational evaluation，2016(51)：29-41.

总体说来,国外在创新创业教育的理论和实践方面具有领先性,开展了创新创业教育评价研究,虽然已经涉及创新创业能力研究,但主要聚焦在能力分类上,其对象也仅针对那些成功的企业家。可以说,国外学者对创新创业能力评价研究尚处于探索期,尚未形成关于创新创业能力的系统性研究成果。[1][2][3]

二、国内创新创业能力的研究现状

2019 年,通过中国知网(CNKI),以"创新创业能力"为主题词进行高级搜索,选择 CSSCI 来源期刊和硕博士论文库,检索结果有 644 篇相关文献,其中近 5 年的有 382 篇。若以"创新创业能力评价"为主题词进行搜索,则得到 67 条结果。而以"创业能力评价"为主题词进行检索时获得 186 篇文献,以"创新能力评价"为主题词进行检索时获得 215 篇文献。运用知识图谱进行关键词共现网络可视化分析,发现创新创业能力的相关研究主要集中在大学生培养、课程体系、创业绩效、影响因素等方面,而创新创业能力评价的具体研究则不在现有研究的关注视野内。

如前所述,"创新创业教育"是一个中国式的概念。正是借助于政府的大力推动,创新创业教育才在全国高校普遍推开。目前,多数高校都成立了创业学院或创新创业教育学院,并且在全国性的创新创业大赛的带动下,各地都掀起了创新创业教育实践热潮。但关于创新创业教育的学术研究明显滞后,目前创新创业教育实践缺乏相应的科学理论指导。

(一)只有个别高校开展了"双创"教育成效研究,而且仅限于经验反思层面

国内在借鉴国外创业教育经验的同时,也开展了创新创业教育质量的评价运动,[4]并且评选出了一些成效比较显著的学校,如"全国首批深化创新创业教育改革示范高校""全国创新创业典型经验高校 50 强"等,但这些评价都

①JOHANNISSON B. University training for entrepreneurship: Swedish approaches [J]. Entrepreneurship & regional development, 1991, 3(1): 67-82.

②HENRY C, HILL F, LEITCH C. Entrepreneurship education and training: can entrepreneurship be taught? Part I [J]. Education+training, 2005, 47(2): 98-111.

③FAIRLIE R, HOLLERAN W. Entrepreneurship training, risk aversion and other personality traits: evidence from a random experiment [J]. Journal of economic psychology, 2012, 33(2): 366-378.

④邹晓东,胡俊伟,吴伟.基于 D-A-V 方法的大学创业能力评价研究[J].教育发展研究,2014,34(Z1):31-36,58.

属于一种工作性评价,并未形成一套科学的评价体系。高校关于创新创业教育效果的评价主要集中于创新创业教育的课程设置、师资队伍、科研转化和学生的实践能力等方面。[①] 有部分研究涉及企业家创新创业能力[②]、教师创业能力[③],也有关涉创新创业能力影响因素的评估研究[④⑤],但现有相关研究总体上处于一种个案式评价与经验介绍阶段。至今尚未发现以科学理论为指导的大规模实证研究,未能为我国创新创业教育普遍深入开展提供理论指导。因而可以说,目前的创新创业教育评价研究整体上相对薄弱,评价的系统性、科学性、针对性也有待加强。[⑥] 为推进大学生创新创业教育的深入开展,亟待研究大学生创新创业能力测量指标体系。

(二)学界认识到创新创业能力是一种综合能力,但对其构成要素的认识分歧颇大

目前研究已经认识到创新创业能力是一种综合能力[⑦⑧⑨⑩],并充分肯定

---

①任胜洪,刘孙渊.高校创新创业教育政策的演进逻辑及展望[J].教育研究,2018,39(5):59-62.

②吉云,白延虎.创新能力、不确定性容忍度与创业倾向[J].科研管理,2018,39(S1):226-235.

③黄扬杰,黄蕾蕾,李立国.高校创业教育教师的创业能力:内涵、特征与提升机制[J].教育研究,2017,38(2):73-79,89.

④高桂娟,苏洋.学校教育与大学生创业能力的关系研究[J].复旦教育论坛,2014,12(1):24-30.

⑤曹勇,张丹.大学生创新创业教育实施路径探析[J].国家教育行政学院学报,2015(7):36-39.

⑥徐小洲.创新创业教育评价的 VPR 结构模型[J].教育研究,2019,40(7):83-90.

⑦王辉,张辉华.大学生创业能力的内涵与结构:案例与实证研究[J].国家教育行政学院学报,2012(2):81-86.

⑧黄扬杰,黄蕾蕾,李立国.高校创业教育教师的创业能力:内涵、特征与提升机制[J].教育研究,2017,38(2):73-79,89.

⑨周光礼.从就业能力到创业能力:大学课程的挑战与应对[J].清华大学教育研究,2018,39(6):28-36.

⑩齐书宇,方瑶瑶.工科大学生创新创业能力评价指标体系构建与设计[J].科技管理研究,2017,37(24):68-74.

了创新创业能力对培养创新人才的重要性,予以其高度评价[①②]。虽然创新创业能力作为一种综合能力已经得到了学界肯定,但在实际研究过程中,国内学者仍然将创新创业能力理解为创新能力或创业能力。因此,在创新创业能力评价研究中多将其简化为创新能力评价研究或创业能力评价。如有学者构建了创新能力评价体系[③④],还有学者构建了创业能力评价体系[⑤⑥]。另外,虽然有学者将创新创业能力理解为一种综合能力,但仅将其认为是创新能力和创业能力的简单叠加[⑦]。可喜的是,有学者打破了创新能力与创业能力的简单叠加,如有学者认为大学生创业能力结构模型包括基本创业能力、核心创业能力、创业人格和社会应对能力四个基本维度[⑧],有学者提出创新创业能力包括创新创业研发能力、创新创业知识能力、创新创业实践能力[⑨],也有学者认为创新创业能力包括综合能力产出、专业能力产出、创新创业能力产出。[⑩] 这些学者主要是从访谈或在综述已有研究的基础上,通过问卷和统计分析的方法得到的创新创业能力结构,这些构成要素的分歧颇大,反映了学者们对于创新创业能力的构成要素有不同的见解。

①高文兵.众创背景下的中国高校创新创业教育[J].中国高教研究,2016(1):49-50.

②薛成龙,卢彩晨,李端淼."十二五"期间高校创新创业教育的回顾与思考:基于《高等教育第三方评估报告》的分析[J].中国高教研究,2016(2):20-28,73.

③蔡离离.普通本科高校学生创新能力评价体系的构建及应用研究[D].长沙:长沙理工大学,2013.

④朱红,郭胜军.我国本科生创新能力现状及影响因素的实证分析:基于院校研究性的比较视角[J].教育学术月刊,2017(12):48-56.

⑤任泽中.资源协同视域下大学生创业能力影响因素与发展机制研究[D].镇江:江苏大学,2016.

⑥周敏,程铄博,赵超,等.基于扎根理论的大学生创业能力内涵因素研究.广西社会科学,2017(12):202-206.

⑦贾建锋.基于能力成熟度模型的大学创新创业课程体系构建[J].高等工程教育研究,2018(5):178-182.

⑧杨晓慧.大学生就业创业教育研究[M].北京:经济科学出版社,2015:74-159.

⑨李旭辉,孙燕.高校大学生创新创业能力关键影响因素识别及提升策略研究[J].教育发展研究,2019,39(Z1):109-117.

⑩胡剑锋,程样国.基于OBE的民办本科高校大学生创新创业能力评价[J].社会科学家,2016(12):123-127.

（三）虽然出现了某学科或某类型的创新创业能力评价,但未得到学界公认

关于大学生创新创业能力评价研究,有学者构建了我国高等职业院校[①②]和民办本科高校大学生创业能力评价体系[③]。还有研究分别探索了商科[④]、人文社科[⑤]、工科[⑥⑦]、理工科[⑧⑨]大学生创新创业能力评价问题,构建了某一学科或某一类型高校大学生创新创业能力评价指标体系。这些研究一般是先梳理已有研究成果,之后根据自己理解,然后构建了创新创业能力指标体系。这个构建过程缺乏比较坚实的理论基础和论证过程,多以研究者所属院校或学科类型进行研究,从而评价体系比较缺乏普适性,其科学性往往难以得到验证。

（四）创新创业能力评价侧重指标体系构建,尚未探究大学生能力成长机制

在对当前大学生创新创业能力评价的主要内容、实施范围、评价形式进行回顾后发现,现有大学生创新创业能力评价主要脱胎于西方企业家创业能力评价模型,这种研究存在两个明显的缺陷:一是它们的本土化色彩非常单薄,适合性有待考量;二是成熟企业家的创业能力模式很难套用在大学生创业者身上。如有学者建构出大学生创新创业能力评价指标体系,并选取案例对指

①何忠伟,任钰,郭君平,等.基于 AHP 法的我国农业高等职业院校大学生创业能力评价[J].农业技术经济,2010(12):111-117.

②陆晓莉.高职院校大学生创业能力的评价与提升机制[J].高等工程教育研究,2015(3):152-156.

③胡剑锋,程样国.基于 OBE 的民办本科高校大学生创新创业能力评价[J].社会科学家,2016(12):123-127.

④严玉萍.基于 VPTP 的商科大学生创新创业能力培养模式研究[J].电化教育研究,2014,35(10):48-52.

⑤沈月娥,杨松明.人文社科专业大学生创新创业能力培养的思考[J].教育与职业,2015(14):76-78.

⑥孙德刚,吴欣桐.工程类专业大学生创新创业素质实证研究[J].高教探索,2016(5):124-128.

⑦齐书宇,方瑶瑶.工科大学生创新创业能力评价指标体系构建与设计[J].科技管理研究,2017,37(24):68-74.

⑧韩晨光.理工科大学生创业能力评价研究[D].北京:北京科技大学,2015.

⑨李巍,席小涛,王阳.理工科大学生创业能力结构模型与培育策略[J].现代教育管理,2017(10):79-85.

标体系进行了验证[①],但这些研究基本停留在指标体系构建上,未开展进一步探索。已有的创新创业能力模型或者说指标体系更大程度上是指导性,如何使用这个指标体系,则涉及创业能力评价方法的科学性问题,这方面还没有引起足够重视。虽有研究从创业能力分类培养的角度提出应该对大学生的创业能力进行综合性的、过程性的评价[②][③],但其是从创业活动开展的过程出发,而非从大学生个体能力成长角度出发进行研究。

综上所述,我国创新创业教育研究需要在借鉴国际创新创业能力研究的基础上,加大力度开展关于大学生创新创业能力评价方面的研究,制定出大学生创新创业能力评价指标体系,建构具有本土特色的大学生创新创业能力评价量表,为高校创新创业教育开展提供有力的理论支撑。

三、国内外创新创业能力的研究述评

通过对已有创新创业能力研究分析,可以发现创新创业能力研究逐渐成为学界关注的一个重要话题,目前面临的突出问题是创新创业能力内涵界定不清、缺乏科学的评价框架,无法为创新创业教育评价实践提供有力的支撑。

(一)创新创业能力评价研究滞后于创新创业教育发展形势

国内的创新创业能力评价滞后于创新创业教育发展的状况,主要原因是创新创业教育评价理念较为落后,评价目的主要是为了便于管理,而不是为了促进教育质量的提升,不是为了更好地服务于学生能力的增长,所以在评价指标设计上更多呈现的是管理者思维模式。如在现状评价中多是从管理者角度进行研究,更关注组织机构如何、制度设置状况等;在过程评价中更注重教师参与人数、课程数、经费投入等量化指标,较少开展行动研究;在效果评价中比较关注学校总体状况,如较多使用创业率、就业率、创新成果、学生满意度等指标,而忽视学生个体发展指标。在教育治理过程中一贯存在的问题,如关注学校总体量的发展、为指标负责的管理思维方式等也体现在创新创业教育评价中,这些评价研究不仅不能推进创新创业教育质量的提升,反而促成了创新创

①刘沁玲.创新型创业能力评价指标体系的构建:基于中国大学生初次创业案例的调研[J].科技管理研究,2013,33(24):65-69.

②韩晨光.理工科大学生创业能力评价研究[D].北京:北京科技大学,2015.

③金昕.大学生创业能力分类培养的筛选机制研究[J].社会科学战线,2011(10):254-256.

业教育虚假的繁荣景象,最后创新创业教育可能会成为曾经红极一时的热词,致使通过创新创业教育改革撬动高等教育改革的期望落空,高等教育还是它以前的样貌。促进学生创新创业能力发展应该是创新创业教育的最核心目的,但在诸如此类的创新创业效果评价中却较少关注学生个体的能力发展。在这些评价指标体系中,既未将学生创新创业能力发展作为质量评价的关键结果指标,也未将影响学生创新创业能力发展的关键因素作为过程评价指标进行考察。

(二)未形成公认的创新创业能力评价指标体系

国外已有部分较为成熟的关于创新创业能力的评价研究,研制了相关的评价指标及测量工具,但这些能力评价仍侧重于对狭义创新创业教育结果进行测量,而并未紧跟广义的创新创业教育的发展。故对广义创新创业教育效果的测量而言,存在不太适用的状况。整体而言,国内的创新创业能力评价研究较少,在少量研究成果中,直接借鉴及利用国外评价指标、工具的情况比较严重,缺乏本土化的创新创业能力理论研究的情况比较突出,从而未形成公认的创新创业能力评价指标体系及科学的测量工具,因而难以判断我国创新创业教育的具体成效,也难以为进一步推进创新创业教育提供路径支持。

(三)亟需破解大学生创新创业能力的测量难题

创新创业教育是以培养学生创新精神为基础、创业意识为导向和创新创业能力为核心,使大学生成为高素质创新创业型人才的教育理念和模式。创新创业教育产生于知识经济时代,其直接起因就在于"以创促就",现已发展成为国家技术创新提供发展后劲的战略工程,开展创新创业教育乃教育改革发展大势所趋。高校创新创业教育的有效开展首先必须解决创新创业教育效果的评价问题。而评价创新创业教育效果的关键在于对大学生创新创业能力发展状况进行评价。所以本书的重要切入点是解决大学生创新创业能力的测量难题。

当前学界并未从创新创业活动的本质出发探讨创新创业能力的构成,也未结合中国创新创业教育的实际情况开展广泛调研,故难以提出被广泛认可的创新创业能力概念,也难以确定创新创业能力结构,更遑论开发具有普适性的创新创业能力测量工具。本书力图对大学生创新创业能力进行科学测量,就必须明确创新创业能力内涵,构建创新创业能力结构模型,研发创新创业能

力的测量量表。

　　具体而言,本书有如下几个方面的目标:(1)明确创新创业能力的本土化内涵,科学地界定创新创业能力概念;(2)确定创新创业能力的构成要素及不同要素之间的关系,构建大学生创新创业能力结构模型;(3)形成创新创业能力评价框架,开发创新创业能力评价指标体系,研发出创新创业能力测量工具;(4)科学地测量当前大学生创新创业能力的水平、能力偏向、发展规律等,分析不同群体学生间的创新创业能力发展特征的异同。

第三章

大学生创新创业能力结构的理论模型

在创新创业教育研究中，一个至关重要的课题就是该如何培养学生的创新创业能力[①]，这关系到创新创业教育的发展路径问题，更关系到创新创业人才的培养质量问题。著名创新创业研究者法约尔认为，当前如何更好地培养创新创业者，既没有普遍的理论框架，也没有最佳实践途径。[②] 已有研究对创新创业能力的构成与分类并未达成共识，甚至认为一些创新创业能力难以通过正规教育培养，这就对创新创业教育造成了很大的困扰。[③] 那么，创新创业教育应该培养学生什么能力？创新创业教育应该如何培养学生能力？为了解决这个难题，我们在认真梳理已有创新创业教育的理论基础后，建构了以自我发展理论为轴心的创新创业能力模型，并据此构建了创新创业能力指标体系，为推进创新创业教育开展做出了切实的努力。

①MAN T，LAU T，CHAN K F. The competitiveness of small and medium enterprises：a conceptualization with focus on entrepreneurial competencies [J].Journal of business venturing，2002，17(2)：123-142.

②FAYOLLE A，GAILLY B. From craft to a science. teaching models and learning processes in entrepreneurship education [J]. Journal of european industrial training，2008，32(7)：569-593.

③SILVEYRA G，HERRERO-CRESPO N，PÉREZ A. Model of teachable entrepreneurship competencies (m-tec)：scale development [J]. The international journal of management education，2021，19(1)：1-20.

第一节　关于创新创业能力的哲学思辨

一、创新创业教育的哲学蕴含

要想把创新创业教育贯穿于人才培养全过程[①]，就必须确立一个稳固的哲学基础，即：人人具有创新创业的潜能，人人具有创新创业成功的可能性。一个人能否成功虽然主要靠个体努力，但是外部条件同样非常重要。这就是对"创新创业教育具有普适性"哲学假设的破解，即：每个人都具有创新创业潜能。教育需要针对每个人的创新创业潜能展开，必须提供适宜的条件来挖掘和激发学生的创新创业潜能。实际上，这就是我国开展创新创业教育的哲学根基。

显然，如果将创新局限于传统的狭小领域——科学发明发现，将创业局限于过去的狭隘范围——独立创办企业，那么创新创业对于普罗大众而言真的就是一个天方夜谭。为此，必须拓展创新与创业的内涵，这就必须从创新与创业对每个人成长的意义出发。如果从生命价值角度来看待创新创业，创新是一种观念更新并带动行为方式调整的过程，其本质就在于实现自我认识的革新，以最终实现自我认识的超越。如此而言，人人都具有这种潜力，不然人就无法成长。因为每个人都是在不断地超越自我、不断地自我革新的过程中成长的，其根源在于每个人的成长过程中都会遇到一系列挑战，正是在应对这些挑战的过程中人才得以成长。人们在应对挑战的过程中需要改变自己的认知方式，以此适应环境的变化，这实质上就是一个创新过程。创业也是如此，因为创业是为自己奠定生存的基业，这个基业必然要从谋生开始，然后以实现人生重大目标终止，中间必然以满足社会需要为过程。一个人如果不能满足社会需要，那么就无法获得社会的回馈，进而无法谋得生存的资料，当然也就无法实现自己人生的宏大目标。所以，满足社会需要是一个人成功的基础，也是一个人健康成长的价值坐标。谋生可以说是一种被迫行为，因为它是一个人必须面对的课题，但创业则是一种主动行为，是在自己认识到自己的价值或潜能之后主动采取的行动，而行动过程也是验证自己认识的过程，同时也是丰富

---

①陈希.将创新创业教育贯穿于高校人才培养全过程[J].中国高等教育,2010(12):4-6.

自己认识的过程。这个行动过程不仅是在进行创业，同时也是在进行创新，因为每一个行动都在挑战自己的传统认知，其过程具有创新的相关特征。如此，创新创业实质上就是一体的活动，故而不存在只有创业而没有创新的活动，也不存在只有创新而没有创业的活动。在现实中，人一旦认识到自己的价值就会迫不及待地去验证、去实践，这种内在动机除非在遭遇外部威胁后才会被抑制，但风险一旦降低或消除，人又会迫不及待地去实践，这是人的一种本能。从这个意义上说，创新创业潜能人人都具有，问题在于它是否被重视，是否被开发，能否被充分表达出来。

这就从普遍意义上即哲学意义上回答了人人具有创新创业潜能的问题。但这种哲学上的回答并不能令每个人满意，因为现实中人们的创新创业潜能是有差别的，这是一个客观事实，不容回避。正是这个差别，所以不能搞统一化的创新创业教育，必须针对不同个体具体实施。如何针对不同个体实施，这就取决于个体对自己的创新创业潜能的认识程度：如果他已经意识到了自己的创新创业潜能，并且具有强烈的实现愿望，那么对其进行有针对性的教育，效果就会是显著的；反之，如果他压根就没有意识到自己蕴藏的创新创业潜能，甚至不清楚自己的人生目标，这样的教育往往是低效甚至是失败的。所以，教育的第一步就是要让学生认识自己，认识自己所具有的潜能，从而确定自己的成长方向。也可以说，教育的根本价值就在于开发学生的个性潜能，即通过有效方式引导学生发掘个体所具有的不同天赋。教育绝对不是按照某个模式进行统一灌输，使学生成为刻板化的"机器人"，而是要培养学生成为自觉的、能动的、具有主体性的人，从而体现出真正的个体价值。故而，发现学生（潜能）是教育成功的前提，发展学生（潜能）是教育活动的基本过程，成就学生（潜能）是教育追求的理想结果。

综上，教育的职责就是要整合尽可能多的资源，为每个学生个体发现自我潜能提供条件。而传统的教育往往认为学生的天赋是差不多的，所以接受的知识也应该差不多，加上出于公平的考虑，对学生进行的教育基本一样。这就是应试教育的运作机制，但它不适合培养具有创新能力和创业精神的人才，当然也无法造就大批的科学家和企业家。而造就大批的科学家和企业家是新时代对大学教育的要求。科学家与企业家就是那些为社会做出重大贡献的人。他们显然对自我潜能认识的程度比较深，自我发展目标定位非常清晰，意志也非常坚强，这些品质使之能够通过各种挑战，最终走向成功，从而成为创新创业成功的典范。显然，创业成功不仅属于企业家，也属于科学家，只不过科学

家所从事的是科学事业,而非企业家所面对的商业企业。科学家进行发明创造,企业家同样也进行发明创造,只不过企业家发明创造的主要是技术产品,也包括服务和管理,但只要他们把自己的创意运用到解决社会生活实际面临的问题当中,克服生产和运营过程中所遇到的困难,就是在创新。之所以称之为创新,就是因为他们解决了前人没有解决的难题,尽管这些不是对科学理论命题的解答,但仍然具有非常强的创新意义,而且具有直接的经济价值,能够直接创造出物质产值,这也为"大众创业、万众创新"提供了空间。

二、创新创业的双重含义

就创新与创业而言,至少具有两重含义。第一重含义是针对个体而言的,只要实现了自我认识的革新就是在创新,只要实现了行为模式的转变就是在创业。一个人往往是通过认识方式的转变来为自己确立新的人生目标,人们要实现人生目标就必须不断改变自己的行为方式。当一个人确立了自己的奋斗目标并努力追求它,这就是在创新创业。第二重含义是针对社会层面而言的,即当一个人为社会提供了新认识,改变人们传统的认识方式,这就是他的创新成果;如果他为社会创造了财富,无论是精神的还是物质的,都是创业成功。所以,第一重含义的创新创业是指超越自己和实现自己,第二重含义的创新创业是指超越了前人和发展了前人。从学理上讲,这两者是统一的,只有先实现个体层面的创新创业,才可能实现社会层面的创新创业。而从本质上讲,社会层面的创新创业仍然从属于个体层面的创新创业,只不过此时个体的认识与实践都已经走在了社会前沿。所以,第一重含义的创新创业更具有普遍意义,更接近于哲学层面的理解。现实中人们思想上存在一个很大的误解,即试图不承认个体层面的创新创业而直接达到社会层面的创新创业,这实际上是一种舍本逐末的行为,因为只有重视个体层面的创新创业,才可能实现社会层面的创新创业。换言之,今天的创新创业教育也必须从重视和开发个体潜能出发,舍此并无他途。

当下社会上所普遍注重的那些科学意义上的创新,正是从社会层面上理解的"创新";高校大力开展的创业教育,也主要是针对从社会层面出发所理解的"创业"。这种理解的依据在于它们都取得了显著效果,而个体意义上的创新创业含义则很难见到成效,因为那些创新创业渗透在日常生活和行为之中,从而容易被人们忽视,但这才是根本。所以,如果创新创业教育不回到根本,不从提升人的创新潜力出发,不从培养人的奋斗意志出发,那么创新创业教育也就成了无本之木、无源之水。

三、创新创业能力的基本假设

目前学术界对创新创业能力已达成了一些基本共识,这些共识包括以下三个基本假设:

假设1:创新创业能力并非一种简单能力,而是一种系统的复合能力。从字面上看,创新创业能力可以分解成创新能力和创业能力两个部分,但无论是创新能力还是创业能力都不是简单能力,而且两者也不能简单相加,因为两种能力经常是融合在一起的,很难把两者严格地区分开来。从根本上说,创新与创业活动都并非完全受意志控制,其中常常包含一些无意识行为。创新本质上是一种挑战自我的行动,很多时候它仅发生在观念层面,是不可观察的,但常常在无意识中影响到人们的行为。创业过程确实是有目标有计划的行动,而每一步都包括了对自我的挑战,从而创业成功包括了无数个自我超越,是一种真正的自我价值实现过程。当然,创新活动很多时候也表现为有目的地克服困难的过程,这个过程未尝不是一种创业行为。所以,创业与创新的界限很难严格区分。人们常常以创新作为开始但以创业作为结果,或以创业为目标而创新贯穿创业全过程。无论谁想要获得创业成功,都不能因循守旧,都必须大胆创新,而且必须时时把创新作为目标和驱动。可以说,创新最终必然指向创业,创业结果必然包含创新。

但无论是创新能力还是创业能力,它们都是系列能力的集成,而不是个别能力的展现。从创新创业意识出现到创新创业目标确立再到创新创业过程筹划,最后到创新创业目标达成,其中包含无数个具体能力,如资源筹划能力、市场营销能力、团队协作能力、技术创新能力、产品开发能力等等。而且各种能力是交错在一起的,无法清晰地分辨开来。因而,创新创业能力是一个整体,无法细化为具体组成部分。换言之,它是一种综合能力,不是一些简单能力的拼凑,往往与个体人格气质紧密联系在一起,个性化色彩非常强。而且创新创业能力也是在不断磨砺过程中发展的,并非固定不变,具有明显的发展性特征,甚至会出现反复,也即创新创业能力并非一直是增长的,也可能会出现倒退现象,这与个体的抗挫折能力具有直接关系。换言之,人的抗挫折能力越强,其发展空间就越大,否则就可能出现停滞或倒退。由此可见,创新创业能力非常复杂,这也是科学测量必须面对的难题。

假设2:创新创业能力概念的形成经过了一个复杂的演化过程,具有明显

的祛魅化特征。众所周知,创新创业教育概念并非一开始就有,①同样,创新创业能力概念也不是一开始就有。这个演化过程代表了人们对它的内涵认识不断深化和外延不断扩展的变化过程。最初,"创业"一词是人们对经过艰苦努力开创了辉煌事业的一种尊称,因为取得了令人瞩目的业绩,从而创业者身上就带有一种神秘的光环。如人们常说的"创业难,守业更难"就是如此,人们一般不会把普通的开办产业活动说成是"创业",仿佛如此就降低了对创业成功者的尊敬。后来,在我国出现就业难的情况下,"创业"内涵发生了变化,开始变成了一种特称,即专指那种自谋职业的就业行为,是相对于传统的依靠国家分配工作而言的;之后,"创业"概念开始泛化,把凡是个体独立创办企业的行为都称为创业行为。最后,创业概念才具有哲学的内涵,即把人们追求理想目标的过程都称之为创业,这为"大众创业,万众创新"奠定了理论基础。

"创新"一词同样也经历了一个祛魅化过程。最初,"创新"也是一个很神圣的概念,是与一般百姓无缘的,人们经常用它专指科学家的发明创造活动,如提出什么新理论新思想或创造出新的专利产品之类;之后创新变成了一种意识形态,即凡是改革就是在创新,因为破除传统观念与传统习惯的束缚是非常困难的事情,"不破不立"就是这个含义。人们经常说,如果观念不创新就无法适应社会变化,因为人们意识到,观念障碍是一切障碍的根源。此时创新与改革几乎是同义词,创新概念开始出现泛化,被广泛地运用到各行各业的革新活动中,如管理创新、文化创新和技术创新等;之后创新与创业建立起联系,专指产生新的思想、新的产品、新的技术等。一句话,凡是人们有新的创意并付诸生产、投向市场,就构成了创新创业活动。最后,人们才开始从哲学层面理解创新含义,认识到一个人要发展必然要创新,并且进一步认识到创新创业其实是与每个人紧密相关的事情,只要我们不断地更新观念就是在创新,创新在本质上就是挑战自我的过程;只要我们有理想有目标并付诸行动就是在创业,从而创业在本质上就是一个实现自我的过程。换言之,创业就是一个自我实现的过程。如此,人们在思考创新创业时,逐渐地从宏大叙事转向日常生活、从社会精英转向日常百姓。在这个思考的转向过程中,我国兴起的"大众创业,万众创新"发挥诱因作用。

---

① 王占仁.中国创业教育的演进历程与发展趋势研究[J].华东师范大学学报(教育科学版),2016,34(2):30-38,113.

假设3：“创业教育”概念是一个舶来品[①]，而“创新创业教育”概念则是中国本土首创。国外学术界很少使用创新创业教育概念，似乎创业必然包含创新，从而不必另提创新。所以国外大学开展的教育活动一般都称为“创业教育”，无论是专业式[②]还是素质式[③]，或是培训式[④]，抑或是普及式的[⑤]、大众式的或精英式的[⑥]。“创新创业教育”概念是我国教育界的发明，具有明显的本土化特色，[⑦]这与我国教育传统具有密切的联系。在我国传统教育过程中比较强调文化知识的传授与接受，很少涉及创新，从而间接地把创新神圣化了，认为只有科学家才配享受这一荣誉，没有意识到每个人都具有创新潜能，是每个人生活的必要构成部分，这种认识也是造成被动型人格的根本原因。我们的教育教学方式非常强调规训和灌输，压抑了个体的主动性和创造性，从而把创新看成是高不可攀的事情。

形成这一传统的根本原因在于应试教育体制，在考试指挥棒之下，人们学习的目的在于获得外界承认而没有意识到要开发学习者的个体潜能。人们也习惯于把学习过程看成是一个积累知识的过程，从而在无形中把学生作为知识仓库对待，并未注重去开发学生的主体性和创造性。虽然有一些中小学开展了青少年科技小发明竞赛活动，并且组织了专门的科技创新班，但这些活动往往是针对少数具有科技天赋的学生，不属于正规制度的一部分，也没有把它与正式教育联系在一起。实质上这仍然是把创新神秘化的表现，因为它把创新指向少数具有特殊禀赋的人，与绝大多数人无关。对于绝大多数人而言，接受教育主要是为了实现“知识改变命运”，即通过升学实现社会流动，人们学习

①郭伟,李建东,殷红,等.浅议创新教育、创业教育与创新创业教育的产生与内涵[J].科教文汇(中旬刊),2016(11):120-121,140.

②王占仁.中国高校创新创业教育的学科化特性与发展取向研究[J].教育研究,2016,37(3):56-63.

③杰弗里·迪蒙斯,小斯蒂芬·斯皮内利.创业学:第6版[M].周伟民,吕长春,译.北京:人民邮电出版社,2005:3.

④李文英,王景坤.澳大利亚高校创业教育模式探析[J].比较教育研究,2010,32(10):76-80.

⑤梅伟惠.美国高校创业教育模式研究[J].比较教育研究,2008(5):52-56.

⑥陈诗慧,张连绪.大学生创新创业教育的国际模式、经验及借鉴:基于美国、德国、日本等三国的比较[J].继续教育研究,2018,(1):115-120.

⑦王占仁.“广谱式”创新创业教育体系建设论析[J].教育发展研究,2012,32(3):54-58.

知识的目标是为了谋得一个好的工作岗位,而成为科学家则是天才的事情。进入全球化时代之后,特别是国际科技竞争日趋激烈对我国国内经济与社会生活造成严重影响时,我们才感觉到原创性前沿性科研成果严重缺乏,才发现急需培养创新人才,如我国拔尖创新人才培养计划的提出与实施就是如此。这也进一步说明,人们仍然把创新与少数具有科学天赋的学生联系起来,并且试图通过选拔机制将这些苗子筛选出来进行重点培养,以实现快速培养创新人才的目标。虽然我国高等教育法中已经确立了培养人的创新能力和实践能力的目标[①],但长期以来并未真正落实。直到高等教育大众化快速推进带来了巨大的就业压力之后,人们才开始意识到应该重视大学生的创业潜力培养。特别是受到美国微软创始人和苹果创始人创业成功的激励,我国教育界充分认识到大学生有可能成为科技创新的主体,成为经济发展的龙头。过去一贯坚持"只有积累充足知识"之后才能创新的观念终于被打破。[②] 今天大学生参与科研项目也与此有关。

国外大学在教育理念中始终鼓励学生自由思考,教学方式很少采用灌输式方法,因而学生的个性价值得到很大程度的弘扬。不仅课堂教学氛围是平等主义的,而且课下学生的自治社团也可以把大学生的创造性激发出来,可以说,他们已经受到了全方位的创新教育熏陶,故而他们不必再提创新教育,而是只提创业教育,也即鼓励学生把自己的创意观念付诸实践,学校提供系列的指导与帮助。换言之,创新活动或创新元素自动地镶嵌在创业教育过程中,无需独立地开展。而我国由于创新教育氛围的缺乏,必须从改变教师观念开始逐步到管理观念的改变,使整个教育体系宽容创新精神,鼓励创新意识,支持创新举动,培养人们的创新素质。进行创业教育必须与创新教育结合在一起,如此才能出现高水平创业,出现中国的比尔·盖茨(Bill Gates)或乔布斯(Steve Jobs)等科技创业先锋人物。可以说,当我们提出创新创业教育观念时,基本上实现了与国际上的创业教育理念的融通。

由此可见,要科学地理解创新创业能力概念,就必须了解创新创业教育的形成过程,否则就难以领会其中独特的本土内涵。尽管创新创业教育概念的形成经历了一个曲折复杂的过程,但我们依然意识到它的革命性意义,因为创

---

① 中华人民共和国高等教育法[EB/OL].(1999-01-01)[2021-03-30].http://www.cdgdc.edu.cn/xwyyjsjyxx/xwbl/zcfg/flfg/259152.shtml.

② 王洪才.创新创业教育的意义、本质及其实现[J].创新与创业教育,2020,11(6):1-9.

新创业教育需要真正把个体作为主体对待,需要从个性化出发,[①]否则就不可能成功,这对于改变传统的灌输式教学模式具有革命性意义,有利于改变传统教育生态,成为教育质量提升的根本举措,为中国大学模式注入核心内涵。认识到这一点就要求我们必须对创新创业能力进行科学的分析,使创新创业教育效果具有可测性,使之能够成为指导创新创业教育的科学依据。如此就必须对创新创业能力概念进行逻辑分析,找到其中不变的因素,使之成为科学测量的基本点。

四、创新创业能力的逻辑构成

要对创新创业能力概念进行逻辑分析,就需要借助于哲学分析的方法,不然就无法获得彻底的解决。所谓哲学的方法,就是发现事物本质的方法。我们可以从逻辑的角度把创新创业能力区分为创新能力与创业能力两个部分,虽然这种区分有点机械,并不科学,因为创新创业能力实质上是一个整体,而且是一个动态的发展过程,把它截然区分为两个部分有简单化之嫌。但要科学地认识它就必须从创新与创业两个方面入手。

创新能力就是从新角度认识事物的能力。它是一种超越于传统认识方式的能力。如果一个人善于从多角度多方面思考问题,就说明创新潜力大。如果一个人始终不能跳出传统的思维框框,因循守旧,那么其创新潜力就弱。那么,创新能力的本质是什么呢?它就是一种超越自我的能力。[②] 说到底,它就是敢于否定自我的表现,敢于从新角度来审视自我。一个人一旦形成了一个固定想法,就会不自觉地向这个固定想法趋同,不敢打破这种固定的认识,因为他没有发现这种认识的局限。如果他善于反思的话,就会很快地发现这种认识的不足。超越自我,说到底就是发现了新的自我,也即发现了自己新的发展可能性。创新人格的理念古代就有,《论语•子罕》中的"四勿"说就包含了创新理念:勿意、勿必、勿固、勿我。

创业能力是一个人敢于把自己想法付诸行动的能力,说到底就是一种实践能力。一个人经常会有一些新想法但不会去行动,因为行动意味着必须改变自己传统的做法,克服自己对传统的依赖趋势,这种行为习惯改变对自己而

---

①王洪才.创新创业教育必须树立的四个理念[J].中国高等教育,2016(21):13-15.

②王洪才,郑雅倩.创新创业教育的哲学假设与实践意蕴[J].高校教育管理,2020,14(6):34-40.

言确实挑战非常大。这说明,创业能力本质就是实现自我的能力。创新为自我找到了新的发展方向,而创业使人格发展走向完善,这实质上是一个成就自我的过程。

一个人之所以具有强大的创新创业动力,在于他发现了自己的成长方向,认识到自己的发展前途,为自己的行为注入了强大的动力。而创业过程就是一个实现自己理想的过程。一个人发现自己的发展方向是在不断试错过程中完成的,其间他不断接受挑战和内心不断经历挣扎,是一个战胜自我的过程,即战胜自己懦弱的一面,强化坚毅的一面,使自己的信心更强。故而,创新创业过程是一个不断建构自我的过程,实质上是一个实现自我主动发展的过程。

人的一切行为从根本上讲都是思想观念的表现,无论是有意识的还是无意识的;而一个人的思想观念又是主体与环境互动的结果,如果没有思想观念作为一个人行动的基础,那么他的行为就是不可理解的。每个人都有多个面相,如既有坚强的一面,也有懦弱的一面;既有阳光的一面,也有阴暗的一面;既有自信的一面,也有自卑的一面,关键是哪一面占据上风。这种表现往往与环境的影响有直接的关系,也与自己的人格特质有关,如果一个人生长在一个支持性的氛围中,就更容易展示自己阳光的一面、坚强的一面、自信的一面,否则就会展示出另一面。人的成长过程往往使每个人都呈现出多重人格,而非始终不变的单一面相。每个人都有多重面相,在环境的作用下某些面相得到了强化、某些面相受到了抑制。既不存在天生善良的人,也不存在天生的恶人,一切都是环境熏陶的结果,只是人们意识到或未意识到。

创新创业活动显然需要许多能力相互支持相互配合,不是仅靠某种能力就能够完成,任何一种能力都无法完成创新创业活动。所以,我们通常所说的创新创业能力是一个概括能力、总体能力、系统能力和综合能力,而不是单纯指某一方面的能力。因为创新创业活动几乎涉及所有能力,但不能把所有能力都罗列为创新创业能力。故而,我们在指称创新创业能力时一般只是称其中的关键能力,也即缺乏了那些能力就无法开展创新创业活动,它们是创新创业教育重点培养的能力。

第二节 创新创业能力结构模型的提出及内涵

一、创新创业能力结构的理论基础

(一)基于人格理论的能力模型

人的一切行为都与其人格特质密不可分,人的创新创业行为亦是如此。是故有学者提出,与人格特质相关的创新创业能力也是非常稳定的,很难随时间推移而改变,从而这类能力难以通过正规教育获得。[①] 持这类观点者多基于个案研究,从探究企业家身上的典型特质出发构建创新创业能力模型。这类研究表明有些人更适于从事创新创业,有些人则不适于从事创新创业。

著名的人本主义心理学家罗杰斯(Rogers)认为,人格是一个人根据自己对外在世界的认识而力求自我实现的行为表现。[②] 这一论断突破了人格的遗传决定论束缚,使人格发展变成一种主动建构的行为。创新创业型人才正是因为其创造性人格,从而能够不断突破自我、锐意进取,将自我实现作为最高追求。行为主义人格理论认为,人格特质常常会表现为某种具体行为,[③] 从而可以通过人格测量预测其工作表现,也可以通过相匹配的任务来培养相应的人格。[④]

已有研究证明,部分人格特质对创新创业行为具有显著的影响。德国吉森大学(Justus-Liebig-Universität Gießen)著名创业学教授劳赫(Rauch)在探究创业行为的心理过程中,证明了成就需要、自我效能感、创新性、压力承受能

---

①ROCCAS S, SAGIVL, SCHWARTZ S H,et al. The big five personality factors and personal values [J]. Personality and social psychological bulletin,2002,28(6):789-801.

②李剑锋.组织行为学[M].北京:首都经济贸易大学出版社,2003:32,34.

③RAUCH A, FRESE M. Let's put the person back into entrepreneurship research:a meta-analysis on the relationship between business owners' personality traits, business creation, and success [J]. European journal of work and organizational psychology, 2007, 16(4): 353-385.

④BARTRAM D. The great eight competencies: a criterion-centric approach to validation [J]. The journal of applied psychology, 2005, 90(6):1185-1203.

力、风险承担、主动性等人格特质与创业行为显著相关。[①] 其中,成就需要意味着选择中等难度任务,愿意承担责任,并积极关注行动结果;自我效能感意味着对自己在不确定情况下完成各种任务的能力充满信心;创新性意味着一个人愿意寻找新颖的行动方式;创新创业都是在不确定情况下做出有限理性的冒险决策,必然面临着风险和压力,压力承受能力和风险承担能力都是必不可少的;创新创业者必须自我启动,积极自主地发现机会、采取行动等实现与环境的有效互动,这就要求必须具有极高主动性。[②] 心理学教授德里森(Driessen)[③]、桑切斯(Sánchez)[④]等通过实证方法也证明创新创业能力依赖一些关键的人格特质,如自我效能感、冒险精神、创新性、进取心等。由此可见,创新创业能力隐含一些必备的人格特质,这些人格特质并非直接从成功的创新创业者身上萃取出来的,而是发现其与创新创业过程具有内在逻辑关联,并在特定情境下能够有效发挥作用。[⑤]

劳赫、德里森、桑切斯等研究更关注人格特质,对能力构成探讨更为关注态度层面。而英国著名心理学教授巴特莱姆(Bartram)整合了人格特质、动机等要素,基于人格理论开发了"八大能力"模型,其能力构成更为关注行为层面。该能力模型不是直接挖掘创新创业人才所具有的人格要素,而是在深入

---

①RAUCH A, FRESE M. Let's put the person back into entrepreneurship research: a meta-analysis on the relationship between business owners' personality traits, business creation, and success [J]. European journal of work and organizational psychology, 2007, 16(4): 353-385.

②RAUCH A, FRESE M. Let's put the person back into entrepreneurship research: a meta-analysis on the relationship between business owners' personality traits, business creation, and success [J]. European journal of work and organizational psychology, 2007, 16(4): 353-385.

③DRIESSEN M P, ZWART P S. The entrepreneur scan measuring characteristics and traits of entrepreneurs[R]. Working paper (online). 2007. http://www.necarbo.eu/files/E-scan%20MAB%20Article.pdf.

④SÁNCHEZ J C. University training for entrepreneurial competencies: its impact on intention of venture creation [J]. The international entrepreneurship and management journal, 2011, 7(2): 239-254.

⑤RAUCH A, FRESE M. Let's put the person back into entrepreneurship research: a meta-analysis on the relationship between business owners' personality traits, business creation, and success [J]. European journal of work and organizational psychology, 2007, 16(4): 353-385.

探究与创新创业人格要素关联性极高的可测行为表现之后构建出该能力模型。巴特莱姆将能力定义为"有助于实现预期结果的一系列行为"[1]，故基于人格理论的能力可以进行测量。该研究认为创新创业能力包含了八大能力，即领导与决策、支持与合作、沟通与交往、分析与表达、创新与变革、组织与执行、适应与调整、进取心，它们与五大人格（开放性、外向性、宜人性、责任心、神经质）、动机（成就需要、权力和控制需要）、特质（一般心智能力）等具有很高的相关性，而且八大能力往往直接影响工作绩效表现，从而可以不同程度地预测工作绩效。

人格理论对创新创业能力研究具有重要启示：（1）人格特质往往表现为一系列行为，创新创业型人才所具有的创造性人格也可以通过一系列行为表现出来，进而可以构建出创新创业能力模型；（2）创新创业能力所蕴含的人格特质是可以测量和培养的，如进取心、冒险精神、自我效能感、创新性等；（3）创新创业能力所包含的人格特质与创新创业过程中的特定行为具有内在的逻辑关系，如冒险精神主要体现在个体在不确定环境中果断决策的行为中。可以说，人格理论是创新创业能力研究不可或缺的理论基础。

（二）基于胜任力理论的能力模型

"胜任力"概念最早由哈佛大学教授戴维·麦克利兰（David McClelland）提出，强调它是某一工作中有卓越成就者与普通人区分开来的典型个体特征。该理论虽然受到人格特质理论和认知风格理论的影响，但影响力却超越了两者，因为该理论更关注可观察和可测量的知识、技能、态度和行为，具有更强的实践指导力。换言之，胜任力理论不仅关注态度或行为，更注重对态度和行为的综合分析。如拉克乌斯（Lackéus）在研究创业能力时，利用胜任力理论，从知识、技能、态度三个维度设计了创业能力框架，其能力框架包括 3 个层面的 16 个具体子能力，如机会技能、资源技能、人际交往技能、自我效能、主动性、创新性等。[2] 不过，虽然拉克乌斯的能力模型所涵盖的能力要素非常广且具

①BARTRAM D，ROBERTSON I T，CALLINAN M. Introduction：A framework for examining organizational effectiveness ［M］// ROBERTSON I T，CALLINAN M，BARTRAM D. Organizational effectiveness：the role of psychology. Chichester，UK：Wiley.2002：1-10.

②LACKÉUS M. Developing entrepreneurial competencies-an action-based approach and classification in education ［D］. Chalmers University of Technology，2013.

有可测性,但比较静态化且缺乏内在的逻辑,这些能力可否培养也值得怀疑。

另一学者昂斯腾克(Onstenk)基于胜任力理论提出了创业精神的关键技能(enterprising key skills)概念,认为它类似于职业教育和终身学习中的关键技能,适用于广泛创业活动,应面向所有学生培养。[①] 能力构成包括主动性、冒险精神、自信、自主和独立的需要、动机等。创业精神的关键技能这一概念被教育界接受,但其能力结构并未得到广泛认可。因为该能力结构比较散乱且缺乏实证支持,更偏向于态度而非行为,导致了控制和测量难的问题。

莫瑞斯(Morris)基于胜任力理论提出的十三能力模型较为完善。他认为创新创业能力是个体与环境之间不断互动的结果,是可测的和发展的。[②] 莫瑞斯利用德尔菲法,从态度和行为两个层面构建了二元"十三能力模型":(1)态度能力(韧性、弹性、自我效能);(2)行为能力(机会识别、机会评估、防范风险、构建愿景、创新行为、资源筹划、灵活性、创造价值、规划及调适能力、人际交往能力)。之后莫瑞斯对 40 名学生参加创新创业项目前后的 13 种能力进行了量表测量,发现 13 种能力都得到了显著提高,从而证明这 13 种能力都是可以通过学习而获得发展的。这说明,莫瑞斯的能力观比较科学且具有可操作性。然而在其研究设计中并未给出关于创新创业能力发展的完整框架,[③]从而其关于创新创业能力结构的论述有待进一步完善。

由此可见,基于胜任力理论的创新创业能力研究证实了创新创业能力的可测、可发展性。但其研究采用的均是典型个案调查,缺乏对创新创业过程的系统解剖,无法找到创新创业行动节点及相匹配的关键能力,从而所建构的能力结构更像是一个散乱的拼盘,无法为创新创业教育提供理论指引。

①ONSTENK J. Entrepreneurship and vocational education [J]. European educational research journal,2003,2(1):74-89.

②MORRIS M H,WEBB J W,FU J,et al. A competency-based perspective on entrepreneurship education:conceptual and empirical insights [J]. Journal of small business management,2013,51(3):352-369.

③SILVEYRA G,HERRERO-CRESPO N,ANDREA P. Model of teachable entrepreneurship competencies (m-tec):scale development [J]. The international journal of management education,2021,19(1):1-20.

（三）基于行动理论的能力模型

创业的本质是行动。[①] 创业是从机会识别，到计划确定、获取资源、应对风险，再到调整策略的一系列充满了不确定、令人紧张的活动。[②] 斯蒂文森（Stevenson）和杰里罗（Jarillo）认为创业行为的本质在于追求机会，且不论拥有何种资源。[③] 这就意味着创新创业者必须根据环境中的机会尽一切可能去采取行动，以实现识别、评估和利用机会的过程。[④] 也即创业是一个过程，是个人随着与环境的互动而采取的一系列行为。[⑤] 同时，创业也是一种思维方式，是一种有计划、有目的的行为。[⑥]

基于此，欧盟把创新创业能力定义为将想法转化为行动的能力。在文献梳理、指标筛选、专家研讨、案例研究、利益相关者评分等一系列研究后，欧盟专家建立了一个包括3个领域15个能力的创新创业能力框架（即 Entercomp 框架）。领域1：想法和机会，包括发现机会、创造力、愿景、评估想法、道德的及可持续发展的思路；领域2：资源，包括自我认知和自我效能、推动力和毅力、财务和经济的认知、动员他人、整合资源；领域3：付诸行动，包括采取主

①MCMULLEN J S，SHEPHERD D A. Entrepreneurial action and the role of uncertainty in the theory of the entrepreneur［J］. Academy of management review，2006，31(1)：132-152.

②MORRIS M H，WEBB J W，FU J，et al. A competency-based perspective on entrepreneurship education：conceptual and empirical insights［J］. Journal of small business management，2013,51(3)：352-369

③STEVENSON H H，JARILLO J C. A paradigm of entrepreneurship：entrepreneurial management［J］. Strategic management journal .1990，11(5)：17-27.

④VENKATARAMAN S，SHANE S. The promise of entrepreneurship as a field of research［J］. Academy of management review，2000，25(1)：217-226.

⑤MORRIS M H，WEBB J W，FU J，et al. A competency-based perspective on entrepreneurship education：conceptual and empirical insights［J］. Journal of small business management，2013，51(3)：352-369

⑥GIANESINI G，CUBICO S，FAVRETTO G，et al. Entrepreneurial competences：comparing and contrasting models and taxonomies［M］// CUBICO S，FAVRETTO G，LEITÃO J，et al. Entrepreneurship and the industry life cycle. Studies on Entrepreneurship，Structural Change and Industrial Dynamics. Springer，Cham. 2018：13-32.

动、规划与管理、应对不确定性和风险、与他人合作、通过经历学习。^① 该能力框架从想法和机会、资源到行动,分析了创新创业过程,将不同能力分配给特定阶段。^②

欧盟把创新创业能力看作是一种动态的、互动性的行动能力。其能力框架基于"产生想法—准备—实现想法"的行动逻辑,所涵盖能力要素非常全,但将整个行动仅划分为三步骤未免有些粗糙。另一方面,欧盟的能力框架更为关注社会价值而非个体自我发展,这就远离了行动理论的实质。因为行动理论强调个体是其发展的主体,行动是其发展的根源。行动理论的代表学者约森·布兰德施塔特(Jochen Brandtstädter)把"行动"界定为个体影响他们所处情景的一种手段,根据行动引发的反馈,个体实现对所处情景和自身的认识,并由此产生一系列未来行动的动机或意图。个体就是在"行动—反馈—自我组织—进一步行动"的过程中得以发展。^③ 个体既是自身发展的积极建构者,也是自身建构的产物,从而行动过程是一种有意识的自我发展过程。

创新创业活动具有个体的和社会的双重意义,而对个体发展的意义是更根本的。从个体意义看,创新的本质即实现自我超越,而创业的本质即追求人生理想价值实现;从社会意义看,创新指实现了科技突破,创业指获得了经营成功。^④ 显然,个体意义的创新创业更具有普遍意义,也是创新创业教育的出发点,社会意义的创新创业是一种结果,需要依赖个体意义的创新创业能力增长。故而,欧盟能力框架虽然具有很强的参考价值,但对创新创业教育开展的指导意义并不强。

综上所述,无论从人格理论出发构建的"八能力模型",还是从胜任力出发构建的"十三能力模型",或是从行动理论出发的欧盟能力框架,都无法为我国创新创业教育提供强有力的理论支撑。本书认为创新创业是一个人在应答环

①BACIGALUPO M, KAMPYLIS P, PUNIE Y, et al. Entrecomp: the entrepreneurship competence framework [R]. Luxembourg: Publication Office of the European Union,2016:6-13.

②IVANA K, DIMITRI G, JOHANNES C, et al. Entrepreneurship competence: an overview of existing concepts, policies and initiatives-final report [R]. JRC Working Papers,2015:72.

③理查德·M.勒纳.人类发展的概念与理论[M].张文新,主译.北京:北京大学出版社,2011:264-270.

④王洪才,郑雅倩.创新创业教育的哲学假设与实践意蕴[J].高校教育管理,2020,14(6):34-40.

境挑战过程中发现自我、发展自我、实现自我进而超越自我的一系列行动,也是个体持续发展的动力所在。

二、创新创业能力"七步骤"模型的设想

(一)创新创业是真正的知行合一

学界普遍认为,创新是创业的源泉。[①] 创业活动依赖于创新,创新是创业者的具体工具,是他们探索变化并把变化看成机会的方法。[②] 如哈佛商学院(Harvard Business School)创业研究领域的教父霍华德·史蒂文森(Howard Stevenson)教授等人认为创业是一种利用创新来创造价值的过程,它将独特的资源组合在一起以开发机会。[③] 英国功利主义哲学的创立者杰里米·边沁(Bentham)认为企业家必须是创新者[④],经济学家约瑟夫·熊彼特也将企业家定义为创新者[⑤]。熊彼特作为创新理论的奠基人,他将创新引入经济学后,创新与创业就此紧密联系在了一起。熊彼特将创业与创新联系起来并将其视为推动经济发展的动力,他认为经济体系的动力来自勇敢的人,他们冒着风险去实施新的想法,敢于创新,勇于尝试和扩张。[⑥] 熊彼特提出一个关键的概念:创造性破坏。它意味着现有的做事方式需要被摧毁,通过创新实现向新的做事方式的转变。企业家正是利用创新来破坏事情的运作方式,并建立一种更

---

①王洪才,刘隽颖.大学创新创业教育核心·难点·突破点[J].中国高等教育,2017(Z2):61-63.

②阿兰·法约尔.创业教育研究手册:第一卷[M].刘海滨,译.北京:商务印书馆,2019:28-29.

③STEVENSON H,ROBERTS M J,GROUSBECK H I. New business ventures and the entrepreneur, homewood [M].Ill:Irwin.1985:55.

④SWANSON L A. Entrepreneurship and innovation toolkit[EB/OL].[2020-01-05].https://openlibrary-repo. ecampusontario. ca/jspui/bitstream/123456789/634/6/Entrepreneurship-and-Innovation-Toolkit-1568142286. pdf.

⑤PAHUJA A,RINKU S. Introduction to entrepreneurship [M]//P SINHA,U MAKKAR,K DUTTA. Entrepreneurship:learning and implementation. CEGR,New Delhi,2015:1-41.

⑥SADLER R J. A framework for the emergence of entrepreneurship and innovation in education[C]//New industries and the VET system conference proceedings.[2020-01-05].http://monash. edu/education/non-cms/centres/ceet/docs/conferencepapers/2001confpaper sadler.pdf.

好的做事方式。[1] 创新是产生一种新的想法,创业是将想法付诸实践,转变为具体的行动。一言蔽之,创业和创新互为表里,创新离开创业如临渊羡鱼,创业离开创新如触石决木。创新是创业的基础起点和核心竞争力,创业是创新的实践及可行性证明。

如果从个体发展层面看创新与创业,那么个体能够革新自我认识实际上就是创新,如果再进一步实现行为模式的转变就是创业。个体的发展必须建立在思想和行动的统一革新上,才能够获得真正的发展进而取得成功。创新创业是个体将创新性想法变为创业性行动的过程,创新创业不再是简单的经济行为,而是关乎每个人发展的问题。这就意味着创新创业是知行合一思想的体现,两者是密不可分的,是知识经济时代每个人必备的能力。

若个体真正践行知行合一进行创新创业,那么个体将会持续不断地获得自我发展。英国著名的创业教育专家吉布在 1998 年的国际创业教育大会(Internationalizing Entrepreneurship Education Conference)的主题演讲上就指出"创业是一种生活方式"[2],因为人生本就是一个创新创业的过程。创新创业就是实现自我革命,最终就是实现自我超越。在这个过程中,个体必须主动作为,必须不断验证自己的认识、丰富自己的认识,勇于面对挑战并迎难而上最终获得成功。本书认为每个人都可以创新创业,因为创新创业精神存在于每个人身上,大多数人都有创新创业的能力,只是它可能处于休眠状态,需要被激活[3]。本书认为每个人也应该创新创业,因为创新创业是一个人在应答环境挑战过程中发现自我、发展自我、实现自我、超越自我的一系列行动[4],这就意味着创新创业是个体持续发展的动力所在。

---

①SWANSON L A. Entrepreneurship and innovation toolkit［EB/OL］.［2020-01-05］. https://openlibrary-repo. ecampusontario. ca/jspui/bitstream/123456789/634/6/Entrepreneurship-and-Innovation-Toolkit-1568142286. pdf.

②GIBB A. Entrepreneurial core capacities, competitiveness and management development in the 21st century［C］// Keynote address to the Internationalizing Entrepreneurship Education 8th Annual Conference, Oestrich-Winkel, 1998:1-21.

③EKPIKEN W E, UKPABIO G U. Entrepreneurship education, job creation for graduate employment in south-south geopolitical zone of Nigeria［J］. British journal of education, 2015(1):23-31.

④王洪才.论创新创业人才的人格特质、核心素质与关键能力[J].江苏高教,2020(12):44-51.

(二)创新创业过程包含七个关键步骤

创新创业是一种思想见之于行动的过程,即将创新性想法变为创业性行动的过程。不论何种创新创业,最终都是由一个个具体行动构成的,创新创业能力就体现在一步步的行动过程中。创新创业过程可以划分为不同的阶段,不同阶段需要不同的能力,按照行动逻辑对创新创业能力进行分解,就可以对创新创业能力获得一个比较全面系统的认识。德国心理学家弗里塞(Frese)和扎普夫(Zapf)于1994年提出了行动理论模式(见图3-1),描述了一个将目标与意图、行为相联系的过程。[①] 该模式揭示了个体行动的具体步骤,在其中,行动源于"渴望"即"某种需要",起点表现在"建立目标"上,行动过程则表现为"计划—执行"。行动结束则表现在"反馈"上,这也是新的行动的开始。

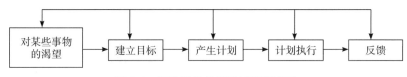

图 3-1　行动理论的行动过程模式图

本书认为创新创业过程包含七个关键步骤,即"确定目标(起点)→行动筹划—果断决策—沟通合作—把握机遇—防范风险→逆境奋起(终点)"。它们对应七种关键能力,即目标确定能力、行动筹划能力、果断决策能力、沟通合作能力、把握机遇能力、防范风险能力、逆境奋起能力。[②] 这七种能力代表了行动的演化逻辑,也代表了人们行为的基本流程。[③] 因为做任何事情,首先要确定目标,其次是进行筹划,再次是需要果断决策、沟通合作和把握机遇并防范风险,最后当遇到挫折或失败时必须能够乐观面对、百折不挠。

这七个能力是一个崭新的创新创业能力框架,也是创新创业活动必经步骤,具有普适性;而且这些行为具有可观察性,可以测量,也可以针对性地培

①俞文钊,苏永华.管理心理学[M].5版.大连:东北财经大学出版社,2015:142-143.
②王洪才.论创新创业人才的人格特质、核心素质与关键能力[J].江苏高教,2020(12):44-51.
③王洪才,郑雅倩.创新创业教育的哲学假设与实践意蕴[J].高校教育管理,2020,14(6):34-40.

养。① 这一能力框架不仅遵循了行动逻辑,也契合了中国传统哲学"知行合一"思想,是对中国传统哲学思想的创造性应用。

(三)创新创业能力蕴含的七个关键性能力

我们认为,一个人从有创新想法到有创新行动中间经历了一个巨大的转变,对于人的发展而言是一个质的飞升。人们经常说,思想与行动的距离往往只有一步之遥,事实上它们是咫尺天涯的关系。首先,从思想变成行动,它是对一个人自信心的挑战,一个人只有具有充分的自信,才敢于把自己的想法变成行动。其次,这也是对一个人意志力的巨大挑战,因为一旦开始行动,就意味着充满了许多不确定性,就会遇到许多未知的风险,所以他必须意识到,一旦采取行动就会面临许多未知的风险,他必须估计一下自己能否承受或忍耐这样的挑战,因为一旦选择了就没有回头路,这是一种决断行为。再次,这是对他理智分析能力的考验,因为他必须能够预估到可能出现的风险,只有在充分预估到可能出现的风险之后才能采取相应的降低风险的措施。为此,他也必须善于分析事物的本质,从而可以预计到可能出现的利害冲突,预计到难关所在,知道自己行动的要点,知道如何去抓重点,因为抓住了重点,其他事情就可以迎刃而解,这实质上就是考验他的行动筹划能力如何。这两者合起来就是对一个人胆识的考验。再次,一个人要行动,必须知道如何争取资源,争取别人的支持,知道合作之道,知道人们希望什么、不喜欢什么,这实际上是一种开放自我的能力或社会交往能力。一个人只有能够让人尊重,才能真正去影响别人。要影响他人,无外乎来自硬实力与软实力。硬实力主要体现在技术本领上,也即能够解决技术上的难题;软实力就主要是人的交往能力,当然也包括个人的人格魅力。因为交往能力深层所体现的是一个人的道德人格或人格魅力。一个人善于与人相处,就在于知道人们所崇尚的价值是什么、知道人们需要什么,这实际上就是一种识人之明。只有懂得人心与人性才能善于与人合作。如果说确定目标所展示的是一种自我认识能力,那么与人合作所展示的就是一种认识他人的能力。不认识自己就不可能认识他人。人的理性行动是从认识自己开始的,知道自己需要什么、追求什么,从而形成自己的判断

---

①SILVEYRA G, HERRERO-CRESPO N, ANDREA P. Model of teachable entrepreneurship competencies (m-tec): scale development [J]. The international journal of management education,2021,19(1):1-20.

力。每个人的知识框架都是以自我为中心建构起来的，接受式学习无法建立真正的知识框架。最后就是人对失败的承受能力，因为一个人只有能够承受失败的打击才能继续前进，否则就可能一蹶不振。如果他善于反思自己，从失败中汲取经验教训，就可能使自己未来的路更稳健，从而取得更大成功。

由此可见，创新创业能力实质上是一种有效行动能力，是突破自我发展过程中所遇到的难关的能力。一般而言，创新创业过程中都会遇到 7 个关口：[①]

第一个关口是"定位关"，即准确地自我定位，就是要知道自己究竟该做什么和能做什么。这涉及对自己的优势劣势分析，包括对环境状况的分析，只有进行这种理智分析之后，才能确定自己的行动目标。显然，如果认识不到自己的优势和劣势就无法采取任何有价值的行动。所以，一个人能够客观准确地认识自己是成功的第一步。当然，认识自己是以环境发展变化为参照的，在某种状况下，自己的优势是真正优势，换一种情境可能就不再是优势了。自我定位的能力说到底就是目标确定能力。

第二个关口是"谋划关"，即能够深思熟虑，知道自己应该采取什么样的发展路径去实现自己的目标、知道自己该怎么做。这就是在考验一个人的行动谋划能力，其中既有战略层面的也有战术层面的。其关键点是认识到行动目标与行动策略之间的关系，知道自己行动所依赖的因素，能够对这些因素之间的复杂关系理出一个清晰脉络，即知道它们之间的相互依存关系，不把它们看成简单的固定不变的关系。特别是认识到各要素之间联系的关键点所在，这样才能抓住要点。显然，这是对一个人认识能力状况的系统检视。

第三个关口是"抉择关"，即知道该从哪里起步和从何处突破、知道自己该如何抉择。所谓开局顺，步步顺；开局差，扳回难。所以，怎么把握事物的龙头非常关键。首战告捷能够大大鼓舞士气，能够增强自信心，否则就可能使一个人重新选择，甚至简单地否定自我。任何重要发展节点都需要进行决断，可以说，如何决断关系到整体的发展方向，决定事物的发展全局。所以，决断力不仅是勇气的表现，更是智慧的表现，也是一个人气魄的表现，格局大小在此处能充分体现出来。所以"抉择关"考验的是果断抉择能力。

第四个关口是"合作关"，即知道该如何经营和维系团队，能够动员一切可能的资源而形成合力。经营能力实质上是一种合作能力，也即如何带领团队

[①]王洪才.论创新创业人才的人格特质、核心素质与关键能力[J].江苏高教，2020(12)：44-51.

进行共同奋斗的能力。人们一旦付诸行动就必然产生与人合作的问题，就面临团队如何经营的问题。即使个体户也需要与家庭成员进行沟通，不然家庭内部也会闹矛盾。与人合作的过程实际上就是分工合作问题，其关键点是利益分配问题和相互制约问题，也可以说是责权利相统一的问题。这个说起来容易，做起来非常烦琐复杂。许多人刚开始采取平均主义策略，时间一长就发现这容易失效，就需要重新制定分配策略，这样就会出现矛盾。所以，一开始就确定一个主导者非常重要，这就是一种争端解决机制，如果采用平均主义分配策略，就容易导致责任不清，之后再进行调整就非常困难，甚至会出现反目成仇。显然，该关口所考验的是沟通合作能力。

第五个关口是"机遇关"，即知道如何抓住发展机遇。机会往往稍纵即逝，不善于捕捉机遇很容易事倍功半。任何时候机遇只留给有准备的人。一个人的发展经常会遇到一些微不可察的机遇，善于发现并善于捕捉就容易成功。任何发展都需要借势，而不是简单地使用蛮力。"乘风破浪会有时"，这说明机遇的重要性。如果不善于借势发力，很难在竞争中取得优势地位。说到底，在这个关口所需要的是机遇把握能力。

第六个关口是"风险关"，即善于防范风险。任何人做任何事情都存在失败的风险，要想避免失败，就必须周密部署，防范风险的发生。一个人无论如何精明，都不可能做到万无一失，因此必须做好风险防范的准备。无论从事什么活动都会遇到成本问题、效用问题和信任问题。风险往往发生在机遇捕捉过程中。往往有失才有得，关键在于是否舍得。风险防范过程也是对个体预见力和胆识的考验。这个关口挑战的是风险防范能力。

第七关即"挫折关"，即能够抵御失败造成的影响。一个人完全不遇到挫折和失败是不可能的，当挫折和失败真正发生之后，就必须勇于面对并承担所带来的不利后果。一旦风险无法抵御，超过了预期，就需要理性地接受，这是对自信心的重大考验。通过了失败的考验，自信心就会提升一个层次，反之则可能会出现自信心退化现象。因此，抵御风险是对个体能力素质特别是意志力的全面考验。在这个关口，就是考验一个人是否具有逆境奋起能力。具备了这种能力，才能克服重重险阻，才能顺利到达成功的彼岸，个体的能力素质也能由此而获得提升。相反，如果人不具备逆境奋起能力，就可能在遭遇挫折后一蹶不振，能力素质发展就会出现退化。

如果把握了人在发展过程中的这七个关键能力，就可以对一个人的创新创业潜力进行测量，从而进行针对性指导，进而为创新创业教育提供科学的理论依据。

三、创新创业能力"七步骤"模型的形成

本书认为创新创业是个体在与环境互动中，通过一系列行动发现自我、发展自我、实现自我和超越自我。这一自我发展理论构成了创新创业能力模型构建的哲学基础。创新创业主体能力框架是基于行动理论设计而成，将创新创业过程分为七个关键行动节点，这七个关键行动不仅符合理性行为的客观规律，而且与自我发展过程存在内在逻辑关系。需要说明的是，行动不仅仅包括外显行为，也包括内在的态度。态度和行为是一体的，不可能截然分开，因为真正的行动必须是知行合一的。对此，人格理论、胜任力理论、行动理论都认可态度能力和行为能力。故本书在思考每个关键能力的具体能力指标设计时，参照了胜任力理论、人格理论和行动理论，分别对七个关键能力的内涵、特征、表现等进行探究，从而构建出一个完整的、可测量的、具有普适性的创新创业能力评价指标体系。该创新创业能力模型详见图 3-2。

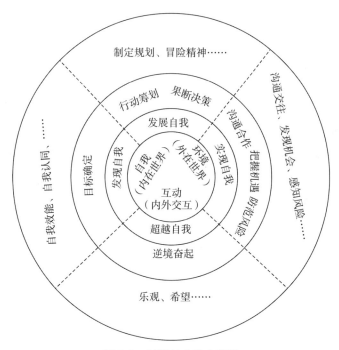

图 3-2　创新创业能力模型

创新创业能力是自我发展能力的集中展现①,是个体在发现自我、发展自我、实现自我、超越自我过程中体现出来的一系列能力。

（一）发现自我的能力

发现自我指个体对自我潜能有了一个比较敏锐的认识,当个体知道自己的潜能所在,就会为自己确立发展目标,从而发现自我过程就成为目标确定过程。目标确定过程是个体主体性强的集中体现,它是个体积极进取、不断探索的结果。当个体发现这种潜能之后就会对自己产生期待,愿意投入实现自我潜能的行动中。具体而言,发现自我的根源是自信,自信是自我认同的结果。② 在此基础上,个体初步清楚了自身的发展方向。此后,个体在与环境互动中进一步调适自己的发展目标,确保其发展目标实现的可能性。最后,个体在平衡内在追求和社会需求的基础上,最终确立一个明确的具有吸引力、挑战性的发展目标,从而指引个体不断付诸行动。所以目标确定过程,具体而言应该包括个体自我认知、自我认同、环境评估和目标确立四个环节,这四者之间是一个不断递进的关系。

（二）发展自我的能力

当个体发现自我潜能后,产生进一步证实这种潜能的动力,使自己的潜能由不可见变成可见,把不确定的潜能变成较为确定的能力,这就是一个发展自我的过程。这个发展过程包括行动筹划和果断决策两个关键环节。因为在有目的行动前必须进行通盘考虑和系统规划,初步设计出行动路径。行动筹划更多的是在理想层面,一旦付诸行动则必须慎重抉择和果断抉择,从而保障行动路径的最优化。

发展自我意味着个体必须以目标为导向,积极地将想法落实在具体行动中,只有在行动中才能够找到并缩短主观自我与客观自我之间的差距,从而对自我进行更加客观的审视并进一步挖掘自我发展潜能。发展自我的行动过程应该是有筹划的,因为人作为理性行动者,③行动往往既要独立自主,又要符

---

① 王洪才.创新创业能力的科学内涵及其意义[J].教育发展研究,2022,42(1):53-59.

② 彭贺.人为激励研究[M].上海:格致出版社,2009:122.

③ 乔恩·埃尔斯特.解释社会行为:社会科学的机制视角[M].刘骥,等译.重庆:重庆大学出版社,2019:155-222.

合社会规范,同时还要勤于反思。① 具体而言,行动首先需要有具体的行动路径、资源,这是个体行动前必须做的准备工作。行动筹划就是为了找到较为完善的行动路径而不断修订行动方案的过程,它不仅需要充分利用各类已有资源,而且需要挖掘潜在的可用资源,从而探寻新的路径。所以,行动筹划需要具有制订规划、筹划资源和主动性等三个方面的能力。

个体在筹划行动后,就必须果断决策。果断决策也是一个人决断性强的表现,能够在关键时刻敢于冒险、不惧失败,做事当机立断、雷厉风行,这是一个人将思想上的设计付诸行动必不可少的,它包含了冒险精神和决策能力两个关键要素。一方面,个体必须在多种行动可能性中选择出最优方案,这是对一个人胆识和谋略的考验,因为决策就意味着风险性。② 另一方面,个体发展目标具有挑战性,这意味着接下来的行动可能面临着困难、风险甚至失败,个体在实施行动前,必须坚定信心与决心,抱定不达目标决不罢休的意志,果断决定采取下一步行动,这实质上也是一种风险决策。③ 这就需要个体具有较强的冒险精神,若瞻前顾后、犹豫不决,难以克服内心的懦弱,就难以下定决心采取之后的行动。

(三)实现自我的能力

实现自我是指实现理想自我,是个体面对外部世界积极进取的过程。要实现理想自我,首先就需要借助外力帮助,其次是把握好机遇,再次是防范风险。

个体在应对复杂的外部环境时,首先就需要借助外力帮助,这就要求具有较强的沟通合作能力。个体需要与他人沟通、合作并建立有利的社会网络,同时个体也在其中进行自我建构。沟通合作能力是一个人进入社会场域的必备能力,包括良好的表达、尊重他人、消除彼此间分歧、与他人达成共识等。如此,个体才能够与他人达成共同奋斗目标,组建为利益共同体,形成合力实现合作共赢。

其次,在不确定的环境中个体能够准确把握时机,并通过创新将机会的效

---

① 奈杰尔·吉尔伯特.基于行动者的模型[M].盛智明,译.上海:上海人民出版社,2012:35.

② 刘蓉,熊海鸥.运筹学[M].2 版.北京:北京理工大学出版社,2018:126.

③ 张圣华.管理学基础[M].青岛:中国海洋大学出版社,2017:48.

益发挥到最大,这就会成为个体实现自我的关键节点。但机遇不可能从天而降,而是个体坚持开放的心态和创新的思维,在不确定环境中能够积极进取、勇于开拓,才有可能发现机会并抓住机会。这就要求个体必须能够忍受不确定性,对陌生的环境、事物抱有好奇心和容忍度,能够发现并评估机会,并且能够实施创新行为推动想法落地。故而把握机遇需要识别机会、忍受不确定性和创新性等要素。

再次,环境的复杂性、多变性决定了行动的风险性,所以行动中必须防范风险。实现自我应该是稳中求进,在把握机遇的同时也必须留意可能的风险,避免因轻视风险而造成重大的损失。防范风险是一种主动行为,而非被动为之。为此,个体在行动之前就必须设立防范机制,时时进行反思学习,预估各种可能风险,并对风险保持敏感性。如此才能防患于未然,并在风险来临时具有控制和应对能力。所以,防范风险要求个体具备建立防范机制的能力、反思能力、风险感知能力、风险管理能力。

(四)超越自我的能力

超越自我是著名心理学家弗兰克(Viktor Emil Frank)提出的一个概念,超越自我是个体进一步对自身所处位置的探索和理解,是为了更好地把握人生,更有意义地去生活。人生不应满足于现状,而是勇于挑战自我、不断创造。超越自我意味着个体必须扩展个人能力,突破成长上限,不断实现心中的梦想。超越自我并不容易,必须重新认识自己,经历磨砺及修炼,挖掘出内心向上的欲望和潜能,以一种更加积极的、创造性的态度面向环境。[①] 个体面临挑战、困难、失败等境况时,能否打破僵局并顺利渡过,决定了个体是否能够迈向新台阶。

个体成长过程始终是一个机遇与挑战共存、希望与困难共生的过程,任何尝试也都可能会面临困难、风险和失败,这就意味着个体需要具备强大的心理资本。在面对挫折时,能够勇敢面对并将压力转化为动力,以积极的态度寻求解决问题的办法,是个体在成长和发展过程中的一种积极心理状态,是促进个人成长和绩效提升的重要心理资源。[②] 为此,个体需要始终对事物保持乐观

①FRANKL V E. Self-Transcendence as a human phenomenon [J]. Journal of humanistic psychology,1966,6(2):97-106.

②FRED L,CAROLYN M,YOUSSEF M,et al.心理资本[M].王垒,等译.北京:中国轻工业出版社,2018:21-50.

的心态,在逆境中能够迅速恢复,并锲而不舍地追求更高的自我目标。该心态能够帮助个体进行自我调节、自我管理、自我完善,最终实现自我超越。心理资本主要的表现就是抗挫折性,能够在逆境中奋起,具体能力应为乐观、希望和韧性。

第三节　创新创业能力三级评价指标体系的构建过程

一、创新创业能力三级评价指标体系的构建

评价指标体系构建主要分为两步:一是指标的发散;二是指标的聚合。

指标发散是根据7个二级能力的内涵、评价可操作性、能力行为表现,对二级能力进行分解,进而形成三级能力指标,初步建立能力评价指标库。如"目标确定能力"强调个体主动探寻内在世界(自我意义、自我追求等),再在对外在环境有清晰全面的评估后形成自我判断,明确自己所处的位置及与外部环境的关系,从而确立自身发展目标。根据"目标确定能力"的内涵对其可观测指标进行分解,之后汇总不同的分解指标。汇总后发现有不同的分解结果:"自信""自尊""自我和谐""自我意识""自我效能""自我认同""核心自我评价""自我认知""分析判断""环境评估""目标设置""目标导向",将这些指标的内涵、特点、行为表现、参考文献来源等均录入评价指标库。其余二级能力的操作步骤同上,最终形成创新创业能力评价指标库Ⅰ。

指标的聚合是对评价指标库中的指标进行二次探索,删除与二级能力之间相关性低的三级能力指标,合并相互之间存在包含关系的三级能力指标,整合相互之间存在交叉关系的三级能力指标,以形成相互间独立且与二级能力指标相关性高的三级能力指标。指标聚合是研究团队所有成员分别就自己设计的指标体系进行阐释,之后大家分别就指标发表意见,再集中讨论,最后确定指标的取舍及修正结果。仍以"目标确定能力"为例,指标库中的"自我认同""自我和谐""自我效能"存在重叠关系,且包含"自信""自尊",保留"自我认同",其余删除;"自我意识""自我认知""核心自我评价"高度重合,将三者进行整合,命名为"自我认知";"分析判断"和"环境评估"存在交叉关系,整合为"评估形势";"目标设置"包含"目标导向",删除"目标导向"。"目标确定能力"经过聚合分析后,三级指标为"自我认同""自我认知""评估形势""设置目标",将

指标的内涵、操作性定义、行为特征录入评价指标库。其余能力操作步骤同上,最终形成创新创业能力评价指标库 II。该库包括 7 个二级指标,25 个三级指标。

二、创新创业能力三级评价指标体系的验证

评价指标在拟定后,采取专家评议法对指标库 II 中的指标进行修订完善,主要步骤为指标评分、专家研讨、指标修订,最终形成创新创业能力评价指标体系。

1. 指标评分阶段。面向专家学者、教师、创新创业者、研究生、本科生发放问卷 40 份,回收的有效问卷为 38 份,有效回收率为 95%。其中包括:3 名创新创业教育、教育测量与评价、教育心理学的专家学者;4 名创新创业导师、课程教师;3 名创新创业者;9 名教育学、心理学、管理学研究生;19 名文理工农医等学科的本科生。研究对象根据指标的操作性定义对指标的合理性进行评分,评分为 1~5 分(非常不合理、不合理、不确定、合理、非常合理)的选项,最后一题为开放性题目,由评分人对指标体系提出其他意见及建议(见附录一)。对评分结果进行统计,发现所有指标的平均分均在 4.2 以上,同级能力的组间标准差在 0.65 以下,说明专家、教师、创新创业者、学生对指标体系基本上持有相同的看法,对该指标体系也是基本认同的。征集的开放性意见主要为指标名称表述,接受部分较为集中且合理的建议,对部分指标重新命名。

2. 专家研讨阶段。请 4 名专家对指标划分、名称、可操作定义、观测点进行研讨,并提出了建设性意见。创新创业能力的二级指标框架得到了专家学者的认可,部分三级指标存在命名欠妥、能力内涵交叉、操作性定义不清等问题。

3. 指标修订阶段。研究团队综合专家的所有建议,进一步对指标进行修订,最终确定了 7 个二级能力指标和 21 个三级能力指标。

三、创新创业能力三级评价指标体系的确立

经过一系列的指标研制工作,研究团队最终确立了创新创业能力评价指标体系,具体指标及操作性定义见表 3-1。

表 3-1 创新创业能力评价指标体系

能力框架	能力指标	能力分类	操作性定义
目标确定能力	自我认知	态度能力	一个人对自己的性格、兴趣和优势有清晰的认识
	自我认同	态度能力	一个人对自己能力和存在价值的肯定
	评估形势	行为能力	一个人对自己所处环境态势能够做出准确把握
	设置目标	行为能力	一个人知道自己在合适的时间内该追求什么
行动筹划能力	制定规划	行为能力	一个人对自己应做的事项能够进行通盘考虑
	筹划资源	行为能力	一个人知道自己行动需要什么资源并能够想办法获得
	主动性	态度能力	一个人积极地把想法付诸行动
果断决策能力	冒险精神	态度能力	一个人在无十足把握的情况下仍敢于采取行动
	大胆决策	行为能力	一个人善于在冲突的选择中做出最符合自己意愿的决定
沟通合作能力	沟通交往	行为能力	一个人有效地表达自己意见并获取他人意见的能力
	团队合作	行为能力	一个人善于与他人共同解决问题和克服困难的能力
	解决冲突	行为能力	一个人善于搁置分歧并获得共识的能力
把握机遇能力	发现并评估机会	行为能力	一个人善于发现事物的有利方面并把它转变成现实的能力
	忍受不确定性	态度能力	一个人能够对事物发展不明晰状态保持平和的心态
	创新行为	行为能力	一个人善于从新角度思考问题并采取行动的能力
防范风险能力	感知风险	行为能力	一个人善于发现事物不良苗头的意识及敏感性
	反思学习	行为能力	一个人发现自己不足并加以弥补的能力
	风险管理	行为能力	一个人善于从不利角度思考问题并采取对策的能力

续表

能力框架	能力指标	能力分类	操作性定义
逆境奋起能力	乐观	态度能力	一个人对事物经常持积极的态度
	希望	态度能力	一个人对自我始终持肯定的态度
	韧性	态度能力	一个人不惧怕挫折并在挫折中成长的能力

　　当前,创新创业教育开展得轰轰烈烈,但其内在质量却无法得到有效评估。究其原因,我国缺乏评价创新创业教育效果的科学测量工具是根本。创新创业教育的效果最直接的体现方式就是学生创新创业能力的发展。但关于创新创业能力内涵、结构、指标体系等理论研究仍非常薄弱,本书正是基于此开展了对创新创业能力模型及评价指标体系的探索。首先,本书从哲学层面探寻创新创业活动的本质,对创新创业能力提出基本假设,并分析了其逻辑构成。其次,本书以自我发展理论为指导,进一步对创新创业及创新创业能力进行概念界定,在一定意义上颠覆了传统的创新创业认知,对实践具有引领意义。再次,在借鉴欧盟等研究成果基础上,基于"知行合一"原理构建了创新创业能力框架,将个体的内在发展过程与外显的行为结合在一起,使创新创业能力模型可应用于能力测量,也可应用于创新创业活动设计上,从而使创新创业能力变得可测、可教。最后,本书提出的创新创业能力模型及指标体系经过了专家、教师、创业者、在校生的充分论证,从而使能力模型更加客观、系统,能力指标体系更加完善、可操作,为创新创业能力测量广泛应用提供有力依据。

第四章

大学生创新创业能力结构模型的实证检验

第一节　大学生创新创业能力结构模型检验的思路与实施

一、大学生创新创业能力结构模型检验的研究思路与设计

采用混合研究方法实证检验大学生创新创业能力结构模型。质性研究主要采用扎根理论,量化研究部则主要采用探索性因子分析与验证性因子分析方法。主要的研究思路如下:

首先,在构建的创新创业能力评价指标体系基础上,结合丰富的田野调查材料扎根建构大学生创新创业能力结构模型。此研究步骤一方面是为了进一步验证创新创业能力结构模型在大学生群体中的契合性,另一方面是为了在扎根理论构建出来的大学生创新创业能力结构模型上再进一步溯源至其行为表现,以提高大学生创新创业能力量表的题项质量。

需要说明的是,通过扎根理论得出的大学生创新创业能力结构模型,与通过哲学思辨建构的创新创业能力结构理论模型基本一致,这表明创新创业能力结构模型具有普适性,从而支持创新创业教育理应面向所有人,创新创业教育具有普适性。[①] 据此,该部分不再具体呈现扎根理论建构大学生创新创业能力过程,而是重点突出大学生创新创业能力结构模型之开放式编码,即大学生创新创业能力特征表现,这能够为量表题项的编制奠定基础。

其次,初步形成量表。其一,根据田野调查材料提炼出大学生创新创业能

---

① 王洪才,郑雅倩.创新创业教育的哲学假设与实践意蕴[J].高校教育管理,2020,14(6):34-40.

力特征,并将其特征表现纳入大学生创新创业能力量表题项池;其二,根据创新创业能力评价指标体系维度及其操作性定义,查阅国内外相关成熟量表,将符合相应评价指标维度内涵的量表题项纳入大学生创新创业能力量表题项池。通过上述两大主要的量表题项来源途径,构建并完善大学生创新创业能力量表题项池。在此基础上,通过反复讨论初步筛选大学生创新创业能力量表题项。

再次,提高量表内容效度。研究效度(research validity)是指研究结果的真实性与准确性。在量化研究上,通常使用四种主要的研究效度:内部效度(internal validity)、外部效度(external validity)、结构效度(construct validity)以及统计结构效度。[①] 主要通过内部效度和结构效度确保中国大学生创新创业能力结构模型效度。内部效度主要是判断两个变量间存在因果关系的真实程度,涉及变量之间的逻辑关系,研究过程中通过文献研究、德尔菲法加强对额外变量的控制,提升变量选择的精确性,并基于测量学相关指标的判断进而确保内部效度。具体而言,一是邀请专家学者对量表的内容效度与题项的内容效度进行判定;二是邀请大学生对大学生创新创业能力量表进行逐项评价。因为大学生是能力测量量表的施测对象,必须确保量表的题项表述符合大学生的理解水平。结构效度是指在研究中能够准确呈现更高阶结构的程度。结构效度能够有效支持理论的真实程度。在研究过程中通过收敛效度和区别效度进行创新创业能力结构模型的结构效度检验,从而为中国大学生创新创业能力测量量表的科学研发提供支撑。

复次,发放量表。对不同院校类型、年级等大学生发放及回收创新创业能力调查问卷。

最后,检验量表结构。基于回收后的大样本检验大学生创新创业能力量表的有效性,验证大学生创新创业能力结构模型的科学性。

二、大学生创新创业能力量表的题项设计

(一)大学生创新创业能力量表题项的设计原则

大学生创新创业能力题项在拟定与筛选时主要遵循以下原则:

---

①伯克·约翰逊,拉里·克里斯滕森.教育研究:定量、定性和混合方法:第 4 版[M].马健生,等译.重庆:重庆大学出版社,2015:231.

(1)题项内容符合所属能力维度定义。

(2)题项表述不宜过长,力求精简,易于阅读。

(3)题项表述避免抽象,尽量使用事实性表述。

(4)题项表述尽可能避免社会称许性。

(5)题项排序先简单后复杂;先事实、行为,后态度看法。

(二)大学生创新创业能力量表题项的设计依据

为确保各个维度测量的操作性和科学性,对大学生创新创业能力量表中各个子能力的操作性定义进行了界定(见表 4-1)。如目标确定能力是指一个人根据自身实际情况和社会需要确定行动目标的能力,如此就将目标确定能力这个抽象概念转换为了更为具体可观测的三级维度:"自我认知""自我认同""评估形势""设置目标"。其余能力的研究过程也是如此,最终确定了 21 个三级维度。

表 4-1 大学生创新创业能力子能力及三级能力维度

子能力	操作性定义	三级维度
目标确定能力	一个人根据自身实际情况和社会需要确定行动目标的能力	自我认知、自我认同、评估形势、设置目标
行动筹划能力	一个人对达到目标所需要的条件进行系统规划设计的能力	制定规划、筹划资源、主动性
果断决策能力	一个人在复杂的选择面前快速做出决定的能力	冒险精神、大胆决策
沟通合作能力	一个人与他人形成一致行动目标并采取一致行动的能力	沟通交往、团队合作、解决冲突
把握机遇能力	一个人快速识别机遇并准确地把握机遇的能力	发现并评估机会、忍受不确定性、创新行为
防范风险能力	一个人发现潜藏的风险并预先采取对策的能力	感知风险、反思学习、风险管理
逆境奋起能力	一个人勇敢地面对失败打击并寻求新的突破的能力	乐观、希望、韧性

（三）大学生创新创业能力测量题项的形成

1. 编制测量题项

一是采用非概率抽样最大程度提取大学生创新创业能力的典型行为。经文献梳理和研究讨论，拟定如"担任校级学生组织、社团主要负责人1年及以上""至少获过3次校级及以上级别奖励""有过创业经历或正在创业，且稳定运营2年以上"等7条筛选标准，认为至少符合其中3条标准即可成为研究对象，以使得研究案例可以覆盖多种多样创新创业型人才类型。在具体操作上，以最大变异抽样方法向参加某高校全国优秀大学生暑期夏令营的学生发放开放性问卷，共回收涵盖我国114所院校12个学科（除军事学、交叉学科）的375份有效问卷，获得28万余字质性材料[①]，开放性问卷一方面调查样本的个体特征，以筛选符合本书标准的样本，另一方面设置如下访谈问题相似的开放性问题。同时，以典型个案抽样方法选取了32位来自不同类型高校的大学生开展半结构访谈，抽样过程综合考虑学生的性别、家庭背景、学科、年级等因素，访谈时间在30～80分钟之间，共获得18万余字的访谈材料。访谈问题围绕：（1）详细描述认为具有成就感的事件或具体经历（3～5件）；（2）详细描述在求学或者工作遇到过的困难事件和解决过程（3～5件）；（3）举事例说明认为是什么能力或素质决定了自己与同伴的不同；（4）若想取得更突出的成就，认为自己缺乏什么样的能力素质？或者是哪些能力素质需要进一步提高？如有详细事件具体描述；（5）如何看待创新创业型大学生？认为创新创业型的大学生需要具备什么能力？典型个案研究样本如表4-2所示。

表4-2 创新创业型大学生样本特征

序号	抽样案例	本科阶段所属高校类型	专业	性别	案例特征
1	小阳	研究型大学	医学	男	（1）本科及本科后学业成绩为年级前10％；（2）本科获得某一竞赛全球金奖，至少获得3次校级及以上级别奖励；（3）保送国内顶尖高校研究生；（4）担任校级学生组织负责人1年；（5）主持或参加创新创业训练项目、竞赛共2次

---

① 本次调查分别在2020年与2021年进行，2020年获得281份开放性问卷，2021年获得94份开放性问卷。其中，2020年开放性问卷资料主要用于量表题项编制；2021年获得的开放性问卷资料一方面用于持续修订与完善量表题项，另一方面用于课题其他内容研究。

序号	抽样案例	本科阶段所属高校类型	专业	性别	案例特征
2	小洪	研究型大学	教育学	女	(1)本科学业成绩为年级前5%;(2)本科及本科后获得5次校级及以上级别奖励;(3)有过创业经历或正在创业,且稳定运营2年以上;(4)保送国内顶尖高校研究生;(5)担任校级社团主要负责人1年以上;(6)主持创新创业训练项目、竞赛
3	小张	研究型大学	新闻学	女	(1)本科学业成绩为年级前10%;(2)本科期间获得5次校级奖励;(3)毕业就职于事业单位
4	小蓝	研究型大学	法学	女	(1)考取原"985"大学研究生;(2)担任校级学生组织主要负责人1年;(3)主持、参加创新创业训练项目、竞赛共2次
5	小肖	研究型大学	信息工程	女	(1)本科学业成绩为年级前5%;(2)本科获得4次校级及以上级别奖励;(3)正在创业,且稳定运营2年以上;(4)主持、参加创新创业训练项目、竞赛共3次
6	小易	研究型大学	计算机科学与技术	男	(1)毕业就职于事业单位;(2)有过创业经历;(3)担任校级学生组织主要负责人1年以上;(4)主持创新创业训练项目、竞赛2次。
7	小乐	研究型大学	化学	男	(1)本科获得3次校级及以上级别奖励;(2)担任校级学生组织主要负责人1年以上;(3)主持、参加创新创业训练项目、竞赛共2次
8	小帅	研究型大学	社会学	男	(1)本科学业成绩为年级前5%;(2)本科获得5次校级及以上级别奖励;(3)毕业就职于事业单位;(4)担任校级学生组织主要负责人1年以上;(5)主持、参加创新创业训练项目、竞赛共3次

续表

序号	抽样案例	本科阶段所属高校类型	专业	性别	案例特征
9	小包	应用型院校	机械设计制造及自动化	男	(1)本科获得3次校级及以上级别奖励;(2)毕业就职于事业单位;(3)在校期间创业,且稳定运营2年以上;(4)担任校级学生组织主要负责人1年以上;(5)主持或参加创新创业训练项目、竞赛共3次
10	小吴	应用型院校	电气工程及其自动化	男	(1)有过创业经历,且稳定运营2年以上;(2)担任校级学生组织主要负责人1年以上;(3)主持或参加创新创业训练项目、竞赛共3次
11	小王	应用型院校	行政管理	男	(1)本科期间学业成绩为年级前10%;(2)本科获得6次校级及以上级别奖励;(3)毕业就职于国内著名科技公司;(4)担任校级学生组织或社团等主要负责人1年以上;(5)主持或参加创新创业训练项目、竞赛共2次
12	小李	应用型院校	心理学	男	(1)毕业就职于事业单位;(2)本科期间创业,且稳定运营2年以上;(3)主持创新创业训练项目、竞赛共3次
13	小可	应用型院校	思想政治教育	女	(1)学业成绩为年级前30%;(2)获得5次校级及以上级别奖励;(3)担任校级学生组织主要负责人1年以上;(4)主持创新创业训练项目、竞赛共2次
14	小红	应用型院校	商务英语	女	(1)学业成绩为年级前5%;(2)正在创业,且稳定运营3年;(3)主持创新创业训练项目、竞赛2次
15	小婷	应用型院校	农学	女	(1)本科学业成绩为年级前10%;(2)本科获得7次校级及以上级别奖励;(3)有过创业经历;(4)出国留学,留学高校QS排名前50
16	小国	应用型院校	电气工程及其自动化	男	(1)正在创业,创业所获年收入过百万;(2)获得校级3次奖励;(3)担任学生社团主要负责人1年

序号	抽样案例	本科阶段所属高校类型	专业	性别	案例特征
17	小木	应用型院校	数字媒体技术	男	(1)正在创业,创业所获年收入过百万;(2)获得校级3次奖励;(3)主持、参与创新创业项目共5次
18	小灵	应用型院校	广告学	女	(1)正在创业,稳定经营3年;(2)学业成绩排名前5%;(3)参与创新创业项目3次
19	小丹	应用型院校	工商管理	女	(1)担任校级学生组织主要负责人2年;(2)获过3次校级及以上级别奖励;(3)有过创业经历
20	小凡	应用型院校	生命科学与技术	男	(1)学业成绩排名前10%;(2)有过创业经历;(3)主持创新创业项目2次;(4)担任校级学生组织主要负责人1年
21	小洪	应用型院校	航海技术	男	(1)学业成绩排名前10%;(2)跨专业考研至原"985"高校;(3)主持创新创业项目2次;(4)曾有过创业经历
22	小睿	应用型院校	物流管理	男	(1)担任校级学生组织主要负责人1年;(2)正在创业,创业所获年收入过百万;(3)参与创新创业项目2次;(4)获得校级奖励3次
23	小册	应用型院校	小学教育	女	(1)学业成绩排名前5%;(2)获得校级及以上奖励3次;(3)担任校级学生社团主要负责人1年;(4)参与创新创业项目1次
24	小齐	高职高专院校	营销与策划	女	(1)正在创业,且稳定运营2年;(2)担任校级学生社团主要负责人1人;(3)主持、参与创新创业项目、竞赛共3次
25	小湉	高职高专院校	护理学	女	(1)学业成绩排名前5%;(2)有过创业经历;(3)主持、参与创新创业项目共3次;(4)担任校级学生组织主要负责人1年
26	小辉	高职高专院校	应用化工技术	男	(1)担任校级主要负责人2年;(2)主持创新创业项目1次;(3)正在创业,且稳定经营1年;(4)参与创新创业项目1次

续表

序号	抽样案例	本科阶段所属高校类型	专业	性别	案例特征
27	小翰	高职高专院校	模具设计	男	(1)学业成绩排名前10%；(2)获得5次校级奖励；(3)主持创新创业项目3次；(4)担任校级学生组织主要负责人1年
28	小梓	高职高专院校	机电一体化	男	(1)有过创业经历；(2)担任校级学生组织主要负责人1年；(3)主持创新创业项目2次
29	小强	高职高专院校	软件技术	男	(1)正在创业,且稳定经营1年；(2)主持创新创业项目2次；(3)担任校级学生组织主要负责人1年；(4)获得3次校级奖励
30	小艳	高职高专院校	小学教育	女	(1)正在创业,且稳定经营2年以上；(2)学业成绩前30%；(3)担任校级学生组织主要负责人1年；(4)主持创新创业项目1次
31	小琳	高职高专院校	会计学	女	(1)学业成绩前10%；(2)担任校级学生组织主要负责人1年；(3)主持创新创业项目2次；(4)获得3次校级奖励
32	小琦	高职高专院校	高速铁路客运服务	女	(1)担任校级学生社团主要负责人1年；(2)主持创新创业项目1次；(3)获得3次校级奖励

此外,如表4-3所示,为了更加精准地提炼中国大学生创新创业能力表现,在建构中国大学生创新创业能力结构模型时访谈了8位创新创业教育管理者与5位创新创业教育指导教师,以从教师角度进一步验证本书所提炼出的创新创业型大学生的行为表现。13位教师访谈时间在60～105分钟之间,共获得15万余字访谈材料。访谈问题围绕:(1)谈谈对创新创业型人才的认识;(2)谈谈对大学本科阶段人才培养的认识;(3)详细描述印象中培养过的最优秀的本科生的能力特征,如有具体事例请说明;(4)认为学生在大学成长过程中可以分为几个阶段? 每个阶段学生最突出的表现是什么? (5)如何识别学生未来的发展潜力? 如有具体事例请说明;(6)若学生想取得更突出的成就,还有哪些能力素质需要进一步提高? 需要注意的是,教师群体的访谈仅作为辅助作用,在题项的生成上仍以创新创业型大学生访谈为主。使用 Nvivo 12 Plus 软件为辅助工具以确定与大学生创新创业能力紧密相关的特征。

表 4-3　创新创业型教师样本信息

样本类型	所属院校	人次
创新创业教育管理者	武夷学院、浙江万里学院、绍兴文理学院、杭州师范学院、宜春学院、浙江工商职业技术学院等	8
创新创业型教师	厦门大学、浙江万里学院、武夷学院等	5

鉴于扎根理论所建构的大学生创新创业能力模型与初期建构的创新创业能力结构模型基本一致，为避免重复论述，仅简要将扎根理论过程展现如下[①]：

第一步：开放式编码阶段。

扎根理论通常认为"收集到第一份资料就开始分析"，开放式编码（Open Coding）就贯穿于扎根研究中的初始阶段。即研究者始终保持开放的态度，在完全基于数据资料的基础上，开展逐词、逐句、逐行甚至逐段的判断和分解工作，为数据资料中的真实现象贴上标签，并通过持续比较，使之形成概念、范畴。

在科宾与施特劳斯所著《质性研究的基础：形成扎根理论的程序与方法》（*Basics of Qualitative Research：Techniques and Procedures for Developing Grounded Theory*）一书中，认为"微分析（microanalysis）"是一种非常有价值的且更加开放的拆分资料方法，其所遵循的"定义现象—界定概念—命名范畴"的分析程序，能够帮助研究者在扎根理论的初始阶段以不同的思考方式更加深入地去理解和分析数据材料的意义[②]。因此，在开放式编码阶段采用"微分析"的编码方式，且在"微分析"过程中始终坚持"持续比较"的扎根理论原则，形成初始范畴。

（1）对某个案进行"微分析"

小阳是华东地区某一研究型大学的医学大三学生。该研究对象在本科阶段的成绩排名年级前10％、曾作为团队负责人带领团队参加某一全球大赛并获得金奖、现阶段已获得多项校级荣誉，且担任校学生会部门负责人。该个案符合研究案例选择中的多项标准，具备丰富的信息资源，因此以该个案为例进行"微分析"的详细描述。本书对该个案进行了65分钟的访谈，共获得12189

---

①郑雅倩.研究型大学本科生创新创业能力结构模型研究[D].厦门：厦门大学,2021.

②朱丽叶·M.科宾,安塞尔姆·L.施特劳斯.质性研究的基础：形成扎根理论的程序与方法[M].朱光明,译.重庆：重庆大学出版社,2019：63-65.

字的转录文稿。

首先,定义现象。

如表 4-4 所示,在该阶段,研究者主要针对转录文稿进行分析,并贴出标签,在标签上用"aa-SB1-001"("aa"表示"定义现象阶段","SB1"表示个案的身份代码,"001"表示标签的序号)的格式进行标注。

表 4-4 "微分析"阶段"定义现象"个案示例

序号	原句	现象
1	2018 年的时候,我和团队成员代表学校去美国参加国际大赛,当时是拿了全球金奖。这个项目是我作为主要负责人在进行的,是一个跨学科项目。项目前前后后花了快一年的时间,是和大家在一起做的一个项目,最后看到成果落地,又能得到国际级的肯定,所以特别有成就感。其实当时参加这个竞赛对我来说是一个很偶然的事情,但却又可以说是一个必然的事情。为什么我一个医科的学生,最后会去参加这样一个机器人设计大赛呢? 这与我的专业不是很符合呀! 其实,当时我得知有这一个高水平的比赛,我是没有特别地纠结自己的学科背景,我觉得别人可以开展跨学科学习,进行跨学科合作,那么我也一定可以。 另外,我自己本人也特别想要有这样一段经历,我觉得这对于我之后的学术发展是有所帮助的。	aa-SB1-001 参加跨学科活动 aa-SB1-002 对未来有清晰的认识 aa-SB1-003 对自我角色的认识 aa-SB1-004 偶然的事情 aa-SB1-005 得到能力的肯定 aa-SB1-006 认为别人可以,自己也可以 aa-SB1-007 想跨学科学习 aa-SB1-008 参赛经历对自身发展有利 aa-SB1-009 寻找志同道合的朋友 aa-SB1-010 开展头脑风暴 aa-SB1-011 团队讨论交流 aa-SB1-012 喜欢跨学科交流,所以就去参加跨学科活动 aa-SB1-013 有想法就去做
	有了这个想法之后,我就开始去组队,我本身其实也是喜欢跨学科交流的。所以就先找了一些志同道合的朋友。项目的研究方向是我们团队一起头脑风暴的,进行了大概两个月,大家讨论交流,一起决定研究的方向和内容……	

序号	原句	现象
2	我们团队全是本科生,所以在项目实施中的每个阶段其实都存在很多困难的。比如说,刚开始的头脑风暴阶段,我们是经过很长时间的讨论,每个人都在查资料、想办法,沟通交流、协调,一个主题一个主题地进行对比。包括后面即使方案确定下来了,我们在具体实施上也是出现了很多问题。因为我们的项目是要最终落地的,所以就必须需要做充分的市场调查。 我们是本科生,太年轻了,容易给人造成不信任感,所以做市场调查时会遇到很多阻力。我当时就带着我们团队,一家一家地跑厂家,一天不行就两天,两天不行就三天,三天不行就一个礼拜,就一直磨,磨到厂家愿意跟我们聊。后来就真的算是感动了厂家吧。在与厂家聊天的过程中,我虽然有点紧张,但是不会表现出来,要在表面上镇住他们嘛,不要露怯了。所以,在整个聊天交流的过程中,我至少是很大大方方很从容地回答他们的疑问,给厂家的感觉是比较专业的,以至于后面我们与厂家的联系沟通都算是比较顺畅的。 在整个项目运作的过程中,我们遇到了很多问题,也走了很多的弯路,团队经常在反思。其实,不是说我们只要解决这个问题就好,之所以不断在反思,是因为我们总在不断寻找解决问题的最有效方法。这是一种对现状的挑战吧,总是希望自己能够最好地完成任务……	aa-SB1-014 每个阶段都在经历困难 aa-SB1-015 不断查资料 aa-SB1-016 不断沟通协调 aa-SB1-017 确定调研目标 aa-SB1-018 带着团队跑市场 aa-SB1-019 磨厂家 aa-SB1-020 从容回应 aa-SB1-021 与厂家沟通顺畅 aa-SB1-022 经常反思 aa-SB1-023 寻找最有效解决问题的办法 aa-SB1-024 挑战现状 aa-SB1-025 抗挫折 aa-SB1-026 希望自己能够最好地完成任务

续表

序号	原句	现象
3	我觉得时间是挤出来的。我一般中午是会有午休的习惯,但我在很忙的时候中午就没有午休了。可能中午我就需要开学生工作会议,或者说中午我就需要去一趟实验室,或者说我中午就需要把今天的作业提前完成掉。我觉得就是一个时间规划的问题。可能很多工作会挤在一起,但要学会取舍……	aa-SB1-027 根据情况及时调整安排 aa-SB1-028 学会取舍
4	我后面又选修了经济学双学位。其实现在的专业发展趋势是一个多学科发展趋势。你学一门学科,不是说你在学一门毫不相干的学科,你可以用另一门学科的思维来帮助你现在的专业学习。当时我对经济学非常感兴趣,所以开始双学位学习。这一点在我参加创新创业大赛的时候感受特别明显。通过创新创业大赛参与过程中大家的协作,能够比较好地解决困难。所以说,单一学科现在已经解决不了现存社会的很多问题,我们或多或少都需要借助其他学科或其他专业同学的帮助……	aa-SB1-029 认识到多学科发展的趋势 aa-SB1-030 对经济学非常感兴趣 aa-SB1-031 选择经济学双学位学习 aa-SB1-032 用不同思维思考问题 aa-SB1-033 在参赛过程中大家互相帮助
5	……	……

其次,界定概念。

该阶段将对上阶段所得出"现象"进行概念化,即对"现象"与"现象"之间不断进行对比,使得代表同一类型、反映同一种行为或者呈现相关关系等具有共同类属的"现象"能够合并在一起,形成"概念"。在概念确定过程中,研究者不断比较概念之间的关系,以求能够得到一个更加合理的概念,为下一步的范畴化奠定基础。具体而言,对概念之间的关系进行了分析判断,主要遵循了以下三个原则:其一,两个"概念"在发生的背景、过程以及结果上具有相似的程度,可以合并为同一个概念;其二,一个"概念"可以包含另一个"概念",可以选择内涵较广的"概念";其三,"概念"与"概念"之间是否具有矛盾,如有矛盾则返回上一分析阶段查看原文。在该阶段，以"a-SB1-001"（"a"表示"界定概念阶段"，"SB1"表示案例的身份代码，"001"表示概念的序号）的格式对内容进行标注，并根据该概念所代表的涵义进行定义，例如"a-SB1-001 概念"。（见表 4-5）

表 4-5　"微分析"阶段"界定概念"个案示例

原句	现象	概念
2018 年的时候，我和团队成员代表学校去美国参加国际大赛，当时是拿了全球金奖。这个项目是我作为主要负责人在进行的，是一个跨学科项目。项目前前后后花了快一年的时间，是和大家在一起做的一个项目，最后看到成果落地，又能得到国际级的肯定，所以特别有成就感。其实当时参加这个竞赛对我来说是一个很偶然的事情，但却又可以说是一个必然的事情。为什么我一个医科的学生，最后会去参加这样一个机器人设计大赛呢？这与我的专业不是很符合呀！其实，当时我得知有这么一个高水平的比赛，我是没有特别地纠结自己的学科背景，我觉得别人可以开展跨学科学习，进行跨学科合作，那么我也一定可以。另外，我自己本人也特别想要有这样一段经历，我觉得这对于我之后的学术发展是有所帮助的。有了这个想法之后，我就开始去组队，我本身其实也是喜欢跨学科交流的。所以就先找了一些志同道合的朋友。项目的研究方向是我们团队一起头脑风暴的，进行了大概两个月，大家讨论交流，一起决定研究的方向和内容。	aa-SB1-001 参加跨学科活动 aa-SB1-002 对未来有清晰的认识 aa-SB1-003 对自我角色的认识 vaa-SB1-004 偶然的事情 aa-SB1-005 得到能力的肯定 aa-SB1-006 认为别人可以，自己也可以 aa-SB1-007 想跨学科学习 aa-SB1-008 参赛经历对自身发展有利 aa-SB1-009 寻找志同道合的朋友 aa-SB1-010 开展头脑风暴 aa-SB1-011 团队讨论交流 aa-SB1-012 喜欢跨学科交流，所以就去参加跨学科活动 aa-SB1-013 有想法就去做 aa-SB1-014 每个阶段都在经历困难 aa-SB1-015 不断查资料 aa-SB1-016 不断沟通协调	a-SB1-001 开拓未知领域 a-SB1-002 自我规划 a-SB1-003 自我肯定 a-SB1-004 他者肯定 a-SB1-005 判断外界变化 a-SB1-006 明晰自我发展目标 a-SB1-007 果断决定 a-SB1-008 组建团队 a-SB1-009 交流探讨 a-SB1-010 寻求最佳方案 a-SB1-011 了解社会需求 a-SB1-012 应对挑战 a-SB1-013 创造条件 a-SB1-014 跨界学习 a-SB1-015 主动承担任务 a-SB1-016 付诸实践 a-SB1-017 分解任务 a-SB1-018 团队合作 a-SB1-019 了解优势 a-SB1-020 了解劣势 a-SB1-021 识别资源 a-SB1-022 促进团结

续表

原句	现象	概念
…… 我们团队全是本科生,所以在项目实施中的每个阶段其实都存在很多困难的。比如说,刚开始的头脑风暴阶段,我们是经过很长时间的讨论,每个人都在查资料、想办法、沟通交流、协调,一个主题一个主题地进行对比。包括后面即使方案确定下来了,我们在具体实施上也是出现了很多问题。因为我们的项目是要最终落地的,所以就必须需要做充分的市场调查。 我们是本科生,太年轻了,容易给人造成不信任感,所以做市场调查时会遇到很多阻力。我当时就带着我们团队,一家一家地跑厂家,一天不行就两天,两天不行就三天,三天不行就一个礼拜,就一直磨,磨到厂家愿意跟我们聊。后来就真的算是感动了厂家吧。在与厂家聊天的过程中,我虽然有点紧张,但是不会表现出来,要在表面上镇住他们嘛,不要露怯了。所以,在整个聊天交流的过程中,我至少是很大大方方很从容地回答他们的疑问,给厂家的感觉是比较专业的,以至于后面我们与厂家的联系沟通都算是比较顺畅的。 在整个项目运作的过程中,我们遇到了很多问题,也走了很多的弯路,团队经常在反思。其实,不是说我们只要解决这个问题就好,之所以不断在反思,是因为我们总在不断寻找解决问题的最有效方法。这是一种对现状的挑战吧,总是希望自己能够最好地完成任务。 ……	aa-SB1-017 确定调研目标 aa-SB1-018 带着团队跑市场 aa-SB1-019 磨厂家 aa-SB1-020 从容回应 aa-SB1-021 与厂家沟通顺畅 aa-SB1-022 经常反思 aa-SB1-023 寻找最有效解决问题的办法 aa-SB1-024 挑战现状 aa-SB1-025 抗挫折 aa-SB1-026 希望自己能够最好地完成任务	

再次,命名初始范畴。

在该阶段,研究者将上阶段所得到的"概念"不断进行比较,进一步提炼和归类,形成范畴,并命名该初始范畴。随后,为了提升研究的效度,课题组其他成员加入,一起探讨,最终确定初始范畴的命名。

(2)多案例的持续比较

在本阶段,研究者不断开展理论抽样,将各个案例进行编码、概念以及范畴化,并"持续比较"各个案例,修正和丰富初始范畴,直至饱和。

第二步,主轴式编码阶段。

主轴式编码(axial coding)是指将初始范畴不断进行比较,再归类,从而形成更进一步提炼而成的范畴。在本阶段,为了更好地分析各个初始范畴之间的关系,课题组成员在开放式编码结束后,相隔一个月后再次阅读数据资料,理清概念的内涵,以及初始范畴形成的过程,进而重新整合初始概念,形成主范畴。

第三步,选择式编码阶段。

选择式编码(selective coding)阶段试图建构一个核心类属,该核心类属能够与初始范畴以及主范畴均建立起关系。在该阶段采用"写作故事提纲"[①]的方法,对已提炼而成的范畴进行不断比较,必要时回到文本资料中再次查看以激发思考,从而整理出一条"故事线",该故事线均能反映扎根而成的概念、范畴及其产生的条件,从而使得主范畴呈现"典型关系结构"[②],具备内在的逻辑关系。

经过上述步骤得到大学生创新创业能力结构模型,即大学生创新创业能力结构由"目标确定能力""行动筹划能力""果断决策能力""沟通合作能力""把握机遇能力""防范风险能力"以及"逆境奋起能力"所构成,这7个主范畴能够有效促进大学生创新创业行为。

如上步骤完成后,由主轴式编码追根溯源开放式编码阶段提炼出的"现象",据此分析与提炼中国大学生创新创业行为与态度表现,为量表题项编制提供参考依据。

二是参考已有成熟量表。本书根据各子能力的操作性定义改编了现有成

---

①朱丽叶·M.科宾,安塞尔姆·L.施特劳斯.质性研究的基础:形成扎根理论的程序与方法[M].朱光明,译.重庆:重庆大学出版社,2019:117,275-287.

②HAGE J. Techniques and problems of theory construction in sociology[J]. American journal of sociology,1976,79(6):34.

熟量表的部分题项,如核心自我评价量表(core self-evaluation scale,CSES)[①]、自尊量表(self-esteem scale,SES)[②]等。

由此,初步产生121个大学生创新创业能力测量题项。部分测量题目如表4-6所示。

表4-6　中国大学生创新创业能力量表题项编制(示例)

量表名称	维度	题目	来源
目标确定能力	自我认知	我了解自己的性格	改编自"大学生职业生涯规划能力问卷"[1]
		……	……
	自我认同	我认为自己是一个有价值的人	改编自"自尊量表"
		……	……
	评估形势	我对自己的未来有清晰的认知	根据田野调查资料而得
		……	……
	设置目标	做事情前我都要先明确自己的目标	根据田野调查资料而得
		……	……
行动筹划能力	制定规划	做事情前我都会做任务分解	根据田野调查资料而得
		……	……
	筹划资源	我能根据目标合理规划资源	根据田野调查资料而得
		……	……
	主动性	即使别人不主动,我也会迅速采取行动	改编自"大学生就业能力问卷"[2]
		……	……
果断决策能力	冒险精神	我喜欢承担有挑战性的任务	改编自"心理资本量表"[3]
		……	……
	大胆决策	我通常不会犹豫不决	根据田野调查资料而得
		……	……

---

①JUDGE T A，AMIR E，JOYCE E B，et al. The core self-evaluations scale: development of measure [J]. Personnel psychology,2003,56(2):303-331.

②许静.内隐自尊理论与实践:基于实证研究与心理健康教育[M].上海:上海大学出版社,2018:251-252.

量表名称	维度	题目	来源
沟通合作能力	沟通交往	在公共场合我能从容地发言	根据田野调查资料而得
		……	……
	团队合作	我注重与团队成员密切配合	改编自"合作与竞争人格倾向量表"[4]
		……	……
	解决冲突	我总是想办法促进大家团结	根据田野调查资料而得
		……	……
把握机遇能力	发现并评估机会	我擅长将问题转化为机会	改编自"主动性人格量表"[5]
		……	……
	忍受不确定性	我可以忍受不确定的状态	改编自"无法忍受不确定性量表"（the intolerance of uncertainty scale, IUS)[6]
		……	……
	创新行为	我经常尝试新的方法解决生活中出现的问题	改编自"员工创新行为量表"[7]
		……	……
防范风险能力	感知风险	我能及时发现可能存在的风险	根据田野调查资料而得
		……	……
	反思学习	我经常总结经验与教训	改编自"团队反思量表"[8]
		……	……
	风险管理	每次行动时,我都会选择最合适的时机	根据田野调查资料而得
		……	……
逆境奋起能力	乐观	我相信阳光总在风雨后	改编自"心理资本量表"[9]
		……	……
	希望	遭遇失败后,我会想到这未必都是坏事	根据田野调查资料而得
		……	……

续表

量表名称	维度	题目	来源
逆境奋起能力	韧性	为了实现目标,我可以长期坚持不懈	根据田野调查资料而得
		……	……

资料来源:

[1]龚开国,顾雪英.大学生职业生涯规划能力问卷的编制[J].心理学探新,2010,30(1):78-84.

[2]高艳.基于心理资本的大学生就业能力:结构、测量和干预[M].武汉:武汉大学出版社,2017:121.

[3]柯江林,孙健敏,李永瑞.心理资本:本土量表的开发及中西比较[J].心理学报,2009,41(9):875-888.

[4]谢晓非,余媛媛,陈曦,等.合作与竞争人格倾向测量[J].心理学报,2006(1):116-125.

[5]张振刚,余传鹏,李云健.主动性人格、知识分享与员工创新行为关系研究[J].管理评论,2016,28(4):123-133.

[6]YANG Z H. Psychometric properties of the Intolerance of Uncertainty Scale (IUS) in a Chinese-speaking population[J]. Behavioural and cognitive psychotherapy,2014,41(4):500-504.

[7]张振刚,余传鹏,李云健.主动性人格、知识分享与员工创新行为关系研究[J].管理评论,2016,28(4):123-133.

[8]张文勤,刘云.研发团队反思的结构检验及其对团队效能与效率的影响[J].南开管理评论,2011,14(3):26-33.

[9]弗雷德·路桑斯,等.心理资本:打造人的竞争优势[M].李超平,译.北京:中国轻工业出版社,2008:221-222.

2. 筛选测量题项

对照大学生创新创业能力各级维度定义,将初步拟定的 121 个测量题项分别归入相应维度中。为了检验测量题项与能力维度的吻合度,邀请了 6 位专家学者(3 名教育心理学、教育测量与评价领域研究专家;3 名高等教育学的专家学者)评价内容效度(见附录二)。

内容效度评价表设置了 1~4 分的评分等级,1 为"不相关"、2 为"弱相关"、3 为"较强相关"、4 为"非常相关",测定各题项内容效度(item-level content validity index,I-CVI)和量表内容效度(scale-level content validity index,S-CVI)[1][2]。评分结果显示：共有 110 个题项的 I-CVI 高于 0.78，说明这些题项得到了专家的认可；均被评为"3"或"4"的题项共有 105 个，故量表全体一致性 S-CVI 达到 0.87；根据 I-CVI 均值计算平均 S-CVI 结果为 0.92，说明量表的内容效度较好。

综合考虑后，删除了 I-CVI 低于 0.78 的 11 个题项以提高 S-CVI 值，最大程度上保证了量表的内容效度。

3. 形成初始量表

为确保量表能够正确理解，邀请 30 位来自不同院校、学科、年级的大学生对量表题项进行逐项评价。整理分析大学生的意见和建议，从 110 个测量题项中删除了表达含糊以及意思相近的题项共 7 个，保留下来 103 个题项，由此形成了大学生创新创业能力初始量表（见附录三）。目标确定能力、行动筹划能力、果断决策能力、沟通合作能力、把握机遇能力、防范风险能力、逆境奋起能力 7 个分量表的题目数目分别为：19、14、12、14、16、12、16。量表采用李克特五级记分法计分，1 为"非常不同意"，2 为"不同意"，3 为"不确定"，4 为"同意"，5 为"非常同意"。自评均分越高，表示创新创业能力越强。

三、大学生创新创业能力结构模型检验的数据特征

（一）大学生创新创业能力结构模型实证检验的数据来源及处理

为从大样本上检验大学生创新创业能力初始量表（见附录三）的有效性，并验证大学生创新创业能力结构模型的科学性，按照四类高校，即原"985"高校、原"211"高校、地方本科高校、高职高专院校，同时考虑学科、年级等，对大学生进行抽样。调查面向兰州大学、厦门大学、福州大学、郑州大学、温州职业技术学院、浙江万里学院、绍兴文理学院、黎明职业大学、河北大学工商学院等十余所高校发放 2000 份问卷。

我们对回收样本进行了数据清洗工作：首先，删除按规律作答及缺失率在 30% 以上的样本，数据缺失较少的采用系统均值法进行填补；其次，将有效样本 1811 份数据随机分成两个数据库，采用 SPSS 21.0 对数据库一（$N=904$）

---

①史静琤，莫显昆，孙振球.量表编制中内容效度指数的应用[J].中南大学学报（医学版），2012,37（2）：49-52.

②YUSOFF M S B. ABC of content validation and content validity index calculation[J]. Education in medicine journal，2019,11（2）：49-54.

进行项目分析和探索性因素分析;最后,采用 AMOS 22.0 对数据库二($N=$ 907)进行验证性因素分析,并检验量表信度。

(二)大学生创新创业能力结构模型实证检验的样本特征

该调查共回收 1811 份有效问卷,有效回收率达 90.55%。其中,一流大学建设高校[①]占 36.39%,一流学科建设高校占 27.94%,其他普通地方本科高校占 27.88%,高职高专院校占 7.79%;男生占 40.03%,女生占 59.97%;大一学生占 43.62%,大二学生占 23.91%,大三及以上学生占 32.47%。

(三)大学生创新创业能力结构模型的项目分析

采用两种方法进行项目分析以考察量表题项对于不同被试创新创业能力的鉴别度和区分度。其一,采用极端组比较法。我们将不同个案的题项总分进行高低排序,取前 27% 为高分组,取后 27% 为低分组,采用独立样本 T 检验比较两组的差异。结果显示,所有题项均达到显著性水平($p<0.001$),表明量表题目鉴别力较高,无须删减。其二,采用题总相关法。将不同题项与分量表总分进行相关分析。结果表明,不同题项与分量表总分的相关系数均达到显著性水平($p<0.001$),且相关系数在 0.40~0.79 之间,题项无须删除。项目分析结果表明,各分量表中的题项具有较好的区分度。

第二节　大学生创新创业能力结构模型分析

一、大学生创新创业能力各分量表的探索性分析

如前所述,大学生创新创业能力初始量表由目标确定能力、行动筹划能力、果断决策能力、沟通合作能力、把握机遇能力、防范风险能力、逆境奋起能力 7 个分量表所构成,根据大学生创新创业能力的概念界定和能力结构,利用数据库一($N=904$)分别对其进行探索性因素分析(exploratory factor analysis,EFA)。分析方法为主成分分析法(principal components analysis,

---

①本研究中"一流大学建设高校"与"一流学科建设高校"的划分标准参照第一轮"双一流"建设高校及建设学科名单。

PCA),提供共同因素,得到初始因素负荷矩阵,之后使用最大方差法进行旋转,以特征值大于1为标准初步确定因子数量,最后结合已有的理论基础,确定因子数目。题项删除依据为:在任何一个因子上载荷都小于0.4;在多个因子上载荷大于0.4;与维度的操作性定义不符。采取每次只删除一个题项,进行逐步多次探索的方式,最终探索出稳定的分量表因子结构。

（一）目标确定能力分量表的探索性分析

因素分析具有前提条件,即需要测量各因素背后是否存在潜在的相关性。一般用KMO量数(Kaiser-Meyer-Olkin measure of sampling adequacy,KMO)和Bartlett球形检验进行判断。判断标准如下:当KMO值大于0.9认为十分适合进行因素分析,即可以提取共同的概念;若小于0.5则不可进行因素分析。[1] 当Bartlett球形检验的 p 值小于0.05,该数据呈现球形分布,说明各个变量在一定程度上存在相互独立,可以用于因素分析提取因子。[2]

经过分析,目标确定能力分量表的KMO值为0.942,Bartlett球形检验结果显著($\chi^2 = 8027.610$, df $= 171$, $p < 0.001$),说明该量表适合进行因素分析。原始分量表一为19个题项,按照上述因子分析步骤和原则,经过3次因子分析后,共删除2个题项,最终提取4个公因子,4个因子的累计方差解释率为62.91%。表4-7呈现了具体的分析结果,结合探索性因子分析后各题项分布情况以及三级能力维度的内涵,将因子一命名为"自我认知",因子二命名为"自我认同",因子三命名为"评估形势",因子四命名为"设置目标"。

"自我认知"是指一个人对自己的性格、兴趣和优势有清晰的认知;"自我认同"是指一个人对自己能力和存在价值的肯定;"评估形势"是指一个人对自己所处的环境态势能够做出准确的把握;"设置目标"是指一个人知道自己在合适的时间内该追求什么。如上可知,目标确定不是简单的制定目标,而是一个人能够正确地认识自身价值、优势,并对外界环境有科学判断,进而明确下一步目标的过程。这就意味着,个体必须能够自我肯定、自我认知,同时能够准确把握所处环境,明确自己应该追求什么。

综上所述,目标确定能力分量表由"自我认知""自我认同""评估形势""设

---

①邱皓政.量化研究与统计分析:SPSS(PASW)数据分析范例解析[M].重庆:重庆大学出版社,2013:337.

②简小珠,戴步云.SPSS 23.0统计分析:在心理学与教育学中的应用[M].北京:北京师范大学出版社,2017:319.

置目标"4 个因子共 17 个题项构成.

表 4-7　目标确定能力量表因子分析表($N=904$)

题目	自我认知	自我认同	评估形势	设置目标
A1	0.788			
A2	0.776			
A4	0.680			
A5	0.614			
A7		0.797		
A3		0.719		
A8		0.704		
A6		0.579		
A11			0.713	
A13			0.704	
A12			0.693	
A14			0.652	
A15			0.615	
A16				0.759
A17				0.715
A18				0.648
A19				0.512

(二)行动筹划能力分量表的探索性分析

经检验,行动筹划能力量表的 KMO 值为 0.942,Bartlett 球形检验结果显著($\chi^2=6848.334$,df$=91$,$p<0.001$),说明量表适合进行因素分析。原始分量表二共有 14 个题项,按照上述因子分析步骤和原则,经过 2 次因子分析后,共删除 1 个题项,最终提取 2 个公因子,2 个因子的累计方差解释率为 60.31%。表 4-8 呈现了具体的分析结果,结合能力维度的定义以及各题项含义,对聚合出的公因子进行潜变量命名,其中因子一命名为"制定规划",因子二命名为"主动行为"。

"制定规划"是指一个人对自己应做的事项能够进行通盘考虑。"主动行为"是指一个人能够不为环境所限制,积极筹划实现目标所需要的资源,换言之,个体能够积极地把想法付诸行动,甚至是能够创造环境以保障行动的实施。创新创业人才在制定目标后,应该能够有效地规划自己的行动,即需要行动筹划能力。"谋定而后动,知止而有得"固然强调了"谋",即规划能力,但是它也强调了"动",即行动能力。可见,"制定规划"是在想,"主动行为"是已经在做,想与做应该是紧密结合的。若只空想而不通过筹划资源、积极行动,想法再完美也不可能实现,也只能是异想天开、临渊羡鱼。盲目行动而不规划具体的行动步骤,只能是事倍功半,欲速则不达。

综上所述,行动筹划能力分量表由"制定规划""主动行为"2个因子共13个题项构成。

表 4-8　行动筹划能力量表因子分析表($N=904$)

题目	制定规划	主动行为
B3	0.821	
B2	0.804	
B1	0.804	
B4	0.742	
B5	0.624	
B14		0.785
B9		0.749
B13		0.747
B12		0.722
B7		0.676
B8		0.675
B10		0.626
B11		0.557

(三)果断决策能力分量表的探索性分析

经检验,果断决策能力分量表的 KMO 值为 0.919,Bartlett 球形检验结果显著($\chi^2=5073.372$,df$=66$,$p<0.001$),说明量表适合进行因素分析。原始分量表三共有 12 个题项,按照上述因子分析步骤和原则,经过 1 次因子分

析后,无须删除题项,最终提取 2 个公因子,2 个因子的累计方差解释率为 58.84%。表 4-9 呈现了具体的分析结果,结合能力维度的定义以及各题项含义,对聚合出的公因子进行潜变量命名,其中因子一命名为"冒险精神",因子二命名为"大胆决策"。

"冒险精神"指一个人在没有十足把握的前提下仍然敢于采取行动。冒险并不是说成为赌徒,而是建立在格局、视野和远见之上的理性算计。"大胆决策"指一个人善于在冲突的选择中做出最符合自己意愿的决定。创新创业的人应该是一个能够决断且有魄力的人,这类人敢于挑战风险,在重大事情上坚定决策,这就需要有冒险精神和大胆决策。人生本来就处处充满了挑战,只有敢于冒险、大胆尝试的人,才能活出独特与精彩。一味谨小慎微、安于现状只能是江河日下,而非如日初升。

综上所述,果断决策能力分量表由"冒险精神""大胆决策"2 个因子共 12 个题项构成。

表 4-9　果断决策能力量表因子分析表($N=904$)

题目	冒险精神	大胆决策
C4	0.823	
C6	0.813	
C1	0.785	
C2	0.784	
C3	0.728	
C5	0.713	
C12		0.719
C11		0.694
C9		0.686
C7		0.670
C8		0.668
C10		0.551

(四)沟通合作能力分量表的探索性分析

经检验,沟通合作能力分量表的 KMO 值为 0.913,Bartlett 球形检验结果显著($\chi^2 = 6660.037$,df$=91$,$p < 0.001$),说明量表适合进行因素分析。原始分量表四共有 14 个题项,按照上述因子分析步骤和原则,经过 1 次因子分析后,无须删除题项,最终提取 2 个公因子,2 个因子的累计方差解释率为 58.82%。表 4-10 呈现了具体的分析结果,结合能力维度的定义以及各题项含义,本书对聚合出的公因子进行潜变量命名,其中因子一命名为"沟通交往",因子二命名为"团队合作"。

"沟通交往"指一个人有效地表达自己意见并获取他人意见的能力。沟通不仅意味着表达,而且意味着倾听。"团队合作"指一个人乐意与他人共事,善于与他人共同解决问题,并能够协调不同人的意见分歧,最大限度发挥团队的力量。合作不是简单的配合与妥协,而是主动领导与协作,是敢于担当、主动作为,这也就体现了一个人的领导才能和人格魅力。

综上所述,沟通合作能力分量表由"沟通交往""团队合作"2 个因子共 14 个题项构成。

表 4-10 沟通合作能力量表因子分析表($N = 904$)

题目	沟通交往	团队合作
D2	0.833	
D1	0.818	
D3	0.786	
D5	0.722	
D4	0.668	
D9		0.784
D8		0.739
D10		0.730
D13		0.730
D11		0.715
D12		0.693
D14		0.662
D6		0.609
D7		0.598

（五）把握机遇能力分量表的探索性分析

经检验，KMO 值为 0.941，Bartlett 球形检验结果显著（$\chi^2 = 8481.365$，df＝120，$p < 0.001$），说明量表适合进行因素分析。原始分量表五共有 16 个题项，按照上述因子分析步骤和原则，经过 2 次因子分析后，共删除 1 个题项，最终提取 3 个公因子，3 个因子的累计方差解释率为 67.51％。表 4-11 呈现了具体的分析结果，结合能力维度的定义以及各题项含义，其中因子一命名为"发现并评估机会"，因子二命名为"忍受不确定性"，因子三命名为"创新行为"。

"发现并评估机会"指一个人善于发现事物的有利方面并把它变成现实的能力。"忍受不确定性"指一个人能够对事物发展不明晰状态保持平和的心态。"创新行为"指一个人善于从新角度思考问题并采取行动的能力。把握机遇能够事半功倍，所以一个人必须善于发现并把握机会，将机会转变为现实，这就成为机遇。但机会并不是从天而降的，而是对不确定事物抱有开放包容的心态，进行审慎地思考与明察秋毫的判断后，找到的新方向。一般而言，对于企业家来说，他们处理不确定性的能力是至关重要的，因为他们经常能够从许多不熟悉的领域获得新信息，甚至有时是利用相互冲突的信息来做决定。[1]

综上所述，把握机遇能力分量表由"发现并评估机会""忍受不确定性""创新行为"3 个因子共 15 个题项构成。

表 4-11　把握机遇能力量表因子分析表（$N = 904$）

题目	发现并评估机会	忍受不确定性	创新行为
E3	0.781		
E2	0.780		
E1	0.762		
E4	0.761		
E9		0.791	
E5		0.765	

①TAATILA V. Learning entrepreneurship in higher education［J］. Journal of education and training，2010，52(1)：48-61.

题目	发现并评估机会	忍受不确定性	创新行为
E7		0.765	
E8		0.762	
E10		0.649	
E11			0.770
E13			0.743
E12			0.732
E14			0.726
E15			0.718
E16			0.710

（六）防范风险能力分量表的探索性分析

经检验，防范风险能力分量表的 KMO 值为 0.924，Bartlett 球形检验结果显著（$\chi^2 = 5767.848$，df=66，$p < 0.001$），说明量表适合进行因素分析。原始分量表六共有 12 个题项，按照上述因子分析步骤和原则，经过 3 次因子分析后，共删除 2 个题项，最终提取 2 个公因子，2 个因子的累计方差解释率为 64.49%。表 4-12 呈现了具体的分析结果，结合能力维度的定义以及各题项含义，对聚合出的公因子进行潜变量命名，将因子一命名为"反思学习"，因子二命名为"风险管理"。

"反思学习"指一个人善于反思自身及外在事物，及时发现自己不足并加以弥补，发现事物不良苗头并采取紧急措施的能力。"风险管理"是指一个人具有风险意识，善于从不利角度思考问题以防患于未然，并在风险发生时采取合理对策的能力。创新创业不是一种确定的存在状态，而是一种模糊的未知状态，是有着巨大风险的。虽然风险未知，但并非完全不可控，保持时时反思与警醒，提前做好风险的预警机制与处置预案，可以防患于未然且有效应对风险。

综上所述，防范风险能力分量表由"反思学习""风险管理"2 个因子共 10 个题项构成。

表4-12　防范风险能力量表因子分析表（$N=904$）

题目	反思学习	风险管理
F9	0.828	
F7	0.797	
F8	0.775	
F6	0.773	
F11	0.680	
F2		0.770
F3		0.760
F4		0.753
F1		0.721
F5		0.646

（七）逆境奋起能力分量表的探索性分析

经检验，逆境奋起能力分量表的 KMO 值为 0.943，Bartlett 球形检验结果显著（$\chi^2=8289.586$，$df=120$，$p<0.001$），说明该量表适合进行因素分析。原始分量表七共有 16 个题项，按照上述因子分析步骤和原则，经过 5 次因子分析后，共删除 4 个题项，最终提取 2 个公因子，2 个因子的累计方差解释率为 60.53%。表4-13 呈现了具体的分析结果，结合能力维度的定义以及各题项含义，本书对聚合出的公因子进行潜变量命名，其中因子一命名为"乐观"，因子二命名为"韧性"。

逆境奋起能力是任何人走向成功的重要心理资本，不仅包括豁然乐观的心态，而且包括在遭遇挫折失败后仍然继续前进的韧性。"乐观"指一个人对自我和事物经常持积极肯定的态度。"韧性"指一个人不惧怕挫折并在挫折中成长的能力。可见，创新创业不可能是一帆风顺的，个体在面对挫折与失败时，能够乐观面对，并百折不挠积极采取行动破解困境，才能够向成功更进一步。

综上所述，逆境奋起能力分量表由"乐观""韧性"2 个因子共 12 个题项构成。

表 4-13　逆境奋起能力量表因子分析表（N＝904）

题目	乐观	韧性
G2	0.822	
G3	0.811	
G1	0.777	
G4	0.667	
G5	0.551	
G7	0.543	
G9		0.777
G12		0.772
G11		0.770
G14		0.732
G15		0.724
G8		0.668

综上可知，经探索性因子分析后，大学生创新创业能力量表题项为 93 个。其中，目标确定能力分量表由"自我认知""自我认同""评估形势""设置目标"4 个因子共 17 个题项构成；行动筹划能力分量表由"制定规划""主动行为"2 个因子共 13 个题项构成；果断决策能力分量表由"冒险精神""大胆决策"2 个因子共 12 个题项构成；沟通合作能力分量表由"沟通交往""团队合作"2 个因子共 14 个题项构成；把握机遇能力分量表由"发现并评估机会""忍受不确定性""创新行为"3 个因子共 15 个题项构成；防范风险能力分量表由"反思学习""风险管理"2 个因子共 10 个题项构成；逆境奋起能力分量表由"乐观""韧性"2 个因子共 12 个题项构成。

二、大学生创新创业能力各分量表的验证性分析

在探索性分析阶段，基本确定了大学生创新创业能力量表的题项 93 个，但关于 7 个能力维度在测量学检验指标上究竟能否真正构成大学生创新创业能力结构模型仍有待检验。与探索性分析不同的是，验证性分析是以特定的理论架构作为基础，通过数据分析的方式对理论架构进行计量性检验。因此，可以认为验证性分析具有理论检验与验证的功能，如此就适合用验证性分析

检验大学生创新创业能力结构模型的科学性。

需要指出的是：其一，大学生创新创业能力各分量表的验证性分析利用数据库二（$N=907$）进行拟合度检验，每个分量表的各个潜变量间设定为两两相关，观测变量的残差之间设定为相互独立。其二，卡方分布（Chi-Square Distribution）容易受样本数量的影响，存在不稳定性。当数据样本量较大时，卡方检验通常会失效。[①] 在下述具体分析中仍会报告卡方检验结果，但考虑卡方检验具有不稳定性，因此研究主要根据其他拟合指标进一步判断模型是否合适。其三，根据逐步修正的原则，行动筹划能力分量表、沟通合作能力分量表、防范风险能力分量表以及逆境奋起能力分量表的少数观测变量的残差间存在一定协相关，根据修正指数（Modification Indices，MI）对其进行修正后，所有分量表的拟合指数都很理想。

（一）目标确定能力分量表的验证性分析

经验证性分析后，大学生目标确定能力量表中各题项的标准化因子载荷介于 $0.50\sim0.78$，达到因素载荷量数值 0.5 以上的良好水平标准。并且，所有题项的因子载荷显著性检验小于 0.001，达到显著性水平，说明该能力量表具备良好的内部质量，能够有效地反映目标确定能力。

该量表卡方分布 χ^2 为 616.404，自由度 df 为 113，卡方自由度比 χ^2/df 为 5.455。对拟合效果进行分析[②]，如表 4-14 所示，该量表在绝对适配指标（absolute fit indices）中的近似均方根误差值（root mean square error of approximation，RMSEA）、适配度指数（goodness-of-fit index，GFI）；增值适配指标（incremental fit measurement）中的规准适配指数（normal fit index，NFI）、增值适配指数（incremental fit index，IFI）与比较适配指数（comparative fit index，CFI）都符合模型适配判断标准。因此，可判断该量表的整体适配性获得支持。

综上所述，目标确定能力分量表具有良好的内部质量和结构效度，"自我认知""自我认同""评估形势""设置目标"四个因子之间具有相关性，且能够有效反映"目标确定能力"。

---

①吴明隆.结构方程模型：AMOS 的操作与应用[M].重庆：重庆大学出版社，2010：41-43.

②吴明隆.结构方程模型：AMOS 的操作与应用[M].重庆：重庆大学出版社，2010：236-237.

表 4-14　目标确定能力量表验证性因素分析拟合结果（$N = 907$）

统计检验类型	拟合指标	适配的标准或临界值	检验数据结果	模型适配判断
绝对适配度指数	RMSEA 值	<0.08（若<0.05 优良； <0.08 良好）	0.070	是
	GFI 值	>0.90 以上	0.926	是
增值适配度指数	NFI 值	>0.90 以上	0.910	是
	IFI 值	>0.90 以上	0.925	是
	CFI 值	>0.90 以上	0.925	是

（二）行动筹划能力分量表的验证性分析

行动筹划能力分量表的 χ^2 为 447.744，df 为 63，χ^2/df 为 7.107。如表 4-15 所示，行动筹划能力分量表虽然在 RMSEA 指数上的适配度相对较差，但在 0.08 附近，基本可以接受。检验结果表示，GFI 值、NFI 值、IFI 值以及 CFI 值都符合模型适配度标准；且各题项的标准化因子载荷介于 0.51～0.84 之间，各题项的显著性检验达到显著性水平（$p < 0.001$），表明行动筹划能力分量表的因素载荷量达到分析标准，各题项质量良好。综合考虑，认为行动筹划能力量表中各因子可以有效反映所属概念。

综合上述分析，行动筹划能力中的因子"制定规划"与"主动行为"之间具有一定的相关性，且这两个因子能够构成"行动筹划能力"。

表 4-15　行动筹划能力量表验证性因素分析拟合结果（$N = 907$）

统计检验类型	拟合指标	适配的标准或临界值	检验数据结果	模型适配判断
绝对适配度指数	RMSEA 值	<0.08（若<0.05 优良； <0.08 良好）	0.082	基本符合
	GFI 值	>0.90 以上	0.928	是
增值适配度指数	NFI 值	>0.90 以上	0.924	是
	IFI 值	>0.90 以上	0.934	是
	CFI 值	>0.90 以上	0.934	是

（三）果断决策能力分量表的验证性分析

如表 4-16 所示，果断决策能力分量表各项检验指标符合拟合判断标准，

且拟合度总体较佳。在因素载荷量方面,果断决策能力分量表中各题项的标准化因子载荷介于 $0.50\sim0.81$,各因素载荷量均大于 0.5,说明该因素能够有效地反映所属概念;此外,显著性检验结果表明,所有题项的因子载荷都是显著的。因此,果断决策能力量表的因素载荷量达到分析标准,各题项质量良好。此外,果断决策能力分量表的 χ^2 为 251.257,df 为 53,χ^2/df 为 4.741。

如上所述,果断决策能力分量表从因素载荷量、拟合度等方面均足以达到相关的检验标准。所以,该量表可以用于后续研究。

表 4-16　果断决策能力量表验证性因素分析拟合结果($N = 907$)

统计检验类型	拟合指标	适配的标准或临界值	检验数据结果	模型适配判断
绝对适配度指数	RMSEA 值	<0.08(若<0.05 优良;<0.08 良好)	0.064	是
	GFI 值	>0.90 以上	0.956	是
增值适配度指数	NFI 值	>0.90 以上	0.953	是
	IFI 值	>0.90 以上	0.962	是
	CFI 值	>0.90 以上	0.962	是

(四)沟通合作能力分量表的验证性分析

经检验,沟通合作能力分量表的 χ^2 为 517.065,df 为 74,χ^2/df 为 6.987。根据验证性分析测量指标,如表 4-17 所示,沟通合作能力量表绝对拟合指标中的 RMSEA 值为 0.081,拟合度一般,但基本可以接受;GFI 值为 0.922,拟合度较好。增值适配度指数中的 NFI 值为 0.922,拟合度较好;IFI 值为 0.932,拟合度较好;CFI 值为 0.932,拟合度较好。从题项载荷量而言,沟通合作能力各题项的标准化因子载荷介于 $0.63\sim0.79$ 之间,且所有题项的因子载荷都是显著的($p<0.001$)。结合上述指标对该量表的拟合度进行判断,认为该测量模型具有良好的拟合度。

如上所述,沟通合作能力分量表从因素载荷量、拟合度等方面均足以达到相关的检验标准。所以,该量表可以用于后续研究,且揭示出沟通合作能力中的因子"沟通交往"以及"团队合作"之间具有一定的相关性,这两个因子能够有效反映"沟通合作能力"。

表 4-17　沟通合作能力量表验证性因素分析拟合结果($N = 907$)

统计检验类型	拟合指标	适配的标准或临界值	检验数据结果	模型适配判断
绝对适配度指数	RMSEA 值	<0.08(若<0.05 优良；<0.08 良好)	0.081	基本符合
	GFI 值	>0.90 以上	0.922	是
增值适配度指数	NFI 值	>0.90 以上	0.922	是
	IFI 值	>0.90 以上	0.932	是
	CFI 值	>0.90 以上	0.932	是

(五)把握机遇能力分量表的验证性分析

经检验,把握机遇能力分量表的 χ^2 为 314.691,df 为 87,χ^2/df 为 3.617。该量表各题项的标准化因子载荷介于 0.65~0.87,且所有题项的因子载荷都是显著的($p < 0.001$)。如表 4-18 所示,检验结果指出,把握机遇能力分量表在绝对适配度指数中的 RMSEA 值为 0.054,拟合度检验结果较好;GFI 值为 0.954,拟合度检验结果较好;在增值适配度指数中的 NFI 值为 0.961,IFI 值为 0.971,CFI 值为 0.971,可见各项指标均达到拟合度检验标准。

综上所述,把握机遇能力分量表在验证性分析检验上呈现出良好的检验结果,表明"发现并评估机会""忍受不确定性""创新行为"能够较好地构成"把握机遇能力"结构。

表 4-18　把握机遇能力量表验证性因素分析拟合结果($N = 907$)

统计检验类型	拟合指标	适配的标准或临界值	检验数据结果	模型适配判断
绝对适配度指数	RMSEA 值	<0.08(若<0.05 优良；<0.08 良好)	0.054	是
	GFI 值	>0.90 以上	0.954	是
增值适配度指数	NFI 值	>0.90 以上	0.961	是
	IFI 值	>0.90 以上	0.971	是
	CFI 值	>0.90 以上	0.971	是

(六)防范风险能力分量表的验证性分析

如表 4-19 所示,防范风险能力分量表的绝对适配度与增值适配度的各项

拟合指标均符合拟合判断标准,且拟合度总体较佳。在因素载荷量方面,防范风险能力分量表中各题项的标准化因子载荷介于 0.64～0.86,各因素载荷量均大于 0.5,说明该因素能够有效地反映所属概念;此外,显著性检验结果表明,所有题项的因子载荷都是显著的($p < 0.001$)。因此,防范风险能力分量表的因素载荷量达到分析标准,各题项质量良好。此外,经检验,防范风险能力分量表 χ^2 为 237.852,df 为 42,χ^2/df 为 5.663。

总而言之,防范风险能力分量表从因素载荷量、拟合度等方面均足以达到相关的检验标准,进而表明该量表可以用于后续研究,且由此也可以揭示出防范风险能力中的因子"反思学习"以及"风险管理"之间具有中高度相关性,两者均能够被"防范风险能力"概念所涵盖。

表 4-19　防范风险能力量表验证性因素分析拟合结果($N = 907$)

统计检验类型	拟合指标	适配的标准或临界值	检验数据结果	模型适配判断
绝对适配度指数	RMSEA 值	<0.08(若<0.05 优良;<0.08 良好)	0.072	是
	GFI 值	>0.90 以上	0.954	是
增值适配度指数	NFI 值	>0.90 以上	0.953	是
	IFI 值	>0.90 以上	0.961	是
	CFI 值	>0.90 以上	0.961	是

(七)逆境奋起能力分量表的验证性分析

经检验,逆境奋起能力分量表的 χ^2 为 283.941,df 为 51,χ^2/df 为 5.567。在因素载荷量方面,各题项的标准化因子载荷介于 0.57～0.86 之间,各因素载荷量均大于 0.5,且所有题项的因子载荷都是显著的($p < 0.001$)。如表 4-20 所示,该量表在拟合度检验上也呈现出良好的检验结果。

由此可见,"乐观"和"韧性"能够科学有效地反映"逆境奋起能力"。

表 4-20　逆境奋起能力量表验证性因素分析拟合结果($N = 907$)

统计检验类型	拟合指标	适配的标准或临界值	检验数据结果	模型适配判断
绝对适配度指数	RMSEA 值	<0.08(若<0.05 优良;<0.08 良好)	0.071	是
	GFI 值	>0.90 以上	0.951	是

统计检验类型	拟合指标	适配的标准或临界值	检验数据结果	模型适配判断
	NFI 值	＞0.90 以上	0.951	是
增值适配度指数	IFI 值	＞0.90 以上	0.959	是
	CFI 值	＞0.90 以上	0.959	是

三、大学生创新创业能力结构模型的最终形成

为考察 7 个分量表能否形成一个结构效度良好的大学生创新创业能力评测工具，以 7 个分量表总分为观测变量，以总量表为潜变量，进行验证性因素分析。检验结果表明，总量表的 RMSEA 值为 0.069＜0.08、GFI 值为 0.981＞0.90、NFI 值为 0.987＞0.90、IFI 值为 0.990＞0.90、CFI 值为 0.990＞0.90。大学生创新创业能力量表的 χ^2 为 59.117，df 为 11，χ^2/df 为 5.374。

采用数据库二中的数据进行信度检验，数据分析结果显示，7 个分量表 Cronbach's α 系数均在 0.894～0.922 之间，大学生创新创业能力总量表的 Cronbach's α 系数为 0.978，表明 7 个分量表和总量表的信度良好，符合心理测量学要求。

由此可知，大学生创新创业 7 项能力对大学生个体成长具有基本同等的重要性，大学生创新创业能力结构模型拟合良好，可以将其作为最终模型。具体而言：其一，大学生创新创业能力结构模型基本成立，其由目标确定能力（"自我认知""自我认同""评估形势""设置目标"）、行动筹划能力（"制定规划""主动行为"）、果断决策能力（"冒险精神""大胆决策"）、沟通合作能力（"沟通交往""团队合作"）、把握机遇能力（"发现并评估机会""忍受不确定性""创新行为"）、防范风险能力（"反思学习""风险管理"）以及逆境奋起能力（"乐观""韧性"）7 个能力构成。其二，经过上述实证分析，确证大学生创新创业能力终版量表由 7 个分量表构成，包括 17 个三级能力维度，共 93 个题项（见附录四）。该量表具有良好的信效度，可用于测量大学生创新创业能力发展水平。结合大学生创新创业能力结构模型，通过挖掘大学生创新创业行为特征，并进行探索性因子分析和验证性因子分析等测量学研究，最终研制出中国大学生创新创业能力量表。

为进一步确定量表中各项指标的权重，采用主观赋权法和客观赋权法相

结合的组合权重法对指标权重进行了探究。在主观赋权法方面采用了层次分析法对13名教育学专家的评分表(见附录五)结果进行统计分析。层次分析结果表明目标确定能力、行动筹划能力、果断决策能力、沟通合作能力、把握机遇能力、防范风险能力、逆境奋起能力的权重依次为0.106、0.093、0.123、0.100、0.220、0.129和0.228。在客观赋权法方面采用了熵权法(entropy method)对第五章中获取的6028份学生测量数据结果进行统计分析。熵权法分析结果表明目标确定能力、行动筹划能力、果断决策能力、沟通合作能力、把握机遇能力、防范风险能力、逆境奋起能力的权重依次为0.127、0.144、0.172、0.123、0.157、0.126和0.150。假设两种赋权方法具有相同的重要性,故在组合权重时直接取两种赋权结果的平均值,分析结果表明目标确定能力、行动筹划能力、果断决策能力、沟通合作能力、把握机遇能力、防范风险能力、逆境奋起能力的权重依次为0.117、0.118、0.148、0.112、0.189、0.128和0.189。对各项间权重进行比较,发现各项权重相对较为均匀,均在0.143附近,故对7项能力赋予同等程度的权重系数。

在大学生创新创业能力结构模型基本构建完成后,对研究伦理与研究限制进行了反思。研究伦理(research ethics)帮助与指导研究者在研究过程中能够避免价值冲突,开展合乎伦理的研究,在研究中国大学生创新创业能力结构模型时,通过以下方式遵循伦理规则:第一,严格遵守研究材料的保密性原则。在量化研究部分开展匿名化问卷搜集,在质性研究部分制定严格的保密举措,确保研究对象的学校信息以及个人身份信息等不为其他人所知,相关研究材料进行合理保存,避免遗失。第二,给予研究对象充分的自由。研究过程充分给予研究对象信任感,在接受访谈之前征求其个人的主动同意,并提前给予访谈提纲以示尊重,在访谈过程中告知研究对象在任何时候都可以自由选择退出研究。

不可否认,尽管在研究过程中试图通过多种手段与方式尽可能地完善研究框架、获取翔实研究资料并得到可靠的研究结果,但由于各种因素,仍存在以下研究限制:第一,在研究数据方面的限制。首先,尽管期冀为中国大学生创新创业能力水平做出科学测定与全景式描述,但不可否认的是,中国大学生群体数量庞大,受限于研究时间与数据获取可得性,难以获得中国大学生全样本数据。全样本数据的匮乏将对中国大学生创新创业能力水平测定带来一定影响。其次,在量化研究部分,由于数据并非完全的随机抽样,而是在考虑学校地域、层次类型与学生年级等多种因素的基础上通过熟人进行发放。尽管研究尽可能地在样本背景信息特征上最大程度均衡,但非完全随机抽样必然会导致研究结果的偏差。最后,不同院校大学生创新创业能力水平差异分析是本书的重要内容,但在研究型大学数据上占比较低,这可能带来一定影响。然而,尽管在量化数据上具有一定不足,但本书试图从质性材料上进行弥补,以尽力科学全面展示大学生创新创业能力水平。第二,在计量研究方法方面的限制。以学生为研究对象的能力发展研究主要源于标准化的客观测试与自我感知的主观报告。学生自评报告以其便捷性、高效性与低成本而受到广大研究者的推崇。[①] 但是,基于学生经验认知的主观判断容易导致不同学生报告标准的不一致性,换言之,相同的表达题项在不同的学生身上实质上被赋予了不同的评价标准,因其不免受到个体性格、院校期望值等多重复杂因素影响。由此可见,研究所采用的学生能力自评方式自然也避免不了受到如上因素的影响,这可能导致研究推论上存在些许偏差。

总体而言,大学生创新创业能力测量维度的科学划分以及测量量表的成功研制为深入研究具有中国特色的高校创新创业教育发展路径以及创新创业教育质量评估提供了观察视角和工具。

---

①卢瑶,张青根,沈红.基于学生自评数据的能力增值可靠吗?来自归因理论的解释[J].国家教育行政学院学报,2021(11):78-88,95.

第五章

大学生创新创业能力发展水平的实证研究

第一节　大学生创新创业能力发展水平的研究过程

一、大学生创新创业能力发展水平研究的思路与设计

创新创业教育是我国高校改革发展的根本性任务。[1] 近年来,为推进落实创新创业教育,高校或设立创新创业学院,统筹全校创新创业教育[2];或开设创新创业教育课程,讲授创新创业知识,培训就业创业技能[3];或设置创新创业项目,举办创新创业竞赛[4]等进行了一系列体制化建设。正因如此,学界常以"创新创业园建设""创新创业教育师资队伍""创新创业项目数""创新创业竞赛参赛率"等外在的数量性指标评价创新创业教育质量。然而,此类指标难以客观评价创新创业教育的实施效果[5],更毋论"以评促改"。由此可见,缺乏科学性的评价指标可能是导致高校创新创业教育自开展至今仍存在师生满

①王洪才.创新创业教育的意义、本质及其实现[J].创新与创业教育,2020,11(6):1-9.

②陈耀,李远煦.改革开放以来我国高校创新创业教育组织变迁及其启示[J].高等教育研究,2019,40(3):46-52.

③卓泽林,赵中建.高水平大学创新创业教育生态系统建设及启示[J].教育发展研究,2016,36(3):64-71.

④丁三青,王希鹏,陈斌.我国高校学术科技创新活动与创新教育的实证研究:基于"'挑战杯'全国大学生课外学术科技作品竞赛"的分析[J].清华大学教育研究,2009(1):96-105.

⑤王占仁."广谱式"创新创业教育概论[M].北京:人民出版社,2016:135.

意度普遍不高[①]、创新创业教育内生动力不足[②]等问题的关键原因。究其根源,提高高校创新创业教育质量,不仅需要国家和院校层面加强体制化建设,更需要建立真正关乎学生成长成才的创新创业教育质量评价体系。由此才有可能充分了解并科学分析我国高校创新创业教育发展的真实现状,从而为引导全体师生充分参与创新创业教育、优化创新创业教育提供科学有效的大数据支持。

无可否认,学生是教育的主体和直接体验者,能力是教育结果的直接显现[③],创新创业能力可使个体不断进行自我革新,并能够预判个体在各种环境中取得成功的可能性[④]。由此,培养创新创业能力是我国开展创新创业教育的核心指向[⑤],创新创业能力是反映和评价高校创新创业教育质量的关键指标[⑥]。基于此,以大学生作为评价主体,从学生视角探究其创新创业能力发展水平现状,能够真实地反映高校创新创业教育的实质性成果。这既是评价高校创新创业教育质量的重要手段之一,同时也是对我国高校创新创业教育的基础理论探索,因为只有清晰地认识了我国大学生创新创业能力发展现状,才能为进一步整合高校教育资源,调整和改进高校创新创业教育系统提供理论依据[⑦]。而从现有研究来看,国内在创新创业能力评价研究中出现了两个明显偏向:一是以介绍某类型高校个别经验为主,缺乏对我国大学生创新创业能力水平的基本判断;二是较少关注学生性别、生源地、家庭背景、高校层次类型等"输入性"因素与创新创业能力的关系,无法把握不同群体大学生创新创业能力水平及其特征的全貌,也就难以为提升大学生创新创业能力找到突破口。

---

① 刘帆.高校创新创业教育现况调查及分析:基于全国 938 所高校样本[J].中国青年社会科学,2019,38(4):67-76.

② 邓欢,严敏.论高校创新创业教育实践育人共同体的构建[J].学校党建与思想教育,2021(1):94-96.

③ 王洪才,郑雅倩.创新创业教育的哲学假设与实践意蕴[J].高校教育管理,2020,14(6):34-40.

④ 阿兰·法约尔.创业教育研究手册:第三卷[M].刘志,译.北京:商务印书馆,2020:280.

⑤ 王洪才.论创新创业教育的多重意蕴[J].江苏高教,2018(3):1-5.

⑥ 党建宁,Amy Gerrard.融合与嬗变:世界多国创新创业教育的比较与镜鉴:访澳大利亚南昆士兰大学科林·琼斯博士[J].中国电化教育,2020(9):105-111.

⑦ 王洪才.论创新创业人才的人格特质、核心素质与关键能力[J].江苏高教,2020(12):44-51.

根据美国学者阿斯汀（Astin）的"输入—环境—输出"模型（input-environment-output，I-E-O）[①]可知，输入性因素也能够影响"环境"和"输出"。故研究全国范围内不同群体大学生的创新创业能力水平及其发展特征具有较强的现实意义和理论价值。

据此，利用自主研制的"大学生创新创业能力量表"，在全国大学生群体中施测，进而解决以下研究问题：

（1）中国大学生创新创业能力水平现状如何？

（2）不同院校特征（院校类型、学科类别）与不同个体特征（性别、家庭背景、年级、学业基础、社团经历、学生干部经历、创业经历）的大学生创新创业能力有何差异？导致差异形成的可能性原因是什么？

根据上述研究问题，拟通过以下步骤开展研究：

首先，利用研制的大学生创新创业能力量表，在全国范围内进行大规模发放与回收调查问卷，进而获得研究数据。

其次，为确保研究数据的有效性与可信度，结合数据清理的规则与要求，拟对回收的研究数据进行严格的清理。

再次，借助数据分析软件及其相应的分析方法对研究数据进行分析，得出大学生创新创业能力的发展水平与差异性特征。

最后，拟基于访谈等质性研究材料探讨导致不同群体大学生创新创业能力水平差异性的可能性因素，以更深入探讨大学生创新创业能力发展特征的形成原因。

二、大学生创新创业能力发展水平的研究样本与研究方法

（一）大学生创新创业能力发展水平的调查样本特征

为探究我国大学生创新创业能力发展特征，采用自主编制的"大学生创新创业能力量表"于 2020 年 12 月至 2021 年 3 月在全国范围内高校发放问卷（见附录四）开展大规模调查，共回收 6652 份问卷，按照以下标准清理回收样本：①连续 50 道题选择同一选项[②]；②数据存在异常值（如填写虚假高校名称

①ALEXANDER W A. Student involvement：a development theory for higher education[J]. Journal of college student development，1984，40(5)：518-529.

②PAUL G C. Methods for the detection of carelessly invalid responses in survey data [J].Journal of experimental social psychology，2016，66(1)：4-19.

或作答不完整);③答题时长异常(小于 5 分钟或大于 20 分钟)。经过清理,本书共获得有效问卷 6028 份,有效率为 90.62%。如表 5-1 所示,本书所调查的样本具有较好的背景特征涵盖度。

表 5-1　研究对象的基本信息(N=6028)

类别变量		样本数(人)	占比(%)
性别	男	2164	35.90
	女	3864	64.10
家庭所在地	农村	3735	61.96
	城市	2293	38.04
学校	一流大学建设高校	1329	22.04
	一流学科建设高校	1015	16.84
	其他普通本科院校	1578	26.18
	高职高专院校	2106	34.94
学科	人文社科	3164	52.49
	理工农医	2864	47.51
年级	大一	2581	42.82
	大二	1706	28.30
	大三及以上	1741	28.88
学业成绩	前 5%(含)	521	8.64
	5%～35%(含)	2432	40.35
	35%～65%(含)	2117	35.12
	65%～95%(含)	779	12.92
	后 5%	179	2.97
社团经历	无	1227	20.36
	1 年及以下	3031	50.28
	1～2 年(含)	1443	23.94
	2 年以上	327	5.42
学生干部经历	无	2306	38.25
	1 年及以下	1998	33.15
	1～2 年(含)	1153	19.13
	2 年以上	571	9.47
创业经历	无	5322	88.29
	有	706	11.71

（二）大学生创新创业能力发展水平研究的方法设计

在研究方法上，以定量研究方法为主：一是采用描述性统计探究我国大学生创新创业能力总体水平；二是采用独立样本 T 检验或单因素方差分析，探讨在不同个体特征及院校特征背景下大学生创新创业能力的发展情况。

同时，结合多次访谈研究材料进行原因分析，深入研究产生能力水平差异的可能原因。访谈资料来源主要有两个途径：其一，于 2021 年 4 月至 6 月深度访谈了来自一流大学建设高校、一流学科建设高校、其他普通本科院校以及高职高专等不同类型高校并涵盖教育学、文学、力学等多个专业和大一至大五年级的近 50 名大学生。访谈共获得 40 余万字研究资料，将结合质性资料丰富研究结论，提高大数据分析结果的说服力。其二，于 2020 年及 2021 年搜集的参与某校夏令营大学生开放性问卷。为更清晰地展示访谈材料，依据访谈时间与当日访谈次序、学校代码、学科代码以及受访者姓名首字母对访谈材料进行了编号，如 2021051101-G-3-W。

（三）大学生创新创业能力发展水平研究的信度与效度检验

研究信度（research reliability）是指研究的可靠性，即不同的研究者在相同或相似的研究条件下可以得到相似的研究结果。在量化研究上，信度主要是指测量工具的可重复性及测量结果的一致性，通常采用稳定信度与内在一致性进行信度检验。[①] 其中，稳定信度（stability reliability）包含再测信度（test-retest reliability）、复本信度（equivalence reliability）和代表信度（representative reliability）。本书主要采用代表信度确保研究测量工具的稳定信度，具体而言，在测量工具的实际运用中，本书通过测量不同人口学特征和院校特征的大学生创新创业能力水平，以检验在具有较高相似的特征项中，测量工具是否可以测量出相似的研究结果。内在一致性信度（internal-consistency reliability）包含折半信度（spit-half reliability）与 α 系数信度（coefficient alpha reliability），在研究大学生创新创业能力水平方面主要采用 Cronbach's α 系数进行信度检验。如表 5-2 所示，大学生创新创业能力总量表及各分量表的 Cronbach's α 系数均大于 0.9，说明量表信度理想；KMO 系

---

① 范明林，吴军，马丹丹.质性研究方法［M］.2 版.上海：格致出版社，2018：32.

数值均大于 0.9，且 Bartlett 球形检验达到显著性水平（$p < 0.001$），表明量表结构效度良好。因此，该量表在本次研究中能够有效测量大学生创新创业能力发展水平。

在质性研究上，信度主要包含外在信度和内在信度。其中，外在信度（external reliability）是指研究者在研究中对研究者身份的理性认识、对社会情境的认知、对概念的熟悉程度等。中国大学生创新创业能力水平研究参与者在开始质性研究之前均接受过专业的质性研究训练，有着较为扎实的研究方法基础，且基本全程参与研究课题进展，对课题的概念界定、研究框架等有着清晰的认知，从而能够有效确保研究的外在信度。内在信度（internal reliability）是指在研究过程中采用不同的研究人员进行观察从而得到相似的观察结果。研究在编码过程中采用多名研究者参与编码，确保编码的有效性。

表 5-2　大学生创新创业能力量表信效度检验水平

量表名称	题数	信度检验	效度检验	
		Cronbach's α 系数	Kaiser-Meyer-Olkin，KMO	Bartlett 球形检验
创新创业能力总量表	93	0.984	0.989	$p < 0.001$
目标确定能力分量表	17	0.934	0.952	$p < 0.001$
行动筹划能力分量表	13	0.935	0.947	$p < 0.001$
果断决策能力分量表	12	0.919	0.944	$p < 0.001$
沟通合作能力分量表	14	0.933	0.944	$p < 0.001$
把握机遇能力分量表	15	0.943	0.959	$p < 0.001$
防范风险能力分量表	10	0.930	0.943	$p < 0.001$
逆境奋起能力分量表	12	0.928	0.939	$p < 0.001$

在质性研究上，研究效度主要是指研究者能否真实有效地反映研究材料，以避免研究者偏见（research bias），主要采用以下方式提高质性研究效度。一是使用研究者三角互证（investigator triangulation）提升描述性效度（descriptive validity）。在质性材料搜集过程中采用集体访谈，通过多个观察者记录和描述研究对象的行为及其所在情境，在访谈过程中也尽量对研究对象的周围人员开展相关的访谈，以此确保研究材料中所描述事件的准确性与真实性。二是使用参与者反馈（participant feedback）及成员核查提高解释性信度。在访谈过程中尽可能地将访谈转录文本返还研究对象，咨询访谈转录

文本的准确性。此外,中国大学生创新创业能力研究的各个参与者及时分享并交流对研究对象访谈内容的理解,通过上述主要方式尽可能准确地理解并描述研究对象的想法。

第二节 大学生创新创业能力的发展水平与基本特征

一、大学生创新创业能力水平的总体特征

一个人的一生可以视为一个创业过程。个体必须维持自己的生存,而且必须靠自己的能力来维持自己的生存,因为无论谁都不可能终生被依靠,最终不得不靠自己,从而一个人如果不努力就很难维持生计。但一个人要有尊严地活着,其人生就必然是一个创新创业过程,因为一个人需要活出自己的模样来,就必须有自己的奋斗目标。而且往往希望自己活得比别人好,如此就必须创新,尝试新的路径,不然就不可能超越别人。换言之,生存竞争要求个体必须创新。创新创业能力是一种整体性能力,而不是一种单一性能力,可以说它是综合素质的体现。但这并不意味着这个能力是无法分解的,它也可以分解为一些基本的构成。这个基本构成首先是目标确定能力,其次是行动筹划能力,再次是果断决策能力,再其次是沟通合作能力,复次是把握机遇能力,复其次是防范风险能力,最后是逆境奋起能力。提升大学生创新创业能力是我国创新创业教育的育人目的与价值旨归。

以自主研发的"大学生创新创业能力量表"为工具,通过大规模实证分析发现,我国大学生创新创业能力水平均值为 3.665(SD=0.512),大于理论中间值"3",这反映出我国大学生创新创业能力总体处于中等水平,整体发展基本良好。

大学生创新创业能力总体水平基本良好的现状可能与我国近几年开展的一系列高校教育教学改革有关。本书在进行访谈时发现,许多学生纷纷表示经常参与创新创业项目,有效提高了创新创业能力,"通过参加各类创新创业竞赛、体验式教学、本科生科研,拓宽了视野,学会了处理人际关系,自己的综合能力得到不少增长"(2021062101-X-5-Z)。教育部 2019 年出台《关于一流本科课程建设的实施方案》,要求加强课程改革方法建设,创新教学方法,杜绝知识的单向传递,提高对能力培养的重视。相关政策推动了高校课堂改革,有

利于促进大学生在高校实现优质学习。"老师在课堂上引导我们开展小组讨论,研究某一个具体问题。这种合作方式有助于培养我们的批判性思维"(2021060102-X-6-D),"还记得在大一时,我的专业课大多是以教师讲授为主要形式进行的,缺乏师生互动。在刚接触这一专业时,在'灌输'情况下,我们很难对这一学科提起真正的兴趣,可以说是为考而学,没有真正深入专业学习中。随着年级的增长,学习内容挑战度的加深,加之学校对教学改革的重视,老师们开始采用多种教学方法进行教学,包括小组合作学习、实地调研等等,大大激发起了我们的学习兴趣,也迅速地提高了我们的学习能力。回顾近三年的学习经历,真真切切地感受到了好的教育方式对个体成长的重要意义"(2020062901-H-4-J)。结合国内其他学者的研究结果[1][2],认为我国大学生创新创业能力中等水平发展现状与我国近年来实施的本科教育改革举措,特别是高校创新创业教育开展有直接关系。当然,这个结论还需要通过更加大规模的调研进行确认。

与大学生创新创业能力发展整体态势向好相比,大学生创新创业能力结构却呈现不均衡状态(如图5-1所示)。具体而言,大学生在防范风险能力($M=3.765$,$SD=0.569$)、沟通合作能力($M=3.753$,$SD=0.562$)、目标确定能力($M=3.738$,$SD=0.568$)以及逆境奋起能力($M=3.702$,$SD=0.609$)上的自我评价较好,高于大学生创新创业能力均值;而在行动筹划能力($M=3.645$,$SD=0.590$)、把握机遇能力($M=3.539$,$SD=0.602$)以及果断决策能力($M=3.520$,$SD=0.624$)上的表现较差,低于大学生创新创业能力总体水平均值。简言之,中国大学生创新创业能力水平排序如下:防范风险能力>沟通合作能力>目标确定能力>逆境奋起能力>行动筹划能力>把握机遇能力>果断决策能力。

综上所述,研究数据表明,其一,大学生创新创业能力处于中等水平,仍存在一定的提升空间;其二,大学生创新创业能力各子能力发展水平不一,存在短板效应;其三,大学生对防范风险能力的自我评价高于其他子能力,而对果断决策能力的自我评价则最低。如此可以发现,我国大学生群体总体属于"求稳型",心理素质偏向于保守,重于防范风险,这与果断决策能力较低相互印

---

①黄雨恒,周溪亭,史静寰.我国本科课程教学质量怎么样?:基于"中国大学生学习与发展追踪研究"的十年探索[J].华东师范大学学报(教育科学版),2021,39(1):116-126.

②张青根,沈红.一流大学本科生批判性思维能力水平及其增值:基于对全国83所高校本科生能力测评的实证分析[J].教育研究,2018,39(12):109-117.

证。据此推测,中国大学生在自我审视以及与人交往方面的评价更加积极,而在面对多变环境时的资源决策、机会把握等方面则显得信心不足。这说明,近年来我国高校创新创业教育在培养学生主体性意识和合作精神上颇有成效,但是在培养学生果敢性、洞察力和开放性上仍显薄弱。

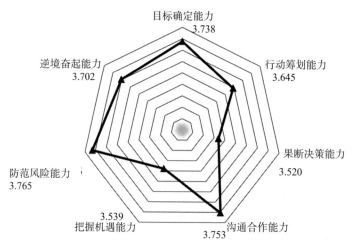

图 5-1 大学生创新创业能力发展形态图

二、大学生创新创业能力子能力的现实样态

(一)大学生目标确定能力的发展特征

知道自己要什么,才能为自己确定一个前进目标,这样才会去奋斗。目标具有导向作用,没有目标就没有方向,人生如果没有目标就如同失去了航向。高校培养人才不仅需要在学生的知识与技能掌握方面着力,更需要帮助学生形成积极向上的人生发展目标。如受访学生所言,"我认为最关键的因素应该是自我调试和自我认识能力。例如,了解自己最合适的学习方式和学习科目是什么,并做出相关的选择,在选择后快速适应是最重要的"(2021062201-H-2-X)、"我觉得如果一位同学真的明确了自己的目标,就一定会往这个目标不断奋斗,无论遇到多大的困难都应该挺过去。而一些从未明确自己未来目标的同学,或许上了大学之后就沉迷于游戏等等,荒废了自己的学业,最后想要就业或升学时,就力不从心了"(2021062201-F-7-S)。概言之,促进大学生树立积极的人生目标是高等教育的重要育人使命。

根据调查数据,我国大学生目标确定能力水平均值为 3.738(SD =

0.568),大于理论中间值"3",同样大于我国大学生创新创业能力水平均值（$M=3.665,SD=0.512$），这表明我国大学生群体普遍对自我发展目标具有清晰的认识，具有较为理性的自我判断。具体而言，如图 5-2 所示，大学生目标确定能力子维度的自我评价得分呈现如下排序：自我认同（$M=3.867,SD=0.671$）＞自我认知（$M=3.816,SD=0.621$）＞设置目标（$M=3.799,SD=0.641$）＞评估形势（$M=3.523,SD=0.675$）。可见，中国大学生普遍具有较强的自我认同与自我认知，在设置目标能力发展上同样较为良好。

判断大学生目标确定能力的发展短板，是进一步提升大学生目标确定能力的重点。根据自我评价情况可知，大学生认为其在"评估形势"上的表现不容乐观，低于大学生目标确定能力水平均值 0.215 分。如此可以推测，当前部分大学生"目标迷茫""空心病"等现象的产生，实质上可能并非源于大学生对自我认识的不清晰与对自我的不认同，而有可能是其对社会发展现状认识的模糊性以及对社会发展趋势感知的不确定性等多重外部社会认知因素导致的"目标迷茫"状态。正如受访学生所提出的，"从高中步入大学的时候，对大学的生活十分懵懂"(2021062201-F-7-S)，其原因在于大学与高中的学习状态有着极大不同，"大学的学习不像高中那样天天有人监督，在大学的学习更多的靠的是自主"(2021061801-H-8-F)、"在未成年之前，我的学习生活大多由家长照顾安排，但进入集体住宿的大学生活后，从衣食起居到学习进度都不再有外部的明确监督，同学之间的课程表和人生目标都不尽相同，也就没有了可以照搬模仿的对象。一切需要自己做决定，按自己的节奏来"(2020061902-S-5-H)。可见，高中阶段，学生大多处于"集中管理"模式，因此对社会感知力不足，对自我发展的自主性认知不强[1]；而大学阶段是学生个体与社会产生联系的重要时期，大学生需要从高中"被保护""被隔离"转变为社会环境与自我内心的探索者。换言之，大学生在自由宽松的大学管理方式以及远离家庭"保护伞"的环境中必须学会了解社会发展，一旦缺乏对社会发展现状的理性认知便有可能产生对个体自我发展方向判断的迷茫与无措。

总而言之，我国大学生群体具有清晰的个体发展目标，但良好的目标确定能力水平主要由自我认知、自我认同以及设置目标三个子能力"贡献"，其短板突出体现在"评估形势"方面。

---

①朱燕菲,王运来,吕林海.一项针对"空心"大学生缘何"空心化"的质性研究[J].黑龙江高教研究,2018,36(10):132-138.

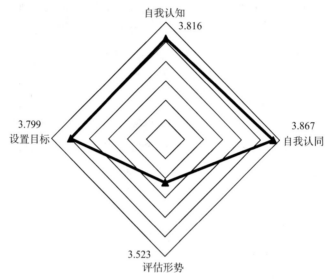

图 5-2　大学生目标确定能力发展形态图

(二)大学生行动筹划能力的发展特征

行动筹划过程就是与现实世界互动的过程,也是客观审视自己的过程,是个体缩小寻找现实自我与理想自我之间距离的过程。大学生行动筹划能力是指大学生能够合理地规划个体行动,包括"制定规划"与"主动行为"两个方面。其中,"制定规划"指大学生在行动之前能够通盘考虑,体现其思虑周全;"主动行为"是指大学生能够将想法付诸行动,体现其主动性与积极性。

如学生所言,如何进行职业生涯规划是大学生活的重要课题。其一,具备较强的行动筹划能力有助于提高学习效率。"刚入学时自己的自由时间很多,因为不懂得规划,事情经常被搞得一团糟,后来慢慢学习规划好时间,该学习时学习,能力逐渐得到提升了。"(2021062001-G-8-G)

其二,具备较强的行动筹划能力能够同时兼顾学习和学生工作。课堂学习与课外学生工作构成了丰富多彩的大学生活,而如何平衡两者之间的关系常常困扰着大学生,一旦二者关系处理不当,则有可能顾此失彼。受访学生提出,"要有规划时间和各种工作的能力,做事要严谨认真。因为我本科期间担任了一些职务,刚开始工作、学习以及闲暇的时间就总是没办法统筹安排好,整个人就一天天忙匆匆的,但其实效率很低,而且搞得自己很焦虑,但随着自己不断地调节和规划,慢慢找到一种平衡,可以高效地完成任务,也有空闲时间,那种焦虑感就会减弱,会感觉很充实"(2020061001-A-1-Z)、"大一时我听说学校有一个校园媒体,旨在锻炼学生的新闻实践能力,于是我毫不犹豫地加入了这个报社的深度报道部门,它关注与我们切身利益相关的校园事件,也深切关注社会的热点与冰点,关注时代变革下的小人物。我做过我国器官捐献和宫颈癌疫苗的调查,关心城市边缘的补漏师傅、及时跟进校园突发事件。这些故事按照学期、月份、类别整整齐齐地分布在文件夹里,也塑造了现在的我。大二,我成为报社主编,负责报内深度报道、新闻评论、文艺版面的审核、修改,以及负责报社新媒体运营和视觉传达。这期间除每月选题、采写、审核、改稿、发布外,独立完成若干深度报道,策划年度人物、毕业特刊、新生特刊,掌握了宣传片制作、报纸排版、杂志排版等技能。为了紧跟行业前沿,我还独立完成了两篇数据新闻,学会了数据搜集、分析、可视化,正在参加第五届数据新闻大赛。是对新闻的热爱和对报社的责任推动着我一直前进,不断地去磨炼自己。相信这种自学能力和责任感,以及实践中培养起来的信息处理、数据分析能力对我研究生阶段的学术研究也大有裨益"(2020061102-H-5-X)。总而言之,行动筹划能力是大学生筹划个体发展的必要能力。

数据显示,大学生行动筹划能力水平为 3.645(SD＝0.590),尽管该水平均值大于理论中间值"3",但是与大学生创新创业能力水平相比,该能力却处于发展弱势。从子维度层面而言,在大学生行动筹划能力子维度中,制定规划($M＝3.656$,SD＝0.677)＞主动行为($M＝3.639$;SD＝0.604)(见图 5-3)。根据各子维度的定义来看,我国大学生在行动筹划上仍停留在"思虑"阶段,而在将想法转为行动上的表现则较为薄弱。这表明我国大学生在行动筹划上体现为强于规划、弱于行动的特征。如受访学生所言,"(影响大学生发展的是)实践能力,即如何将书本上学到的东西转化成实际生活中运用的技能。比如,目前有的学生虽然成绩很好,但是仅限于理论层面,死学知识而不会实际运用,这就大大增加了就业或升学的失败率"(2021042301-N-5-S)。换言之,大部分学生能够充分考虑自我发展上所需的资源条件并进行统筹安排,但仍缺乏足够的行动力。该研究结果揭示出中国大学生呈现出"知"胜于"行"的表现。

创新创业时代具有复杂性与时变性特征,这要求新时代大学生必须具备高主动性,以积极地适应未来社会的发展需求。行动对个体发展具有重大影响,"在实践活动中,不仅能够帮助学生个人提升自己的抗压和适应能力,并且能够潜移默化地影响一个人说话的气质与处理事情的格局"(2020062101-Z-12-X)。因此,提高大学生行动筹划能力整体水平需要补足能力发展短板,即推动学生乐于、敢于将自己的想法付诸行动。

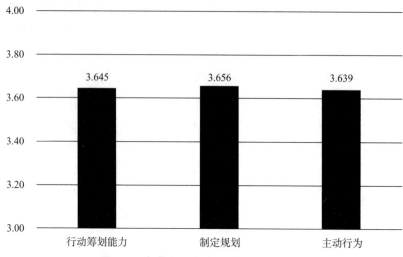

图 5-3　大学生行动筹划能力发展形态图

（三）大学生果断决策能力的发展特征

果断决策是一个人从内在走向外在的过程，这是自我发展的关键期。如果一切都是在思想中，则自我的真实性一直是受到质疑的。只有行动才能体验到真实的自我。这个过程无疑是一个抉择过程，因为一个人只有鼓足勇气，才能冲破自我的牢笼。所以，果断决策意味着冒险，只有敢于冒险才能开展行动。冒险意味着知道可能会面临着失败，甚至是完全的失败，而且自己已经做了最坏的打算。故而，没有自我牺牲的意识是无法开展真正行动的。行动意味着可能会彻底否定自己，放弃原来的自我。由此可见，果断决策能力意味着个体能够克服自我内心的懦弱、犹豫不决和对失败的担心，以一种视死如归的精神去面对现实的拷问。只有走出这一步，一个人才能走出封闭的自我，走向一个开放的自我。经过这个阶段之后，个体的自我审视能力会获得一个质的飞跃。

然而，果断决策能力在大学生创新创业能力 7 个子能力中的发展水平却是最低的。具体来看，子维度中"冒险精神"（$M=3.605$，$SD=0.723$）发展水平较高，高于果断决策能力（$M=3.520$，$SD=0.624$），也同样高于子维度"大胆决策"（$M=3.436$，$SD=0.638$）；"冒险精神"和"大胆决策"两个子维度的能力水平差距为 0.169（见图 5-4）。由此可知，大学生果断决策能力受制于"大胆决策"的能力发展水平。"大胆决策"能力反映出大学生善于在冲突的选择中做出最符合自己意愿的决定,因此可以推测,我国大学生在多元化选择中做出自主判断和决策的能力较差,这可能与学生个体在大学发展中独立性较差有关。大学环境与高中环境存在较大差异,在高中阶段,学生受家庭与学校的保护较多,学生自主决定权力较低,久而久之,没有自主决策经历的学生,其大胆决策意识也便较为薄弱。进入大学后,高校氛围通常自由宽松,家庭的"保护"与"管控"较少,但由于他们的自主决策意识并未形成或者仍未巩固,因而在丰富多元的社会环境中,大学生难以做出最符合自己的决定。如访谈学生所言,"影响大学生发展的是独立思考的能力加上果敢的行动力。拖延症和人云亦云是我认为在大学生中非常常见的现象,但是这种随波逐流、一推再推的做事风格以及思考习惯其实很大程度上影响了整个大学生活。就比如要考研,但是复习进度迟迟没有推进,考研也只是没想好今后的发展方向,看大家都考研所以也考研。其实往往这样子做出的选择,最后并不能够收获到很好的结果"(2021041301-C-11-K)。

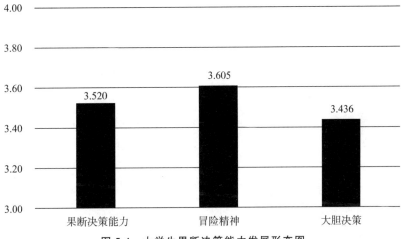

图 5-4　大学生果断决策能力发展形态图

可喜的是,我国大学生在"冒险精神"维度上表现较好。这可能与创新创业社会环境下青年的新的发展状态有关,他们渴望新鲜事物,拒绝平庸,这从创业大学生群体的日渐壮大可见一斑。受访学生谈到,"大学期间要敢于把自己放在不同的环境中以及把自己放在别人觉得不可思议的位置上。别人不敢尝试的事情,我大胆去做了,所以至少我收获了不断适应新的生活环境、新的人际交往环境、新的学习环境、新的专业、新的岗位等方面的能力,因为面对的新事物多了,自然适应的能力也就更强了"(2020062902-F-2-G)。

如上所述,大学生果断决策能力出现"一高一低"的显著特征,"冒险精神"高于果断决策能力平均水平,而"大胆决策"则远低于果断决策能力平均水平,且与"冒险精神"的发展水平相差甚远。如此可言,提升大学生果断决策能力要先着力提升大学生在面对多元决策上的果断性。

（四）大学生沟通合作能力的发展特征

沟通合作是一个人走向成熟自我必经的阶段。沟通过程是一个不断校准自我的过程,如自己的意思是否表达得清楚,自己是否理解别人的真正意图,自己与别人的期望之间还有多大距离,别人与自己的期望之间有哪些差距,这一切都在沟通过程中得以体现。

对中国大学生沟通合作能力水平进行调查,发现我国大学生沟通合作能力（$M = 3.753, SD = 0.562$）发展较好。具体维度中的"团队合作"得分（$M = 3.896, SD = 0.569$）远高于"沟通交往"得分（$M = 3.496, SD = 0.693$）（见图 5-5）,这是一个有趣的现象,即我国大学生的合作能力显著高于沟通能力。该研究结果打破了人们习惯于认为中国人具有"单打独斗"的传统认知,也从侧面验证了新时代社会背景下我国大学生可能更加青睐于合作等新型学习方式[1]。一旦被赋予合作机会,学生极有可能被激发出难以想象的潜力。[2]

我国大学生在"团队合作"上具有的良好表现可能与近年来我国创新创业教育普遍提倡的合作式参与、团队协作等有关。如受访学生所言,"我在初入大学时便坚定了未来综合发展的决心,积极参加各类创新创业竞赛,从最开始在本专业领域的探索,到后期在交叉学科的背景下进行合作,无论是否是核心队员,我都尽力发挥自己的能力和所学……（参加创新创业项目）在软实力层面,提升了我发现问题、独立思考和解决问题的能力,除此之外,也提升了我的责任感和与人相处的沟通表达能力"（2021051501-J-1-G）。可见,大学生通过组队参与各类创新创业项目或者学业竞赛,在参与过程中提高"团队合作"精神与能力。[3] 此外,高校持续推进课堂教学改革,以激发大学生创新创业精神

①许丹东,吕林海,傅道麟.中国研究型大学本科生高影响力教育活动特征探析[J].高等教育研究,2020,41(2):58-65.

②王洪才.论中国大学生学习发展的四种趋势[J].教育发展研究,2020,40(23):3.

③魏萍.团队精神视角下的大学生创新创业教育[J].中国高校科技,2016(12):85-86.

与提升团队实践合作能力为重要内容的课程内容及其设计实施①可能也是提升我国大学生"团队合作"能力水平的一大原因。毋庸置疑，传统讲授式的课堂难以激发大学生的学习乐趣与求知渴望，更毋提及通过丰富的课堂活动设计实现师生互动、生生互动，"课程安排与教学内容不够合理，学科之间不能融汇贯通，往往不知道学习这门课程有什么意义。教学方式也很单一，没有让学生充分融入教学环境中，学生都缺失了学习的兴趣"（2021062702-H-7-Z）。

但是，不容忽视的是，"沉默式参与"现象甚至"从众式合作现象"却普遍存在于我国大学生群体中，这可能是大学生在语言表达顺畅度、合意度上仍有待提高。本研究在实地访谈中也验证了这一突出现象。受访学生谈到，"总是难以清楚地把自己的想法与意思表达出来"（2021040201-H-2-Z）、"即使一位同学具有极高的学术造诣、学习能力，但他畏畏缩缩不善言谈，与人对视便十分紧张无法表达自己，企业或高校也难以发现他的能力，从而产生认可"（2021041102-W-8-G）。学生认为，"大学期间最应该学会进行有条理的表达、冷静思考与耐心倾听"（2021042602-L-4-H）。细究其中，这可能与高校不重视培养沟通能力有关。② 一般而言，高校普遍重视批判性思维能力等高阶能力的培养，而语言表达能力、沟通交流能力等基础能力往往不被作为高校人才培养的重要内容之一，因其被视为是基础教育阶段的培养内容。但是，重视"分数"的基础教育培养模式却可能导致连最基本的生存沟通能力培养也难以保证。当然，导致大学生"沟通交往"能力不强的原因也可能与现在高校部门间互动困难有关。目前高校普遍存在明显的学院界限、学科专业界限，且缺乏学校层面的资源配置整合的制度与平台，院系之间的信息发布与共享制度有待提升，如此极有可能导致大学生在跨学科、跨专业甚至是在跨年级上存在一定的沟通交往障碍。

总而言之，高校创新创业教育的实施为学生团队合作创造了便利条件，大学生组队组团参与创新创业竞赛与创新创业项目比比皆是。但"沉默式参与"以及"从众式合作"的现象值得创新创业教育管理者与教师队伍重视，深入推进创新创业教育高质量发展应着力思考如何促使每一位参与者都能够在团队

---

① 王洪才.大学"金课"的内在特质及其建构路径[J].集美大学学报（教育科学版），2021,22(5):45-52.

② 张华峰,郭菲,史静寰.我国大学生课堂积极表达行为的现状及对学习收获的影响[J].教育研究,2020,41(4):85-94.

合作中发挥更大的作用,而非呈现出"抱大腿""搭便车"参与的现象。① 必须承认,投入大量人力物力财力的高校创新创业项目如何"提质增效"是一个亟待解决的关键问题。

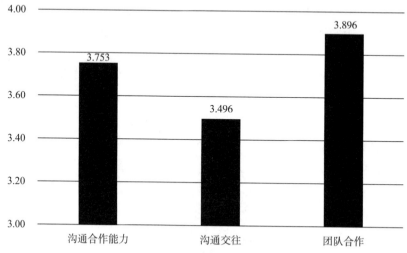

图 5-5　大学生沟通合作能力发展形态图

（五）大学生把握机遇能力的发展特征

把握机遇能力是实践自我的另一种表现,也可以说高级表现。只有适宜的场合才能真正展现自我或展现完美自我。把握机遇可以说是个体主动性能动性真正呈现的过程,因为这需要个体具有高度的敏感性,善于做出判断,善于选择有利的时机,善于展现自己的形象,甚至可以说是一种超我的表现。

数据分析结果显示,我国大学生在把握机遇能力上发展水平较差（$M=3.539$,$SD=0.602$）（见图 5-6）,这说明大学生缺乏忍受不确定性的能力,显现出更强的规避风险行为。该数据结果从防范风险能力较强（$M=3.765$,$SD=0.569$）上也能得到验证。在把握机遇能力具体构成要素方面,大学生在"创新行为"（$M=3.621$,$SD=0.647$）、"发现并评估机会"（$M=3.592$,$SD=0.679$）方面表现相对较好,而在"忍受不确定性"（$M=3.399$,$SD=0.720$）上却表现一般。

结合这三个具体要素的能力水平,可以发现中国大学生善于发现事物有

---

① 张磊.大学生"挑战杯"竞赛实效性研究:基于 98 位参赛者的问卷调查与半结构化访谈[J].中国青年研究,2017(8):105-109,63.

利方面并学会寻找新时机、新角度将其转化为现实实践。但部分大学生却缺乏面对发展不确定性与不明晰状态时仍然能够保持平和状态的能力。必须指出的是,大学生的个性心理特征复杂多变,时代和社会需求瞬息万变,为把学生培养成能够适应未来社会发展的个体,在高校教育阶段应注重"忍受不确定性"的培养。但我国大学生在此方面普遍落后的发展情况事实上也为高校创新创业教育提供了未来发展重点的指引。

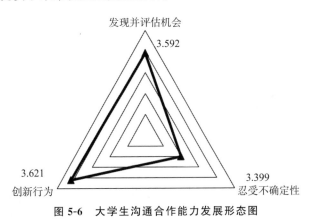

图 5-6 大学生沟通合作能力发展形态图

(六)大学生防范风险能力的发展特征

有机会就有风险,抓不住或抓不好都是风险。没有人做事情可以是百分之百的把握,如此就需要对不足之处进行防范。于是对潜在风险的认识就非常重要。防范风险不能只看到外部,必须同时看到内部。内部风险不仅是重要的,而且是最根本的。因为堡垒往往是从内部被攻破的。防范风险能力实际上是自我保护能力的体现,这种保护能力出自本能,是本我安全感的需要。人在任何时候都需要评估风险,只有那些不致命的风险,个体才会尝试。人确实具有一种赌徒心理,但赌徒不是一种零和博弈,而是一种大小博弈,即人总是希望用最小的代价获取最大的成功。风险防范能力就是要尽力避免零和博弈状况的出现。冒险精神也是在保障不出现零和博弈的状态下才会采取的。可以说,风险防范能力是形成健康自我必需的能力。人只有在行动过程中才会提出风险命题,才会有风险防范概念。人没有行动就很少能够意识到风险。

我国大学生防范风险能力($M=3.765$,$SD=0.569$)在创新创业能力 7 个子能力中水平最高,这表明在中国大学生群体中,"求稳"心理可能占据主导。

从防范风险能力的具体维度来看,大学生在"反思学习"($M=3.854$,SD$=0.600$)中的表现强于"风险管理"($M=3.677$,SD$=0.618$)(见图 5-7)。受访学生谈到,"通过每学期专业课程的学习逐渐感受到,对于工科来说,自我的审视总结非常重要,有助于自己在人生的每个阶段去突破自己"(2021041701-D-8-Z)。

结合实证数据与质性访谈,可以初步认为中国大学生群体呈现出"高自我反思—低风险管理"特征,进而揭示出大学生强于自我反思而弱于风险防控,对社会环境变化的复杂性认识不足,缺乏相应的处理能力。

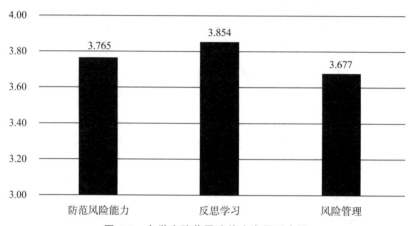

图 5-7　大学生防范风险能力发展形态图

(七)大学生逆境奋起能力的发展特征

对于任何人而言遭遇逆境都是难免的,怎么在遭遇挫折时不气馁,积极找到突围办法,进而改善自己的行动规划设计或调整自己的行动目标都是非常重要的。逆境就是行动全过程的一次系统检验,无论是团队协作能力,还是果断抉择能力,还是风险防范能力,没有一项不需要挫折的检验。简言之,逆境就是自我反思的最好时机,只有能够在逆境中站起来的人才能最终获得成功。对于创新创业型人才而言,他们并不惧怕逆境挫折,在遭遇挫折时能够很快从逆境中走出,变被动为主动。①

根据数据分析结果,大学生逆境奋起能力为 3.702(SD$=0.609$),在创新创业能力 7 个子能力中发展较好,这表明大学生群体在遭遇挫折时不会轻易

①王洪才.论创新创业人才的人格特质、核心素质与关键能力[J].江苏高教,2020(12):44-51.

放弃追逐人生目标,有着较强的耐力和韧性。而从"逆境奋起能力"的子维度来看,大学生在"乐观"($M=3.776,SD=0.639$)上的表现强于"韧性"($M=3.628,SD=0.661$)(见图5-8),可见大学生在学习与生活中表现出自信、乐观和希望,但在韧性方面可能相对薄弱。

乐观、韧性等积极品质会促进个体拥有更强的创新动机去完成创新活动。受访学生表示,"上大学之前我都没有长时间离开家过,所以心理方面特别不适应,但是硬着头皮撑了过来,繁忙的学习与工作也让我逐渐忘记了想家,三年锤炼,现在也就完全独立了"(2020061102-H-7-S)、"很多时候,实验失败,或者考试没能好好发挥(大学考试很少,不像高中,很多次考试,这次考不好还有下次,大学差不多一门课只有一次考试机会),心情是很沮丧的,但是我也逼着自己去做更好的准备"(2020061701-S-8-H)。如此可知,中国大学生在理性看待挫折上有了很大进步,这与以往传统认知中将大学生视为抗挫能力差的群体有所不同。这启示我们在看待新时代大学生群体时不能抱有偏见,而是应该审慎客观看待不同历史阶段大学生的独特性。

大学生普遍展现出较好的逆境奋起能力,可能与高校近些年大力推行的实习实践以及本科生科研活动有关。实习实践、大学生科研是培养大学生抗挫折心理素质的重要情境,学生在这其中不免遇到一些挫折和困难,通过应对一次又一次的挫折,大学生的逆境奋起能力自然而然得以提升。如受访学生谈到,"记得在科研训练尤其是酶切重组质粒的那一段时间,我好几次失败,浪费了大量时间。那时我们还有考试,所以有些想要退却的想法。不过后面觉得科研训练是自己找的,要有始有终,最后坚持了下来。在这段时间里,一开始遇到失败都很绝望,后面基本上就习以为常了,锻炼了面对失败的能力"(2021042301-S-1-S)。

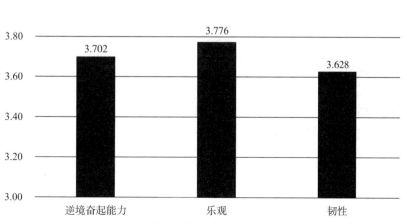

图5-8 大学生逆境奋起能力发展形态图

第三节 大学生创新创业能力发展水平的群体图像

一、基于个体特征变量的大学生创新创业能力发展情况

(一)大学生创新创业能力的性别差异与分析

不同个性特征对创新创业能力具有重要影响,性别因素也是重要影响因素。如表 5-3 所示,以性别为类别变量,开展独立样本 T 检验,发现大学生创新创业能力及其子能力的性别检验的 T 统计量达到了显著性水平($p <$ 0.001),表明不同性别的大学生在创新创业能力维度上具有非常显著的差异性。根据均值比较发现,男大学生的创新创业能力发展水平普遍高于女大学生的创新创业能力发展水平,这与国际相关研究结果具有一致性[1]。

之所以出现这一现象,估计与目前高校创新创业活动模式比较单一有关。不可否认,创新创业活动是高校实施创新创业教育的重要形式之一,但这些活动以及相关支持政策较少考虑到性别差异[2],没有照顾到女性的特别需求,从而影响了女性参与的积极性,阻碍了其能力发展。相关研究表明,个体对创新创业教育的需求存在很大差异,以女性为例,该群体普遍对团队竞争持消极态度[3],对创办企业的兴趣不如男性强烈[4]。因此,若高校创新创业教育所依托的各类项目、方案类型等无差异,那么极有可能会大大降低对女大学生的吸引力,从而也便影响了创新创业教育在该群体中的受益程度。

---

①JOHANSEN V. Entrepreneurship education and start - up activity: a gender perspective[J]. International journal of gender and entrepreneurship, 2013, 5(2)216-231.

②何晓敏.高职院校女大学生创新创业人才培养模式探索[J].湖南社会科学,2019(2): 166-172.

③GNEEZY U, MURIEL N, RUSTICHINI A. Performance in competitive environments: gender differences[J].The quarterly journal of economics, 2003, 118(3): 1049-1074.

④MARILYN L , WILLIAM B . Entrepreneurship and female youth: knowledge, attitudes, gender differences, and educational practices [J]. Journal of business venturing, 1998, 13(1):77-88.

表 5-3　大学生创新创业能力的性别差异

差异比较		创新创业能力	目标确定能力	行动筹划能力	果断决策能力	沟通合作能力	把握机遇能力	防范风险能力	逆境奋起能力
男	M	3.745	3.795	3.709	3.651	3.813	3.659	3.836	3.764
	SD	0.544	0.612	0.627	0.644	0.598	0.622	0.593	0.646
女	M	3.621	3.706	3.610	3.447	3.720	3.472	3.726	3.668
	SD	0.487	0.540	0.565	0.600	0.538	0.580	0.552	0.584
T		8.873***	5.634***	6.128***	12.084***	5.991***	11.470***	7.050***	5.750***

（二）大学生创新创业能力的家庭背景差异与分析

家庭背景在个体成长中始终扮演着重要角色,大学生创新创业能力培养同样不能忽视家庭背景的作用机制。家庭所在地在一定程度上代表了家庭经济资本与文化资本拥有量,从而能够成为衡量家庭背景的替代指标。以城市与农村为类别变量,开展独立样本 T 检验,发现大学生创新创业能力水平具有显著的家庭背景差异（$p < 0.05$）。根据均值比较发现,城市大学生的创新创业能力发展水平普遍高于农村大学生的创新创业能力发展水平,这表明家庭背景对大学生创新创业能力发展可能存在一定的影响力。

具体而言,城市与农村大学生在目标确定能力、沟通合作能力与防范风险能力三个创新创业能力发展水平上具有差异性,且均呈现出城市大学生能力显著高于农村大学生能力水平（见表 5-4）。在目标确定能力上,城市大学生（$M = 3.760, SD = 0.590$）高于农村大学生（$M = 3.724, SD = 0.555$）0.036 分;在沟通合作能力上,城市大学生（$M = 3.803, SD = 0.594$）高于农村大学生（$M = 3.723, SD = 0.539$）0.080 分;在防范风险能力上,城市大学生（$M = 3.802, SD = 0.591$）高于农村大学生（$M = 3.743, SD = 0.554$）0.059 分。

由研究结果可知,城市与农村大学生在沟通合作能力水平上呈现出较大的差距。可能的原因是:农村大学生在参与社会性活动的积极性上略显不足,而社会性活动是提升沟通合作能力的有效途径。有研究指出,对于精英高校农村籍大学生而言,他们普遍认为自身不具备参与学生组织、社团等能够有利

于积累社会资本与人力资本的组织的能力,因而较少参与。[①] 值得一提的是,在社团参与经历与大学生创新创业能力关系研究中,同样发现社团参与对大学生沟通合作能力增值具有显著促进作用。受访学生也谈到社团参与、组织活动等对其能力发展产生重要作用,"大学期间提供了很多社交的平台,例如社团、学生会等等,都需要我们与他人之间进行有效的沟通"(2020061101-N-12-R),"在大学期间,我连续三年担任学生干部,组织过大大小小的活动,在这一过程当中,我的领导和组织能力、沟通合作能力都充分得到了锻炼"(2020061601-S-12-G)。由此可见,为提升农村大学生沟通合作能力,高校可有针对性地在社团参与、学生活动等方面为此类学生建立更多渠道。

表 5-4　大学生创新创业能力的家庭背景差异

差异比较		创新创业能力	目标确定能力	行动筹划能力	果断决策能力	沟通合作能力	把握机遇能力	防范风险能力	逆境奋起能力
农村	M	3.653	3.724	3.639	3.514	3.723	3.529	3.743	3.702
	SD	0.500	0.555	0.578	0.606	0.539	0.587	0.554	0.586
城市	M	3.687	3.760	3.656	3.530	3.803	3.557	3.802	3.702
	SD	0.529	0.590	0.609	0.653	0.594	0.627	0.591	0.644
T		-2.510^{*}	-2.332^{*}	-1.135	-0.994	-5.281^{***}	-1.722	-3.938^{***}	0.003

数据分析结果显示,农村大学生的目标确定能力显著低于城市大学生($p<0.05$)。产生这一结果的原因可能是农村大学生的社会资本积累较为薄弱,在规划职业生涯发展目标、学业发展目标等方面难以从家庭中获得相应的指导[②];另一个原因可能是由于长期以来农村大学生在学业上的关注度远高于对其他社会事务的关注度,社会职场信息传播不够流畅,这有可能导致他们不习惯过早地进行职业规划,习惯性认为"学习好了,什么都好了"(2020061602-S-10-J)。

数据分析结果显示,农村大学生的防范风险能力显著低于城市大学生($p<0.001$)。产生这一结果的原因可能是农村大学生对风险的认知普遍不足,因为他们一般较少与社会接触,这就阻碍了其反思自我与进行风险管理。

①谢爱磊.精英高校中的农村籍学生:社会流动与生存心态的转变[J].教育研究,2016,37(11):74-81.

②郭娇.基于调查数据的家庭第一代大学生在校表现研究[J].中国高教研究,2020(6):13-19.

与此同时,我们可以发现,城乡大学生在行动筹划能力、果断决策能力、把握机遇能力以及逆境奋起能力上不存在显著性差异。

(三)大学生创新创业能力的年级差异与分析

高校实施创新创业教育目的在于使大学生创新创业能力在求学阶段获得有效提升。运用单因素方差分析发现,大学生创新创业能力在年级之间存在显著性差异($p < 0.05$)。如表5-6所示,经过事后检验结果发现,大一学生的创新创业能力显著高于大三及以上年级的学生($p < 0.05$)。此外,如表5-5所示,根据能力均值结果发现,大学生创新创业能力整体呈现低年级到高年级的"衰弱现象"。

表5-5　大学生创新创业能力的年级差异

差异比较		创新创业能力	目标确定能力	行动筹划能力	果断决策能力	沟通合作能力	把握机遇能力	防范风险能力	逆境奋起能力
大一	M	3.685	3.759	3.666	3.547	3.768	3.551	3.780	3.729
	SD	0.481	0.538	0.557	0.589	0.537	0.577	0.551	0.579
大二	M	3.655	3.711	3.639	3.521	3.739	3.549	3.752	3.677
	SD	0.499	0.561	0.576	0.610	0.548	0.586	0.546	0.598
大三及以上	M	3.647	3.732	3.620	3.480	3.746	3.512	3.757	3.687
	SD	0.564	0.617	0.646	0.684	0.608	0.653	0.616	0.658
F		3.301*	3.825*	3.298*	6.002**	1.510	2.412	1.521	4.393*

经过对来自不同类型高校不同年级的大学生访谈,结合相关研究成果[1][2][3],初步认为:

第一,大二阶段可能是"第二次心理诞生"的重要时期。寻求自我独立性是心理诞生出现的主要过程。[4] 大一期间,学生普遍延续高中的学习生活方

---

[1]邹小勤.我国大学生学校适应特征的实证分析[J].现代教育管理,2014(5):100-104.

[2]吕素香.大二低潮现象原因与对策[J].中国高等教育,2015(10):56-58.

[3]文雯,史静寰,周子矜.大四现象:一种学习方式的转型:清华大学本科教育学情调查报告2013[J].清华大学教育研究,2014,35(3):45-54,80.

[4]詹姆斯·O.卢格.人生发展心理学:3版[M].陈德民,周国强,罗汉,等译.上海:学林出版社,1996:642.

式,将更多时间和精力放在上课、修学分,[①]如学生所言,"在大学刚开始的一段时间内,需要接触很多之前从未接触的专业领域,无论是研究方式、专业词汇还是学科体系,对于本人都是全新的挑战。但大一大二阶段的课业较大三大四较为繁重,课程数量多"(2020070701-N-6-W)。但随着时间推移,学生日益感觉到其社会关系重心已由家庭向同辈和师生转变,"刚开始独立生活是很慌张的,后来我却越来越喜欢和同学交流,我们总是有很多共同的话题"(2020070601-P-2-Z)。随着社会交往趋于频繁,大学生自我意识高涨,独立性需求在大二阶段逐渐得到增强,这在防范风险能力得分随年级增长而提高上得以验证,因为防范风险能力体现出学生必须善于反思,具有一定前瞻性,否则就可能遭遇风险。一旦无法取得自我与社会之间关系的平衡,学生的自我角色定位极有可能出现混乱,"突然不知道自己该往哪里去了"(2020051101-G-3-W)。大学生目标确定能力和逆境奋起能力在年级上具有显著性差异,并且出现了"大二低谷"现象。这表明,大学生在此阶段可能出现了"第二次心理诞生",开始产生更强的责任意识,从而在不断地尝试寻找自我成长的理想目标。

第二,自我意识提升导致了大学生自我评价出现"断崖式"下降现象。虽然大学生创新创业能力出现了"不升反降"现象,但经过大二个体自我发展的模糊期之后,学生的目标确定能力却得到了提高,这说明学生对自己要成为一个什么样的人已经有了更深层次的思考[②③],"花更多的时间去做自己喜欢的事情,而不是一味地毫无目的地去参加一些活动了"(2021041602-Y-4-Q),"逐渐更加理性地谨慎地思考自己的人生目标"(2021060201-Y-4-Z)。因此可以说,他们自我评价的标准有了提高,从而在筹划行动和决策事项考虑上更为周全,更加谨慎小心。如调查结果(见表5-6)所示,高年级学生的行动筹划能力与果断决策能力自我评价显著低于大一。

---

①吕林海.聚焦"两种兴趣":"拔尖生"深度学习的动力机制研究:基于全国 12 所"拔尖计划"高校的问卷调查[J].南京师大学报(社会科学版),2021(2):76-88.

②TAATILA V. Learning entrepreneurship in higher education [J]. Journal of education and training, 2010, 52(1): 48-61.

③沈红,张青根.我国大学生的能力水平与高等教育增值:基于"2016 全国本科生能力测评"的分析[J].高等教育研究,2017,38(11):70-78.

表 5-6　基于年级的大学生创新创业能力事后多重比较结果（Tamhane T2）

	（I）年级	（J）年级	（I）平均值	（J）平均值	差值（I）－（J）	p
创新创业 能力	大一	大二	3.685	3.655	0.030	0.143
	大一	大三及以上	3.685	3.647	0.037*	0.040
	大二	大三及以上	3.655	3.647	0.007	0.969
目标确定 能力	大一	大二	3.759	3.711	0.048*	0.015
	大一	大三及以上	3.759	3.732	0.027	0.343
	大二	大三及以上	3.711	3.732	－0.021	0.661
行动筹划 能力	大一	大二	3.666	3.639	0.027	0.342
	大一	大三及以上	3.666	3.620	0.046*	0.045
	大二	大三及以上	3.639	3.620	0.019	0.733
果断决策 能力	大一	大二	3.547	3.521	0.026	0.412
	大一	大三及以上	3.547	3.480	0.067**	0.003
	大二	大三及以上	3.521	3.480	0.041	0.182
沟通合作 能力	大一	大二	3.768	3.739	0.028	0.257
	大一	大三及以上	3.768	3.746	0.021	0.555
	大二	大三及以上	3.739	3.746	－0.007	0.978
把握机遇 能力	大一	大二	3.551	3.549	0.001	1.000
	大一	大三及以上	3.551	3.512	0.038	0.139
	大二	大三及以上	3.549	3.512	0.037	0.227
防范风险 能力	大一	大二	3.780	3.752	0.028	0.282
	大一	大三及以上	3.780	3.757	0.024	0.485
	大二	大三及以上	3.752	3.757	－0.004	0.995
逆境奋起 能力	大一	大二	3.729	3.677	0.051*	0.016
	大一	大三及以上	3.729	3.687	0.041	0.096
	大二	大三及以上	3.677	3.687	－0.010	0.956

（四）大学生创新创业能力的学业基础差异与分析

学业成绩在某种程度上代表了学生个体的学习投入度。因此，检验大学生创新创业能力是否存在学业基础差异也是对既有研究的一种检验与回应。数据结果显示，大学生创新创业能力及其各子能力与学业成绩均具有显著性差异

（$p<0.001$）。具体而言，学业成绩越优异的大学生，其创新创业能力及各子能力的发展水平就越高（见表5-7、表5-8）。该研究结果与学术界相关研究具有一致性。[1][2]

表5-7　大学生创新创业能力的学业基础差异

差异比较		创新创业能力	目标确定能力	行动筹划能力	果断决策能力	沟通合作能力	把握机遇能力	防范风险能力	逆境奋起能力
前5%（含）	M	3.775	3.854	3.757	3.602	3.828	3.665	3.884	3.839
	SD	0.570	0.648	0.647	0.699	0.612	0.650	0.612	0.666
5%～35%（含）	M	3.717	3.804	3.718	3.555	3.801	3.573	3.820	3.755
	SD	0.485	0.531	0.552	0.610	0.538	0.586	0.540	0.578
35%～65%（含）	M	3.656	3.721	3.625	3.513	3.754	3.534	3.752	3.698
	SD	0.483	0.547	0.561	0.593	0.524	0.577	0.543	0.569
65%～95%（含）	M	3.529	3.579	3.480	3.416	3.627	3.420	3.630	3.559
	SD	0.527	0.579	0.612	0.630	0.594	0.616	0.597	0.639
后5%	M	3.348	3.391	3.296	3.339	3.427	3.291	3.432	3.259
	SD	0.673	0.712	0.806	0.798	0.775	0.746	0.741	0.825
F		44.900***	47.240***	47.003***	13.456***	32.314***	23.311***	38.880***	47.012***

通过对部分学业优异学生的访谈发现，这些学生之所以在学习上具有高投入度，在于其对知识产生了浓厚的探究兴趣，受访学生普遍表示，"仅学习课堂上的知识是远远不够的。我在课余时间特别注重自我学习，国家图书馆成了我最喜欢待的地方，有时候周末一待就是一整天"（2020073001-X-3-Z）。这些学生也表示，课程的授课方式和授课内容影响着其主动探究的动力和热情，"老师布置的论文或者小组作业对能力的要求超过了课程的范围，为了解决知识难题，我必须自己课下查阅资料文献，有时还会自学计量工具来开展定量研究"（2020072903-X-4-Q）、"美学和文学概论这两门课是同一个老师教的，注重训练我们的辩证思维和问题意识，而且这两门课都以论文写作为考核方式。在这种需要多阅读、多思考的课程上面，平时的论文写作相比于期末较为死板

①陆根书，刘秀英.大学生能力发展及其影响因素分析：基于西安交通大学大学生就读经历的调查[J].高等教育研究，2017，38(8)：60-68.

②CARINI R M，KLEIN K S P . Student engagement and student learning：testing the linkages[J]. Research in higher education，2006，47(1)：1-32.

的知识点考核更有意义,它能够让我有更多的时间进行自主阅读、发掘自己感兴趣的研究方向,并尝试去构建自己的阐释体系"(2020072201-X-4-X)、"多元化思考问题的能力是通过文学、历史、哲学等各个方向的老师在教学过程中的有意引导逐渐培养的,老师在授课过程中,鼓励我们从跨学科的角度分析问题,将人文学科的知识形成贯通的整体,相互引征、相互对话,使得我们的思维更加开阔"(2020071501-S-5-H)。

这说明,创新创业教育不能仅仅针对少数学生进行,而必须成为课堂教学改革的基本模式。因为课堂仍然是大学生学习的主渠道,只有让学生创造性地掌握知识,才能真正培养他们的创新创业能力和参与创新创业实践的精神动力。为此,就必须调动广大师生参与的积极性,真正把创新创业精神融入教学改革过程中。因为创新创业教育的真正价值在于让每个大学生都对知识探究发生兴趣,进而能够发现人生的价值和意义,主动地去追求和实现它,从而能够在成就自己的同时也为社会做出贡献。[①]

表 5-8　基于学业成绩的大学生创新创业能力事后多重比较结果(Tamhane T2)

	(I)成绩	(J)成绩	(I)平均值	(J)平均值	差值(I)-(J)	p
创新创业能力	后5%	65%~95%(含)	3.348	3.529	-0.181**	0.004
	后5%	35%~65%(含)	3.348	3.656	-0.308***	<0.001
	后5%	5%~35%(含)	3.348	3.717	-0.370***	<0.001
	后5%	前5%(含)	3.348	3.775	-0.427***	<0.001
	65%~95%(含)	35%~65%(含)	3.529	3.656	-0.128***	<0.001
	65%~95%(含)	5%~35%(含)	3.529	3.717	-0.189***	<0.001
	65%~95%(含)	前5%(含)	3.529	3.775	-0.246***	<0.001
	35%~65%(含)	5%~35%(含)	3.656	3.717	-0.061***	<0.001
	35%~65%(含)	前5%(含)	3.656	3.775	-0.119***	<0.001
	5%~35%(含)	前5%(含)	3.717	3.775	-0.057	0.156

①王洪才,汤建.创新创业教育:高等教育内涵式发展的关键[J].武汉科技大学学报(社会科学版),2021,23(1):110-116.

续表

（I）成绩	（J）成绩	（I）平均值	（J）平均值	差值（I）−（J）	p
后5%	65%～95%（含）	3.391	3.579	−0.188**	0.006
后5%	35%～65%（含）	3.391	3.721	−0.330***	<0.001
后5%	5%～35%（含）	3.391	3.804	−0.412***	<0.001
后5%	前5%（含）	3.391	3.854	−0.463***	<0.001
65%～95%（含）	35%～65%（含）	3.579	3.721	−0.142***	<0.001
65%～95%（含）	5%～35%（含）	3.579	3.804	−0.224***	<0.001
65%～95%（含）	前5%（含）	3.579	3.854	−0.275***	<0.001
35%～65%（含）	5%～35%（含）	3.721	3.804	−0.083***	<0.001
35%～65%（含）	前5%（含）	3.721	3.854	−0.133***	<0.001
5%～35%（含）	前5%（含）	3.804	3.854	−0.050	0.403
后5%	65%～95%（含）	3.296	3.480	−0.184*	0.022
后5%	35%～65%（含）	3.296	3.625	−0.330***	<0.001
后5%	5%～35%（含）	3.296	3.718	−0.422***	<0.001
后5%	前5%（含）	3.296	3.757	−0.461***	<0.001
65%～95%（含）	35%～65%（含）	3.480	3.625	−0.146***	<0.001
65%～95%（含）	5%～35%（含）	3.480	3.718	−0.238***	<0.001
65%～95%（含）	前5%（含）	3.480	3.757	−0.277***	<0.001
35%～65%（含）	5%～35%（含）	3.625	3.718	−0.093***	<0.001
35%～65%（含）	前5%（含）	3.625	3.757	−0.131***	<0.001
5%～35%（含）	前5%（含）	3.718	3.757	−0.039	0.685
后5%	65%～95%（含）	3.339	3.416	−0.077	0.723
后5%	35%～65%（含）	3.339	3.513	−0.175*	0.023
后5%	5%～35%（含）	3.339	3.555	−0.216**	0.002
后5%	前5%（含）	3.339	3.602	−0.263***	0.001
65%～95%（含）	35%～65%（含）	3.416	3.513	−0.097***	0.001
65%～95%（含）	5%～35%（含）	3.416	3.555	−0.139***	<0.001
65%～95%（含）	前5%（含）	3.416	3.602	−0.185***	<0.001
35%～65%（含）	5%～35%（含）	3.513	3.555	−0.042	0.096
35%～65%（含）	前5%（含）	3.513	3.602	−0.088*	0.040
5%～35%（含）	前5%（含）	3.555	3.602	−0.047	0.580

其中第一组（目标确定能力）、第二组（行动筹划能力）、第三组（果断决策能力）。

	（I）成绩	（J）成绩	（I）平均值	（J）平均值	差值（I）－（J）	p
沟通合作能力	后5%	65%～95%（含）	3.427	3.627	－0.199**	0.007
	后5%	35%～65%（含）	3.427	3.754	－0.327***	＜0.001
	后5%	5%～35%（含）	3.427	3.801	－0.374***	＜0.001
	后5%	前5%（含）	3.427	3.828	－0.400***	＜0.001
	65%～95%（含）	35%～65%（含）	3.627	3.754	－0.128***	＜0.001
	65%～95%（含）	5%～35%（含）	3.627	3.801	－0.174***	＜0.001
	65%～95%（含）	前5%（含）	3.627	3.828	－0.201***	＜0.001
	35%～65%（含）	5%～35%（含）	3.754	3.801	－0.047*	0.015
	35%～65%（含）	前5%（含）	3.754	3.828	－0.073	0.059
	5%～35%（含）	前5%（含）	3.801	3.828	－0.027	0.892
把握机遇能力	后5%	65%～95%（含）	3.291	3.420	－0.129	0.150
	后5%	35%～65%（含）	3.291	3.534	－0.243***	＜0.001
	后5%	5%～35%（含）	3.291	3.573	－0.283***	＜0.001
	后5%	前5%（含）	3.291	3.665	－0.375***	＜0.001
	65%～95%（含）	35%～65%（含）	3.420	3.534	－0.114***	＜0.001
	65%～95%（含）	5%～35%（含）	3.420	3.573	－0.154***	＜0.001
	65%～95%（含）	前5%（含）	3.420	3.665	－0.245***	＜0.001
	35%～65%（含）	5%～35%（含）	3.534	3.573	－0.040	0.104
	35%～65%（含）	前5%（含）	3.534	3.665	－0.131***	＜0.001
	5%～35%（含）	前5%（含）	3.573	3.665	－0.092*	0.016
防范风险能力	后5%	65%～95%（含）	3.432	3.630	－0.197**	0.005
	后5%	35%～65%（含）	3.432	3.752	－0.32***	＜0.001
	后5%	5%～35%（含）	3.432	3.820	－0.387***	＜0.001
	后5%	前5%（含）	3.432	3.884	－0.452***	＜0.001
	65%～95%（含）	35%～65%（含）	3.630	3.752	－0.123***	＜0.001
	65%～95%（含）	5%～35%（含）	3.630	3.820	－0.190***	＜0.001
	65%～95%（含）	前5%（含）	3.630	3.884	－0.255***	＜0.001
	35%～65%（含）	5%～35%（含）	3.752	3.820	－0.068***	＜0.001
	35%～65%（含）	前5%（含）	3.752	3.884	－0.132***	＜0.001
	5%～35%（含）	前5%（含）	3.820	3.884	－0.065	0.123

续表

	(I)成绩	(J)成绩	(I)平均值	(J)平均值	差值(I)−(J)	p
逆境奋起能力	后5%	65%~95%(含)	3.259	3.559	−0.300***	<0.001
	后5%	35%~65%(含)	3.259	3.698	−0.439***	<0.001
	后5%	5%~35%(含)	3.259	3.755	−0.496***	<0.001
	后5%	前5%(含)	3.259	3.839	−0.580***	<0.01
	65%~95%(含)	35%~65%(含)	3.559	3.698	−0.139***	<0.001
	65%~95%(含)	5%~35%(含)	3.559	3.755	−0.196***	<0.001
	65%~95%(含)	前5%(含)	3.559	3.839	−0.280***	<0.001
	35%~65%(含)	5%~35%(含)	3.698	3.755	−0.056**	0.005
	35%~65%(含)	前5%(含)	3.698	3.839	−0.141***	<0.001
	5%~35%(含)	前5%(含)	3.755	3.839	−0.085*	0.036

(五)大学生创新创业能力的社团经历差异与分析

社团的参与年限越长,说明个体已形成了社团身份认同和价值共识[1],因此以参与社团年限作为主要维度衡量学生的社团经历具有合理性。如表 5-9 所示,单因素方差分析发现,对于不同社团参与年限的大学生而言,其创新创业能力存在显著差异($p<0.001$);从能力得分均值来看,社团参与时间越长,大学生创新创业各子能力均表现出一致性增长趋势。如表 5-10 所示,事后多重比较检验结果表明,具有"1 年及以下"社团参与经历学生的果断决策能力显著高于无社团经历的学生($p<0.001$);具有"1~2 年(含)"以及"2 年以上"社团参与经历的大学生在各个子能力上的得分均值皆不具有显著性差异($p>0.05$)。

表 5-9　大学生创新创业能力的社团经历差异

差异比较		创新创业能力	目标确定能力	行动筹划能力	果断决策能力	沟通合作能力	把握机遇能力	防范风险能力	逆境奋起能力
无	M	3.578	3.670	3.567	3.427	3.655	3.442	3.669	3.615
	SD	0.572	0.608	0.649	0.671	0.624	0.657	0.639	0.664

---

①张艳萍.科技创新型社团对大学生创新能力养成的影响研究:基于生活史的探索[J].教育发展研究,2020,40(19):69-76

续表

差异比较		创新创业能力	目标确定能力	行动筹划能力	果断决策能力	沟通合作能力	把握机遇能力	防范风险能力	逆境奋起能力
1年及以下	M	3.662	3.740	3.641	3.521	3.745	3.531	3.762	3.702
	SD	0.483	0.540	0.558	0.602	0.540	0.579	0.542	0.583
1~2年（含）	M	3.717	3.764	3.694	3.568	3.823	3.607	3.826	3.750
	SD	0.500	0.571	0.589	0.612	0.536	0.590	0.549	0.605
2年以上	M	3.794	3.855	3.767	3.651	3.898	3.683	3.886	3.821
	SD	0.522	0.626	0.608	0.653	0.562	0.597	0.560	0.603
F		24.071***	11.591***	15.263***	16.817***	27.697***	23.350***	22.391***	15.608***

此分析结果从实证数据层面支持了社团在高校创新创业教育中具有重要作用的观点[1][2]，访谈结果也支持了社团在创新创业能力发展中的重要作用，受访学生指出，"解决问题的能力和社交能力都有所提高，加入了一些社团组织，认识了更多的朋友，参加各种比赛，学到了很多书本之外的知识"（2021041901-X-6-C）。

此外，社团经历能够显著提高大学生的果断决策能力。这似乎说明，社团作为大学生个性发展的重要平台，学生多方面能力都能够得到锻炼。并且当他们比较自主地开展活动时，其决策能力就会在无形中得到提高，特别是决策的果敢性和果断性的提升。当然，可能是社团自身组织活动所具有的挑战性有限的问题，所以对学生果断决策能力的培养也是有限的，当提升到一定程度之后就不再提升，也即出现了边际效应。通过调查发现，这个边际效应值是当学生进入社团年限1年后，其能力增值速度趋缓。可能的原因是当学生逐渐成长为社团"老人"后，他对社团的新鲜感降低，社团工作也不再具有高挑战性，工作上产生"路径依赖"，认为"社团工作轻车熟路"（2021042101-G-1-L）。如此一来，学生容易渐渐丧失主动创造的行为动机。所以，尽管能力得分仍呈增长趋势，但在统计学上已经不具有显著性意义。因此，如何使社团活动具有新鲜感和挑战性是高校创新创业教育亟需关注的一个重要问题。

①孙榆婷，杜在超，赵国昌，赵丽秋.大学生社团参与对毕业生起薪的影响[J].南开经济研究，2021(2)：110-129.

②刘树春.基于第二课堂建设推动创新创业教育有效开展[J].江苏高教，2015(3)：119-120，135.

表 5-10　基于社团经历的大学生创新创业能力事后多重比较（Tamhane T2）

	（I） 名称	（J） 名称	（I） 平均值	（J） 平均值	差值 （I）－（J）	p
创新创业能力	无	1 年及以下	3.578	3.662	−0.084***	＜0.001
	无	1～2 年（含）	3.578	3.717	−0.139***	＜0.001
	无	2 年以上	3.578	3.794	−0.216***	＜0.001
	1 年及以下	1～2 年（含）	3.662	3.717	−0.055**	0.002
	1 年及以下	2 年以上	3.662	3.794	−0.132***	＜0.001
	1～2 年（含）	2 年以上	3.717	3.794	−0.077	0.061
目标确定能力	无	1 年及以下	3.670	3.740	−0.071**	0.002
	无	1～2 年（含）	3.670	3.764	−0.094***	＜0.001
	无	2 年以上	3.670	3.855	−0.186***	＜0.001
	1 年及以下	1～2 年（含）	3.740	3.764	−0.023	0.582
	1 年及以下	2 年以上	3.740	3.855	−0.115**	0.006
	1～2 年（含）	2 年以上	3.764	3.855	−0.092	0.061
行动筹划能力	无	1 年及以下	3.567	3.641	−0.074**	0.002
	无	1～2 年（含）	3.567	3.694	−0.127***	＜0.001
	无	2 年以上	3.567	3.767	−0.200***	＜0.001
	1 年及以下	1～2 年（含）	3.641	3.694	−0.053*	0.018
	1 年及以下	2 年以上	3.641	3.767	−0.126**	0.002
	1～2 年（含）	2 年以上	3.694	3.767	−0.073	0.178
果断决策能力	无	1 年及以下	3.427	3.521	−0.093***	＜0.001
	无	1～2 年（含）	3.427	3.568	−0.141***	＜0.001
	无	2 年以上	3.427	3.651	−0.224***	＜0.001
	1 年及以下	1～2 年（含）	3.521	3.568	−0.047	0.058
	1 年及以下	2 年以上	3.521	3.651	−0.131**	0.002
	1～2 年（含）	2 年以上	3.568	3.651	−0.083	0.138

	（I）名称	（J）名称	（I）平均值	（J）平均值	差值（I）－（J）	p
沟通合作能力	无	1年及以下	3.655	3.745	−0.090***	<0.001
	无	1～2年（含）	3.655	3.823	−0.168***	<0.001
	无	2年以上	3.655	3.898	−0.243***	<0.001
	1年及以下	1～2年（含）	3.745	3.823	−0.078***	<0.001
	1年及以下	2年以上	3.745	3.898	−0.153***	<0.001
	1～2年（含）	2年以上	3.823	3.898	−0.075	0.107
把握机遇能力	无	1年及以下	3.442	3.531	−0.089***	<0.001
	无	1～2年（含）	3.442	3.607	−0.165***	<0.001
	无	2年以上	3.442	3.683	−0.241***	<0.001
	1年及以下	1～2年（含）	3.531	3.607	−0.076***	<0.001
	1年及以下	2年以上	3.531	3.683	−0.153***	<0.001
	1～2年（含）	2年以上	3.607	3.683	−0.077	0.137
防范风险能力	无	1年及以下	3.669	3.762	−0.093***	<0.001
	无	1～2年（含）	3.669	3.826	−0.157***	<0.001
	无	2年以上	3.669	3.886	−0.217***	<0.001
	1年及以下	1～2年（含）	3.762	3.826	−0.064**	0.001
	1年及以下	2年以上	3.762	3.886	−0.124***	0.001
	1～2年（含）	2年以上	3.826	3.886	−0.060	0.284
逆境奋起能力	无	1年及以下	3.615	3.702	−0.087***	<0.001
	无	1～2年（含）	3.615	3.750	−0.135***	<0.001
	无	2年以上	3.615	3.821	−0.206***	<0.001
	1年及以下	1～2年（含）	3.702	3.750	−0.049*	0.044
	1年及以下	2年以上	3.702	3.821	−0.119**	0.003
	1～2年（含）	2年以上	3.75	3.821	−0.071	0.208

（六）大学生创新创业能力的学生干部经历差异与分析

学生干部是中国高校学生中的特殊群体，他们一方面具有"学生"身份，另一方面也由于承担了部分学生事务管理工作、思想政治教育工作，而具备"学

工干部"身份。我国高校以学生干部作为重要抓手,加强学生干部群体在学生群体中的表率作用,并也借由学生干部经历锻炼学生的能力与素养,揭示了学生干部经历为学生大学生活中的重要组成部分。[①]

如表5-11所示,本书数据表明,大学生创新创业能力及其子能力在学生干部经历维度上存在显著性差异。从描述性统计分析结果来看,大学生创新创业能力及其子能力发展水平基本上呈现出"无经历"<"1年及以下"经历<"1~2年(含)"经历<"2年以上"经历。这表明学生干部经历对学生能力发展产生了重要的正向影响,如受访学生所言,"我觉得我与人沟通交流、统筹规划的能力成长最多,这些能力是通过做学生工作、社会实践、志愿活动等获得增长的"(2021062901-X-10-L)、"我的组织能力成长很多。本人担任班长,组织过班级活动。大学是自由的,更多的是靠班干部给大家传递一些信息"(2021062101-N-7-C)、"自己与人沟通的能力成长了很多。大一时,我选择参加了女生部,成为女生部的干事;大二时,通过面试我成为团委学生会自律部的副部长;大三时,通过同学们的投票我成为班级的班长。经过这些学生工作的磨炼,我与人沟通的能力得到了提升"(2021062201-F-7-S)、"参加社团尤其是当了部长以后与他人交往、有效沟通能得到很好的锻炼"(2020062101-H-1-Z)。

那么,担任学生干部对能力发展的影响机制是什么?结合访谈材料,本书认为,大学生乐于参与学生管理工作,可能首先意味着其具有极强的自信心与责任心,且有可能本身就有较强的能力,又具有较强的自学能力,善于从处理各项事务中汲取资源服务于个体成长,因此担任学生干部经历能够获得较大的能力增值。受访学生谈到,"大学也是一个小社会,与人交往过程中对于语言组织和表达能力的要求是必须的。通过三年的学生干部经历,我强化了与人交流沟通的能力,个人综合素质得到不断提升"(2021060201-H-2-H)、"在这方面,对我影响最大的是我在大一时期加入的院学生会经历,我加入的是新媒体中心部门,这个部门的工作主要是负责院公众号推送的撰写和编辑,但它对于与人沟通的能力要求较高,因为你不仅需要与推送的对象进行交流,还需要和各审核人员进行沟通,非常考验一个人的沟通和理解能力"(2021062201-N-4-K)。此外,院校通常建立各类培训与新老传帮带等体制机制,这也为学生干部的成长给予了充分的保障与支持。

---

① 崔盛,吴秋翔.信号识别还是能力提升:高校学生干部就业影响机制研究[J].北京大学教育评论,2018,16(1):138-158,191.

表 5-11　大学生创新创业能力的学生干部经历差异

差异比较		创新创业能力	目标确定能力	行动筹划能力	果断决策能力	沟通合作能力	把握机遇能力	防范风险能力	逆境奋起能力
无	M	3.577	3.663	3.553	3.436	3.628	3.457	3.681	3.624
	SD	0.511	0.565	0.590	0.616	0.564	0.598	0.569	0.609
1 年及以下	M	3.703	3.776	3.690	3.563	3.804	3.566	3.792	3.734
	SD	0.498	0.547	0.574	0.611	0.542	0.594	0.557	0.605
1～2 年（含）	M	3.724	3.764	3.709	3.568	3.840	3.610	3.835	3.754
	SD	0.510	0.593	0.598	0.634	0.547	0.610	0.579	0.601
2 年以上	M	3.774	3.855	3.734	3.611	3.908	3.635	3.872	3.805
	SD	0.512	0.568	0.577	0.646	0.554	0.595	0.543	0.604
F		41.310***	25.580***	32.177***	23.713***	69.721***	26.055***	31.248***	23.026***

表 5-12 所示,事后多重比较结果表明,"无学生干部经历"与"有学生干部经历"(包含"1 年及以下""1～2 年(含)"与"2 年以上")的大学生在创新创业能力及其子能力上均呈现显著差异,且呈现"有学生干部经历"大学生创新创业能力及其子能力显著高于"无学生干部经历"。这印证了上文所指出的担任学生干部对大学生能力增值的重要作用。

表 5-12　基于学生干部经历的大学生创新创业能力事后多重比较结果 (Tamhane T2)

	（I）创业经历	（J）创业经历	（I）平均值	（J）平均值	差值（I）−（J）	p
创新创业能力	无经历	1 年及以下	3.577	3.703	−0.127***	<0.001
	无经历	1～2 年（含）	3.577	3.724	−0.147***	<0.001
	无经历	2 年以上	3.577	3.774	−0.198***	<0.001
	1 年及以下	1～2 年（含）	3.703	3.724	−0.021	0.714
	1 年及以下	2 年以上	3.703	3.774	−0.071*	0.013
	1～2 年（含）	2 年以上	3.724	3.774	−0.050	0.200
目标确定能力	无经历	1 年及以下	3.663	3.776	−0.113***	<0.001
	无经历	1～2 年（含）	3.663	3.764	−0.101***	<0.001
	无经历	2 年以上	3.663	3.855	−0.192***	<0.001
	1 年及以下	1～2 年（含）	3.776	3.764	0.012	0.968
	1 年及以下	2 年以上	3.776	3.855	−0.078*	0.014
	1～2 年（含）	2 年以上	3.764	3.855	−0.090**	0.009

续表

	(I) 创业经历	(J) 创业经历	(I) 平均值	(J) 平均值	差值 (I)−(J)	p
行动筹划能力	无经历	1年及以下	3.553	3.690	−0.138***	<0.001
	无经历	1~2年(含)	3.553	3.709	−0.156***	<0.001
	无经历	2年以上	3.553	3.734	−0.181***	<0.001
	1年及以下	1~2年(含)	3.690	3.709	−0.019	0.866
	1年及以下	2年以上	3.690	3.734	−0.043	0.383
	1~2年(含)	2年以上	3.709	3.734	−0.025	0.877
果断决策能力	无经历	1年及以下	3.436	3.563	−0.127***	<0.001
	无经历	1~2年(含)	3.436	3.568	−0.132***	<0.001
	无经历	2年以上	3.436	3.611	−0.175***	<0.001
	1年及以下	1~2年(含)	3.563	3.568	−0.005	0.999
	1年及以下	2年以上	3.563	3.611	−0.047	0.395
	1~2年(含)	2年以上	3.568	3.611	−0.043	0.579
沟通合作能力	无经历	1年及以下	3.628	3.804	−0.176***	<0.001
	无经历	1~2年(含)	3.628	3.840	−0.213***	<0.001
	无经历	2年以上	3.628	3.908	−0.280***	<0.001
	1年及以下	1~2年(含)	3.804	3.840	−0.036	0.253
	1年及以下	2年以上	3.804	3.908	−0.104***	<0.001
	1~2年(含)	2年以上	3.840	3.908	−0.067	0.069
把握机遇能力	无经历	1年及以下	3.457	3.566	−0.109***	<0.001
	无经历	1~2年(含)	3.457	3.610	−0.153***	<0.001
	无经历	2年以上	3.457	3.635	−0.178***	<0.001
	1年及以下	1~2年(含)	3.566	3.610	−0.044	0.187
	1年及以下	2年以上	3.566	3.635	−0.069	0.055
	1~2年(含)	2年以上	3.610	3.635	−0.026	0.873
防范风险能力	无经历	1年及以下	3.681	3.792	−0.111***	<0.001
	无经历	1~2年(含)	3.681	3.835	−0.154***	<0.001
	无经历	2年以上	3.681	3.872	−0.191***	<0.001
	1年及以下	1~2年(含)	3.792	3.835	−0.042	0.171
	1年及以下	2年以上	3.792	3.872	−0.080**	0.009
	1~2年(含)	2年以上	3.835	3.872	−0.037	0.570

续表

	(I) 创业经历	(J) 创业经历	(I) 平均值	(J) 平均值	差值 (I)-(J)	p
逆境奋起能力	无经历	1年及以下	3.624	3.734	-0.110***	<0.001
	无经历	1~2年(含)	3.624	3.754	-0.130***	<0.001
	无经历	2年以上	3.624	3.805	-0.181***	<0.001
	1年及以下	1~2年(含)	3.734	3.754	-0.020	0.847
	1年及以下	2年以上	3.734	3.805	-0.071	0.051
	1~2年(含)	2年以上	3.754	3.805	-0.051	0.331

然而,就创新创业能力分析结果来看,在有学生干部经历群体中,仅"1年及以下"与"2年以上"存在显著性差异($p<0.05$),尤为值得注意的是,"1年及以下"与"1~2年(含)"、"1~2年(含)"与"2年以上"不具有显著性差异。如受访学生所言,"担任班长三年,面对渐渐复杂且繁杂的班级事务,我逐渐从事事亲力亲为转变为做好统筹和协调工作,让整个团队运转起来,确实提高了工作效率,自己也愈加得心应手"(20200710-J-6-L)、"我在大一担任了校协会的团员,大二、大三连续担任了校教风督察部干事、部长。在一次次的面试、上台表演和开会安排、部门协作中,不断提高个人的表达能力。因此,学生工作提高了我的团队合作、沟通协调能力,长达160多个小时的志愿服务活动更加强了我的奉献意识,使自己不断成长、成为更优秀的自己"(2020072901-F-2-J)、"在大学期间担任了许多的职位,从什么都不懂的小白,到最后能独当一面,能管理好自己的团队,是在不断的磨炼中获得的。然后做的许多实验,也经历过挫折,但是越战越勇"(2020062701-S-7-S)。该研究结果表明,学生干部能力发展存在一定的积累期与潜伏期。同时也指出了学生干部在创新创业能力发展上可能具有边际效应,参与时间越长,对于大学生能力增值空间可能越小。如此可言,对于学生干部"新手",高校应该给予更多的培训与辅导,相反,对于长期担任学生干部的大学生群体,学校可以给予更多高挑战性的活动,以及创造更加自由包容的环境,促使其更快成长。

(七)大学生创新创业能力的创业经历差异与分析

近年来,我国高校重视推动大学生创业,普遍建立了以创业园、创业中心等为代表的创业实践平台,也加强推动企业行业负责人以及校友走进校园,为

大学生创业提供指导。本书根据大学生是否具有创业经历将其分为两类群体,考察不同创业经历大学生创新创业能力的水平。结果显示,不同创业经历大学生的创新创业能力及其子能力水平具有显著性差异($p<0.001$)。

具体而言,无创业经历学生的创新创业能力为 3.637(SD=0.556),其结构为:防范风险能力($M=3.740$,SD=0.564)>沟通合作能力($M=3.727$,SD=0.556)>目标确定能力($M=3.714$,SD=0.562)>逆境奋起能力($M=3.673$,SD=0.604)>行动筹划能力($M=3.617$,SD=0.580)>把握机遇能力($M=3.504$,SD=0.592)>果断决策能力($M=3.486$,SD=0.615)。有创业经历大学生的创新创业能力为 3.882(SD=0.518),比无创业经历大学生的创新创业能力高 0.245。就有创业经历大学生创新创业能力结构而言,其子能力发展如下:防范风险能力($M=3.953$,SD=0.574)>沟通合作能力($M=3.949$,SD=0.570)>逆境奋起能力($M=3.919$,SD=0.600)>目标确定能力($M=3.918$,SD=0.587)>行动筹划能力($M=3.861$,SD=0.614)>把握机遇能力($M=3.806$,SD=0.614)>果断决策能力($M=3.777$,SD=0.635)。(见表 5-13)

以上研究表明,具有创业经历的大学生创新创业能力较好。且两类大学生在把握机遇能力上差值最大,为 0.302,其次为果断决策能力,差值为 0.291。这与传统认知具有一致性。一般情况下,选择创业意味着需要承受风险,当然,选择创业也意味着他们看到了机遇,所以敢于把握机遇,敢于承受创业带来的不确定性。

表 5-13 大学生创新创业能力的创业经历差异

差异比较		创新创业能力	目标确定能力	行动筹划能力	果断决策能力	沟通合作能力	把握机遇能力	防范风险能力	逆境奋起能力
无	M	3.637	3.714	3.617	3.486	3.727	3.504	3.740	3.673
	SD	0.504	0.562	0.580	0.615	0.556	0.592	0.564	0.604
有	M	3.882	3.918	3.861	3.777	3.949	3.806	3.953	3.919
	SD	0.518	0.587	0.614	0.635	0.570	0.614	0.574	0.600
T		-12.137^{***}	-9.013^{***}	-10.453^{***}	-11.781^{***}	-9.913^{***}	-12.683^{***}	-9.408^{***}	-10.182^{***}

二、基于院校特征变量的大学生创新创业能力发展情况

(一)大学生创新创业能力的院校类型差异与分析

根据创新创业能力描述性分析结果:其他普通本科高校学生($M=3.687$,$SD=0.480$)>一流学科建设高校学生($M=3.662$,$SD=0.500$)>高职高专院校学生($M=3.660$,$SD=0.524$)>一流大学建设高校学生($M=3.651$,$SD=0.535$)。由表 5-14 可以发现,大学生创新创业能力与高校类型不存在显著性差异($p>0.05$)。这指出,各类型高校现行的创新创业教育体系可能没有差异,所以导致各个类型高校大学生创新创业能力不存在差异。

表 5-14 大学生创新创业能力的学校类型差异

差异比较		创新创业能力	目标确定能力	行动筹划能力	果断决策能力	沟通合作能力	把握机遇能力	防范风险能力	逆境奋起能力
一流大学建设高校	M	3.651	3.731	3.599	3.507	3.754	3.523	3.779	3.667
	SD	0.535	0.581	0.611	0.663	0.592	0.630	0.600	0.653
一流学科建设高校	M	3.662	3.766	3.638	3.446	3.783	3.500	3.797	3.704
	SD	0.500	0.554	0.596	0.641	0.557	0.606	0.552	0.618
普通本科院校	M	3.687	3.762	3.671	3.554	3.777	3.549	3.776	3.724
	SD	0.480	0.548	0.559	0.587	0.538	0.574	0.547	0.578
高职高专院校	M	3.660	3.710	3.658	3.539	3.721	3.561	3.733	3.707
	SD	0.524	0.581	0.594	0.614	0.560	0.603	0.573	0.597
F		1.401	3.548*	4.112**	7.193***	4.265**	2.803*	3.808**	2.213

上述结果在一定程度上说明拥有优质教育资源的一流大学建设高校在大学生创新创业能力培养上成效并不显著,这应该引起高校重视。当然,创新创业能力自评测量方式可能也在一定程度上影响调查结果,因为能力自评结果还与学生的自我发展期待、院校期待等主观因素有关。一般而言,一流大学建设高校学生自我期待普遍较高,那么在自我评价上会出现低估倾向,而且个体评价一般是参照个体在群体中的相对位置,如果个体在群体中表现不是非常突出,那么就会倾向于低估自己的实力。这在一定程度上可以解释为什么一流大学建设高校学生的创新创业能力表现较低的现象。除此之外,由于大学生创新创业能力在个体特征维度上均具有显著性差异,所以有理由认为,相

较于宏观层面的教育资源投入而言,学生个体投入度对大学生创新创业能力影响更大。因此,激发学生自主发展动力应成为各类高校创新创业教育的重点。

就具体能力维度而言,除逆境奋起能力外($p>0.05$),其他六个子能力的均值与高校类型具有显著性差异。在此基础上进行事后多重比较。如表5-15所示,其一,高职高专院校学生与一流学科建设高校学生在目标确定能力维度上具有显著性差异($p<0.05$),也与普通本科院校学生具有显著性差异($p<0.01$)。结合能力得分均值可以发现,高职高专院校学生在目标确定能力维度上的得分均值最低。通过对数名高职高专院校的学生访谈资料进行分析,发现学生普遍表示对于未来发展处于迷茫状态,突出体现在深造与就业之间选择的矛盾。一般而言,高职高专院校的培养目标是应用型人才,毕业后可以直接走向职场,但由于近年来专升本热度不断攀升,学生又缺乏坚定的自我认知与自我判断,容易出现跟风状态,事实上并未考虑到自我发展的实际需求。其二,在行动筹划能力上,一流大学建设高校的学生与普通本科高校的学生具有显著性差异($p<0.01$),与高职高专院校的学生也同样具有显著性差异($p<0.05$)。结合能力均值得分情况来看,一流大学建设高校学生的行动筹划能力相较于其他类型高校而言是最低的。其三,一流学科建设高校的学生在果断决策能力维度上的得分均值显著低于高职高专院校的学生($p<0.01$),同样显著低于普通本科高校的学生($p<0.05$)。而其他高校类型在果断决策能力维度上不存在显著性差异。其四,高职高专院校的学生在沟通合作能力维度上的得分均值显著低于普通本科高校的学生($p<0.05$),同样显著低于一流学科建设高校的学生($p<0.05$)。其五,高职高专院校的学生与一流学科建设高校的学生在把握机遇能力维度上以及防范风险能力维度上均具有显著性差异($p<0.05$)。但高职高专院校学生的把握机遇能力显著高于一流学科建设高校学生,而一流学科建设高校的学生在防范风险能力上显著高于高职高专院校的学生。这与一流学科建设高校学生的果断决策能力、把握机遇能力的发展水平较低互证,同时也进一步验证了果断决策能力与防范风险能力具有内在关联性。

表 5-15　基于学校类型的大学生创新创业能力事后多重比较结果（Tamhane T2）

	（I）学校	（J）学校	（I）平均值	（J）平均值	差值（I）－（J）	p
创新创业能力	高职高专院校	其他普通本科院校	3.660	3.687	−0.027	0.367
	高职高专院校	一流学科建设高校	3.660	3.662	−0.001	1.000
	高职高专院校	一流大学建设高校	3.660	3.651	0.010	0.974
	其他普通本科院校	一流学科建设高校	3.687	3.662	0.025	0.596
	其他普通本科院校	一流大学建设高校	3.687	3.651	0.036	0.203
	一流学科建设高校	一流大学建设高校	3.662	3.651	0.011	0.975
目标确定能力	高职高专院校	其他普通本科院校	3.710	3.762	−0.052*	0.021
	高职高专院校	一流学科建设高校	3.710	3.766	−0.056*	0.038
	高职高专院校	一流大学建设高校	3.710	3.731	−0.021	0.764
	其他普通本科院校	一流学科建设高校	3.762	3.766	−0.004	1.000
	其他普通本科院校	一流大学建设高校	3.762	3.731	0.031	0.445
	一流学科建设高校	一流大学建设高校	3.766	3.731	0.035	0.451
行动筹划能力	高职高专院校	其他普通本科院校	3.658	3.671	−0.013	0.933
	高职高专院校	一流学科建设高校	3.658	3.638	0.020	0.854
	高职高专院校	一流大学建设高校	3.658	3.599	0.059*	0.022
	其他普通本科院校	一流学科建设高校	3.671	3.638	0.033	0.498
	其他普通本科院校	一流大学建设高校	3.671	3.599	0.072**	0.004
	一流学科建设高校	一流大学建设高校	3.638	3.599	0.039	0.402
果断决策能力	高职高专院校	其他普通本科院校	3.539	3.554	−0.015	0.916
	高职高专院校	一流学科建设高校	3.539	3.446	0.093***	<0.001
	高职高专院校	一流大学建设高校	3.539	3.507	0.033	0.478
	其他普通本科院校	一流学科建设高校	3.554	3.446	0.108***	<0.001
	其他普通本科院校	一流大学建设高校	3.554	3.507	0.047	0.166
	一流学科建设高校	一流大学建设高校	3.446	3.507	−0.061	0.098

续表

	（I） 学校	（J） 学校	（I） 平均值	（J） 平均值	差值 （I）－（J）	p
沟通合作能力	高职高专院校	其他普通本科院校	3.721	3.777	-0.056^{**}	0.008
	高职高专院校	一流学科建设高校	3.721	3.783	-0.062^{*}	0.014
	高职高专院校	一流大学建设高校	3.721	3.754	-0.034	0.334
	其他普通本科院校	一流学科建设高校	3.777	3.783	-0.006	0.998
	其他普通本科院校	一流大学建设高校	3.777	3.754	0.023	0.740
	一流学科建设高校	一流大学建设高校	3.783	3.754	0.029	0.650
把握机遇能力	高职高专院校	其他普通本科院校	3.561	3.549	0.011	0.963
	高职高专院校	一流学科建设高校	3.561	3.500	0.061^{*}	0.033
	高职高专院校	一流大学建设高校	3.561	3.523	0.037	0.300
	其他普通本科院校	一流学科建设高校	3.549	3.500	0.050	0.143
	其他普通本科院校	一流大学建设高校	3.549	3.523	0.026	0.681
	一流学科建设高校	一流大学建设高校	3.500	3.523	-0.024	0.831
防范风险能力	高职高专院校	其他普通本科院校	3.733	3.776	-0.043	0.078
	高职高专院校	一流学科建设高校	3.733	3.797	-0.064^{*}	0.010
	高职高专院校	一流大学建设高校	3.733	3.779	-0.046	0.095
	其他普通本科院校	一流学科建设高校	3.776	3.797	-0.021	0.808
	其他普通本科院校	一流大学建设高校	3.776	3.779	-0.003	1.000
	一流学科建设高校	一流大学建设高校	3.797	3.779	0.018	0.910
逆境奋起能力	高职高专院校	其他普通本科院校	3.707	3.724	-0.017	0.866
	高职高专院校	一流学科建设高校	3.707	3.704	0.003	1.000
	高职高专院校	一流大学建设高校	3.707	3.667	0.040	0.246
	其他普通本科院校	一流学科建设高校	3.724	3.704	0.020	0.886
	其他普通本科院校	一流大学建设高校	3.724	3.667	0.057	0.053
	一流学科建设高校	一流大学建设高校	3.704	3.667	0.037	0.495

(二)大学生创新创业能力的学科类别差异与分析

不同学科在某种程度上隐含着不同的课程学习模式和个体思维方式[①]，故而，学科类型的差异也就为大学生个体成长提供和塑造了非一致性环境。如表5-16所示，大学生创新创业能力及其子能力在学科类型上具有显著性差异。在此基础上进行均值比较发现，不管是总体能力还是各个子能力，均呈现理工农医科大学生能力显著优于人文社科大学生。具体而言，理工农医科大学生对果断决策能力的自我评价得分均值与人文社科大学生的相比差距最大，其次为把握机遇能力。

结合以往研究及样本信息，尝试对该研究结果形成的可能原因进行分析。首先，学科的根本属性是造成能力差异的关键原因。创新创业能力培养更为关注实践、强调知识应用，[②]而人文社科知识的市场指向性较低，从而在实习实践活动上训练可能就较少，进而有可能阻碍了学生实践能力的增值。其次，创新创业活动不平衡生态是形成大学生能力差异的重要因素。创新创业教育体制化建设为大学生创新创业能力发展提供了良好的平台。但是，根据相关调查，各类创新创业大赛、创新创业项目等活动的学科偏向、参与主体，甚至奖项集中度，人文社科却明显少于理工农医科。[③] 这为我国创新创业项目的开展敲响了警钟。最后，学科类型中学生群体的性别占比也是造成能力差异的一大原因。一般情况下，人文社科学科中女生偏多，因此根据前文对性别与创新创业能力的差异分析，人文社科学生果断决策能力与把握机遇能力较低也便能够得到解释。如受访者所言，"目前的培养方案呆板。针对不同类型的学生，应该更具个性化培养，有些课程十分重要却浅尝辄止，不够深入，而有些课程却略显多余。对于学习能力强的学生可以提前修完学分，进而有机会尝试更多的可能。此外，应当增进跨专业学科的交流学习"（20200611021-F-8-D）。当然，我们也必须看到，大学生创新创业能力具有鲜明的学科差异也从侧面指明了我国高校在推进创新创业教育跨学科发展上需要进一步思考。

---

①华勒斯坦，等.学科知识权力[M].刘建芝，等编译.北京：生活·读书·新知三联出版社，1999：26.

②赵军，焦磊.我国高校普及创新创业教育的困境、取向及理路[J].教育发展研究，2018,38(11)：67-72.

③陈临强，赵春鱼，赵燕，陆国栋.理工类大学生竞赛发展生态及治理优化：基于2012—2019年状态数据的分析[J].高等工程教育研究，2020(6)：67-72.

表 5-16　大学生创新创业能力的学科类别差异

差异比较		创新创业能力	目标确定能力	行动筹划能力	果断决策能力	沟通合作能力	把握机遇能力	防范风险能力	逆境奋起能力
人文社科	M	3.637	3.716	3.624	3.470	3.731	3.503	3.746	3.676
	SD	0.496	0.558	0.576	0.607	0.544	0.587	0.555	0.591
理工农医	M	3.697	3.763	3.669	3.576	3.778	3.579	3.787	3.731
	SD	0.526	0.579	0.604	0.638	0.579	0.617	0.583	0.627
T		-4.508^{***}	-3.210^{**}	-2.947^{**}	-6.586^{***}	-3.295^{***}	-4.911^{***}	-2.830^{**}	-3.485^{***}

第四节　大学生创新创业能力的测量结果及提升建议

一、大学生创新创业能力发展水平的测量结果

运用自主研制的大学生创新创业能力量表测量了我国大学生的创新创业能力水平,结合访谈材料与已有相关研究对测量结果进行深度分析,以深入揭示我国大学生创新创业能力发展水平与基本特征的形成原因。总体而言,通过实证数据调查得出了以下基本结论。

第一,我国大学生创新创业能力总体处于中等水平,但 7 个子能力发展结构不均衡,尤其是在把握机遇能力和果断决策能力方面表现较弱。研究发现指出我国大学生在自我审视以及与人交往方面的评价更加积极,但是一旦涉及面对复杂社会所需要的心理素质,如判断决策、把握机遇等则显得信心不足。我国大学生思维活跃,敢于尝试新鲜事物,其创新创业能力发展现状可能与近年来我国普遍推行的创新创业项目实践以及创新高校课堂教学有密切联系。创新创业项目与课堂教学改革的实质在于调动学生参与的内在积极性,激发学生自主发展动力,活动方式大多为合作学习与自主学习。在此种育人实践中,学生必须积极主动地和外部社会进行交互与碰撞,必须推动自己从以往传统的单向接受知识式的教学环境中脱离,必须掌握学习的主动权。因此,学生在知识探究中、在团队合作中可能将获得更大的成长与提升。

第二,大学生创新创业子能力中具体维度的发展水平不一,子能力存在发展短板。就目标确定能力而言,我国大学生在"自我认同"上的自我评价最好,而在"评估形势"方面的自我评价最低。结合访谈结果,中国大学生"目标迷茫""空心病"等现象的产生根源可能是因为学生个体对社会发展等外部环境存在模糊认知,而非是个体缺乏自我认知与自我认同。就行动筹划能力而言,我国大学生在"制定规划"上的自我评价高于"主动行为"。也就是说,中国大学生在行动筹划上呈现出"知"胜于"行"的表现。就果断决策能力而言,我国大学生在"冒险精神"上的自我评价高于"大胆决策"。根据访谈材料,推测中国新时代青年已然呈现出"敢闯敢创"的精神面貌,高校教育教学应重新认识新时代青年的精神状态与发展需求,将创新创业精神作为高校的重要育人目标,并在培养过程中激发并支持新时代青年的梦想追求。就沟通合作能力而言,我国大学生在"团队合作"上的自我评价高于"沟通交往"。结合相关材料,认为"沉默式参与"与"从众式参与"可能广泛存在于大学生的团队合作中,导致部分学生难以在团队合作中提升沟通交往能力。就把握机遇能力而言,我国大学生在"创新行为"上的自我评价最好,在"忍受不确定性"上的自我评价最低。他们认为充满确定性的道路才是可控的,确定性可以大大减少人的焦虑。这可能是现阶段有部分大学生为避免不安全感,从而选择体制内工作的原因。就防范风险能力而言,我国大学生在"反思学习"上的自我评价高于"风险管理"。这与"忍受不确定性"发展水平较低相互印证。该研究结果也进一步指出,如何推动大学生理性面对风险,理性看待社会发展的不确定性,是中国高校教育教学应该着重思考的问题。就逆境奋起能力而言,我国大学生在"乐观"上的表现强于"韧性"。结合访谈材料可以发现,部分大学生在遭遇挫折时并不会轻易放弃追逐人生目标,反而呈现出较强的耐力与乐观精神。

第三,大学生创新创业能力存在显著的性别、家庭背景、学科、年级、学业基础、社团经历、学生干部经历和创业经历差异,但在所在高校类型与层次上不存在显著差异。具体而言:

其一,男大学生创新创业能力显著高于女大学生。这可能与当前高校创新创业教育活动普遍偏向男大学生偏好的技术类创新创业、企业创业等有关,而对于女性偏好的社会创业等开展较少。

其二,农村大学生的创新创业能力显著低于城市大学生的创新创业能力,尤其是在沟通合作能力上,农村大学生与城市大学生差距最大。这可能与农村大学生在学生组织、社团活动等高校社会性活动中参与不足导致的。

其三,大学生创新创业能力总体上并未出现随年级升高而增长的规律,相反呈现出"不升反降"的现象;大一学生的创新创业能力显著高于大三及以上

年级的学生。结合相关研究与本书访谈材料,大二阶段是大学生寻求自我独立性的关键时期,大二学生开始尝试寻找自我成长的理想目标。一旦大二阶段在目标确定上出现困境,则可能导致大三及之后能力发展出现停滞。当然,自我意识的提升也引发学生提升自我发展要求,自我评价标准有了更大提高,在筹划行动和决策考虑上更加周全。因此自我评判标准的提高可能也是导致大三及以上学生创新创业能力自我评价较低的原因。

其四,学业基础越好的学生,创新创业能力越强。一般而言,学业基础较好意味着学生在学习上具有较高投入度,对学习产生了浓厚的探究兴趣,侧面反映出其自主性与积极性高于学业基础一般的学生。

其五,具有创业经历的学生,创新创业能力显著高于未具有创业经历的学生;社团参与、学生干部任职时间越长,学生的创新创业能力越高,但却存在参与时间越长,能力增值空间越小的现象。高等教育对大学生的影响除了显性的专业知识外,还体现在内化的软技能上。就大学阶段而言,丰富多彩的课外活动是提升大学生软技能的重要途径,而创业、社团与担任学生干部是大学课外活动的典型代表。这些课外活动自主性较高,学生在活动参与或活动组织中进一步增强主动性与积极性;此类活动与社会环境接触较多,学生在参与活动的过程中也能够不断丰富对社会环境的了解与判断。但随着参与时长的增加,学生的新鲜度下降,又加之活动熟悉度提升伴随而来的挑战性下降,学生容易渐渐丧失主动创造的行为动机,因此社团参与带来的创新创业能力增值可能存在边际效益。

其六,理工农医类学生的创新创业能力显著高于人文社科类学生。这可能与学科根本属性有关,理工农医类的知识更加关注实践,强调应用研究,市场指向性较强,从而在培养过程中更加重视学生的实践能力;也有可能与现行的创新创业教育体制化建设有关。相关研究指出,各类创新创业大赛具有明显的理工农医类偏向,如此就阻碍了人文社科类学生的参与。

其七,大学生创新创业能力与高校类型不存在显著性差异。研究认为,导致该研究结果的可能原因是现行创新创业教育具有严重的趋同性,千校一面的现象尤为凸显。各类高校创新创业教育的开展并未与其育人目标、办学定位相融合,也未与其现有的教育资源相匹配,创新创业教育成为高校中的单一、独立的教育轨道,进而导致大学生创新创业能力并未呈现高校类型差异。值得深思的是,作为具有优秀生源与具备卓越办学资源的研究型大学,其所培养的大学生创新创业能力与其他类型高校相比,却尚未具有突出的优势,这是否表明,研究型大学创新创业教育资源投入与产出效益不相匹配？这需要进一步严谨论证。

二、大学生创新创业能力发展水平的提升对策

上述结论说明,大学生创新创业能力水平存在群体差异性,创新创业教育需要遵循个性化规律推进。据此,我们提出建议:

第一,重塑人才培养目标,将创新创业精神作为大学人才培养目标的灵魂。如前文所述,我国大学生创新创业能力结构上存在着失衡,即果断决策能力和把握机遇能力发展水平较低,这与我国高校人才培养缺乏实践能力培养有关,也与创新创业精神还未真正融入人才培养目标有关。在创新创业时代,知识创造价值的速度逐渐加快,社会需求日新月异,大学生如果缺乏实践锻炼的有效渠道,就难以辨别和把握机会,进而也就失去了迎接挑战的锻炼机会,也就难以突破个体成长的"舒适区",更遑论成为引领社会发展的人才。因此,高校应注重将创新创业精神融入人才培养目标设计中,加强对大学生的抉择能力和把握机遇能力培养,弥补大学生创新创业能力发展的短板。

第二,以课堂为创新创业教育的主阵地,通过创新教学方式激发学生学习主体性。实证数据表明,大学生学业水平与创新创业能力发展之间是正相关关系。这意味着,创新创业能力的提升有赖于知识探索能力的提升,而课堂教学方式非常关键,课堂教学担负着把学生从知识的接受者转为知识的探索者的责任。传统高校课堂教学方式主要采用老师单边讲授的方式,学生处于被动接受的角色,学生的主体性被严重遮蔽,难以激发他们探究知识的兴趣。这显然不利于学生学业能力的提升,当然也不利于培养学生的创新意识和创业动力。因此,高校课堂教学改革是推进创新创业教育的重要突破口。一般而言,"以问题为中心"的研究型教学能够较好地调动学生参与课堂的积极性,能够激发学生自主建构起知识的动力;如果课程内容设计具有新颖性和挑战性,就有助于把学生从过去的应试状态转变为主动探索状态,进而可以体验到创新带来的乐趣。这就要求加强实践性教学,关注社会需求,增强学生的问题意识,如此才能推动学生主动运用理论知识联系实际解决问题,从而培育学生创新潜力。①

---

① 王洪才.创新创业能力培养:作为高质量高等教育的核心内涵[J].江苏高教,2021(11):21-27.

第三,提升创新创业项目的针对性应遵循创新创业教育个性化规律。创新创业教育的实效性依赖于对学生个体能动性的激发,不能针对学生个性特点进行施教往往是低效的或无效的。为此,高校开展创新创业教育活动应该首先对参与者个体特征、爱好特长进行充分了解,再基于现实社会需求设计项目,如此提升创新创业教育的实效性。与此同时,高校必须关注大学生发展的阶段性特征,注重大学生适应期的学习动机和学习方式转变,要以创新创业人才为导向培育大学生能力素质。针对大二年级容易出现的低谷现象,应加强大学生适应性培养机制建设。除对男女生创新创业能力差异应有针对性地设计创新创业项目外,创新创业项目设计还必须结合学科背景进行,尤其要注重对人文社科类学生在创新创业项目中的弱势地位的扶持。最后,特别要注重发挥社团等第二课堂对大学生创新创业能力培育的作用,高校要为学生自主开展活动留下充足的自由探索空间,尤其关注农村大学生在社会性活动的融入情况,积极推动参与课外活动的大学生践行"It's to fail"的理念[①],努力培养学生"不畏惧失败,敢于冒险就是光荣"的创新创业精神。

第四,探索差异化高校创新创业教育质量评价体系。研究结果表明大学生创新创业能力不存在高校类型差异,揭露出我国高校创新创业教育差异化发展不突出,创新创业教育与学校办学定位、育人目标融合不紧密的现象。实施创新创业教育是为提升我国高等教育质量做出的重大原创性论断,政府在高校创新创业教育实践中长期扮演着主导角色,这为短期内集中资源开展创新创业教育创造了条件,这也是我国创新创业教育发展迅猛的重要原因。但也正是"自上而下"的组织形式,高校创新创业教育特色化、差异化发展的主体意识不强,在一定程度上也并未把创新创业教育作为本校教育改革创新的突破口,而是将其视为一种不得不完成的"任务",甚至是期冀通过完成相应指标体现高校教育教学绩效的亮点。如此一来,各类型高校追求"向上"完成任务,"向上"报告创新创业赛绩,但对于本校究竟需要什么样的创新创业教育,学生究竟获得了什么样的能力增值却是不清楚的。因此,我国要想深入推进创新创业教育就必须走出"千校一面"的现状,必须推动各类型高校根据本校办学定位、育人目标、办学资源等制定特色化、差异化的创新创业教育。显然,考核评价体系是倒逼高校创新创业教育特色化、差异化发展的关键,亟待深入研究与制定契合各类型高校办学定位、育人目标的创新创业教育考核评价体系,优

---

① 杨同军.美国硅谷地区高校创新创业教育的启示[J].中国成人教育,2015(4):105-106.

化甚至替换当前普遍以学生创业率、创新创业项目参赛率、创新创业教育组织建设等外在的、简单化的、无法彰显特色的创新创业教育考核评价体系。

第五，尽早构建大中小学一体化创新创业教育体系。创新创业教育激发创新创业思维，而创新创业思维、创新创业能力的培养仅仅依靠高等教育这一阶段是全然不够的。访谈结果显示，基础教育阶段形塑的"保守""求稳"心理以及与社会环境接触不足等对高校创新创业教育育人将产生极大的阻碍作用。从国家长远发展所需的创新创业型人才供给与培育来看，我国必须寻求打造基础教育至高等教育，乃至终身教育的创新创业型人才培养体系。尤其，中小学生将是创新创业时代的中流砥柱，基础教育如何更加激发这一批学生的创新创业思维和创新创业渴求，将影响着国家创新创业创造者的数量与质量。推动构建大中小学一体化创新创业教育体系，首先可以从课程体系架构着手，将创新创业精神融入知识结构中；其次，提高基础教育学生参与创新创业教育项目的积极性，并给予过程性关注与考核，避免"教师成果，学生参赛"等现象抑制基础教育创新创业教育的发展活力。

第六，激发教师参与创新创业教育的内生动力，为创新创业教育提供源源不断的活力。教师是开展创新创业能力培养活动的关键群体，如果缺乏一个合格的教师队伍，高校创新创业教育将难以落实，大学生创新创业能力培养也将成为"无水之源"。[①] 落实创新创业教育在于激发教师的内生动力，而激发高校教师参与创新创业教育的动力的首要条件是改革教师评价体系。只有将教师从无休止地科研项目竞争以及无止境地论文发表压力中解脱出来，才能够让他们真心投入教育教学改革的探索之中。其次，高校要将真正的科学的创新创业教育理念注入教师群体的教育理念之中，实现专业教育与创新创业教育的融合。进言之，创新创业精神何以真正贯穿于教育教学中，关键在于教师如何看待创新创业教育，如何理解创新创业精神。如果教师仅仅将创新创业教育等同于参与创新创业教育项目竞赛，看作是专业教育之外的独立教育轨道，那么就难以在专业课程教学中激发学生的创新创业精神，难以在课程教学设计中提升学生的创新创业能力。因此，高校要推动教师真正理解创新创业教育理念的实质乃是创新创业精神与创新创业能力的培养，课堂教学始终是创新创业教育的主阵地。

①王洪才.创新创业教育:中国特色的高等教育发展理念[J].南京师大学报(社会科学版),2021(6):38-46.

第六章

大学生创新创业能力研究的总结与展望

一、大学生创新创业能力研究取得了一系列成果

我们于 2020 年新年伊始正式开展"大学生创新创业能力评价体系与结构模型研究",主要任务已经完成。通过实地研究与理论思辨研究,我们已经建立了大学生创新创业能力评价体系,而且确定了大学生创新创业能力结构模型,从而完成预定的研究任务。此外,我们按照实证研究的思路,对大学生创新创业能力发展现状进行了测量,获得了大学生创新创业能力测评的初步数据,并且对大学生创新创业能力发展状况进行了比较系统的分析,得出了关于促进大学生创新创业能力发展的意见结论。在此基础上我们发表了 20 余篇与课题相关的论文,其中与课题直接相关的 CSSCI 论文有 10 篇,已经达到预定的中期研究任务的要求。具体而言,我们做了如下的基本工作,这些工作在一定程度上具有开创性。

(一)系统探讨了国内外创新创业教育概念的差别

通过查阅大量的相关文献,我们发现,至今国外仍然没有一个完整的创新创业教育概念,通常只有关于创业教育的概念,也很少看到关于创新教育的讨论。虽然国外很早就有关于创造性教育的讨论,但主要是针对中小学生的,并没有出现大学生创新教育概念。这一点似乎出乎人们预料。从国外发达国家高等教育实践看,我们发现他们非常注重创新教育,而且在他们的校园文化中也渗透着浓厚的创新精神,为何国外学术界并没有讨论创新教育这个概念?似乎创新教育思想很早就已经融入他们的教育体系之中了,已经无需再重新提出创新教育概念。而创业教育在过去是一种专门性的教育,兴起的历史也

比较久，早在 20 世纪 40 年代就开始在大学里零星地开展，但直到 20 世纪 80 年代之后才在西方大学广泛推广开来。可能是由于创业教育最初主要是商业教育之下的一个研究方向，所以并不普及，也没有变成大学教育的重要内容。直到 20 世纪 80 年代以后，随着新技术革命的兴起、全球化的发展，创业教育逐渐成为大学教育的一个热点，不仅成为商业教育的一个重要方向，而且也向普及化方向发展，从而也引起了国际大学界的重视。所以国外创新创业教育研究的重点虽然只是创业教育，但其范围包含了我们所讲的创新创业教育内涵。

国内创新创业教育研究热潮是在 2010 年之后才兴起的，而且是在国家政策文件提出来之后才出现的。之前的创新教育与创业教育都是分别进行的，创新教育开始时是培养创造性的教育，集中在基础教育领域。后来随着第三次科技革命浪潮兴起，创新教育也在大学教育中兴起。不过，创新教育一般是指进行创新观念教育，注重于批判性思维培养，并且把焦点放在拔尖创新人才培养上，对于绝大多数学生而言，创新教育集中在创新精神上，即培养人们具有创新的意识。在我国，创业教育开始时是一种专业性教育，也是从国外引进的，集中在商学院，主要是为了培养商科专门人才。后来随着我国大学生就业形势不断变化，逐渐与就业培训联系起来。随着国家经济发展形势进一步变化，特别是"大众创业、万众创新"口号的提出，创新教育与创业教育开始合二为一，分别从庙堂走向民间，也成为大学生教育活动的主题，自此之后，创新创业教育热潮在中国大地上展开，并且成为教育改革的重要突破口。由此我们得出了一个结论：创新创业教育概念是一个地道的中国本土化原创，是中国高等教育改革实践的独创，是中国创新教育与创业教育的普及版和融合版。正是这种普及和融合，使我们在教育理念上实现了国际化，并且走在了世界前列，实现了与国际高等教育改革趋势同频共振的效果，也使创新创业教育实现了本土化，即真正与中国教育改革发展实践联系起来，回应了中国社会经济转型发展的要求。

（二）通过对创新创业教育概念审视，赋予其新内涵

通过大量的实际调查发现，目前大学开展的创新创业教育存在着几个明显的误区：第一个误区是简单地进行创新创业观念灌输，缺乏实践教学的有力配合，从而使学生感觉是纸上谈兵，缺乏实际意义，因而他们参与的积极性不高。第二个误区是把创新创业教育重点集中在少数大学生参加的创新创业计

划项目上，目标是参加"互联网＋"创新创业大赛，或"挑战杯"全国大学生创新创业计划大赛，如此，创新创业教育就集中在少数人身上，与创新创业教育融入教育教学全过程、全员参与和全方位推进的思路就难以吻合。第三个误区是创新教育集中在少数选拔出来的学生身上，创业教育集中在少数立志于经营企业的学生身上。虽然创新创业教育需要采用个性化模式加以推进，但把创新创业教育重点集中在少数人身上就违背了创新创业教育的初衷——面向全体学生的教育。这个误区必须得到纠正。第四个误区就是认为创新创业教育是就业教育的翻版，是鼓励人们自谋职业，是面向目前就业困难形势而开出的一剂药方。显然这个认识就降低了创新创业教育的层次，也淡化了创新创业教育的意义。但我们不得不承认，创新创业教育与就业形势确实具有关系，创新创业教育确实是对就业严峻形势的一种回应，但绝不是这种简单的回应，而是寄希望于高质量的创业带动新产业新业态的发展，因为大学生具有新知识、新技术、新思维的优势，从而在经济发展过程中可以大展身手。但这些都是创新创业教育的溢出效应，不可能是创新创业教育的直接产物，即它是在全体大学生都具有积极的创新创业意愿之后才能出现的结果，并非定点培养的结果。之所以会产生这一系列的误解和实践中的误区，就在于理论界和实践界缺乏对创新创业内涵的科学解读，从而导致人们对创新创业教育理解的偏差。要纠正这些认识的偏差，就需要对创新创业概念的科学内涵加以阐释。

科学的阐释方式需要对创新创业教育本身的普适性加以解析，就必须回归创新创业教育的原点——对创新创业潜能的认识，如果把创新创业能力理解为一种特殊能力或专门能力，那么创新创业教育就无法普及，只有把创新创业能力理解为一种普遍性能力，创新创业教育才有扎根大众的可能，所以我们提出了创新创业是人人具有的一种潜能，只不过目前仅有少数人意识到这种潜能，从而加以有意识的培养，因而最终能够成为创新创业型人才。开展"广谱式"创新创业教育就是要普遍地确认创新创业潜能的存在，把它视为人的一种发展权利，促进人们重视这种权利，号召广大高校尊重这种权利，并且主动为人们实现这种权利提供服务。这种权利是什么？我们认为就是发现自我的权利和实现自我的权利。这是从哲学层面认识创新创业潜能问题，从而为创新创业教育展开提供了哲学基础。那么创新的含义是个体发现自我不足并弥补自身不足的能力，这种能力来源于人人所具有的反思能力。创业的含义就是个体为自我确立发展目标并主动实现目标的能力，这种能力来源于人人所具有的至善追求，来源于人的自尊需要，来源于人的自我实现的需求。由此，我们把创新创业能力的起点归结于个体自我发展的能力,丰富了创新创业能力的内涵,拓宽了人们对创新创业的理解,为创新创业教育的广泛开展打下了理论基础。

（三）系统地建构了创新创业能力结构模型

当我们把创新创业能力本质归结于认识自我和发展自我能力时,就开始着手构建创新创业能力结构图式。我们认为,创新能力起于对疑难问题的探讨,就是为了解释人们的认识困惑。当我们面临难题时,才会发现自身的不足,才认识到自己的无知,才会产生能力恐慌,才会产生自我发展的强烈需求。创业起于对理想目标的追求,是自我实现愿望的展现,只有当自我产生了关于自己的理想形象时,才会彻底激发自身的创造潜能,并且努力地趋向于理想目标。每个人都是这样,真正发展是从自我设计开始的,如果不能进行自我设计,就无法产生真正具有主体性的自我。主体性自我的产生是独立自我的开始。所以,人的自我发展能力就是设计自我和实现自我的能力,这也是创新创业能力的本质所在。创新创业活动向人们揭示了一个真理,即:人们的认识活动与实践活动是不可分割的,当人们认识到自我缺陷时,就开始着手弥补缺陷,表示已经在向理想自我方向努力,认识是行动的先导。所以,认识自身不足的能力是一个关键能力,也是一个根本性的能力,没有这种自我认识的先导,实践就没有方向,就可能变成盲目的行动。但自我认识无论多么重要,最终都必须体现在积极的实践过程中,没有积极的实践,自我认识就停留在虚空中,有了积极的实践,自我认识才具有真正价值。人们的自我认识与实践行动是一个不间断的、周而复始的过程,从来没有停止过,除非生命结束,人们在自我认识过程中构建自己,在实践行动中验证自己。实践行动不仅证明自己设想的正确,也证明思想的谬误而需要矫正,从而必须重新认识自我,这样就构成了一个完整的生命旅程。人认识自我的能力集中体现在目标确定能力上,虽然这个自我认识过程也是在无数次实践之后形成的,是基于对实践的反思,但当目标形成之后又开始了新的实践,当然这是在目标引导下的实践,是目的更清晰的实践。当理想自我确定之后,随之而来的是实践自我,这个实践过程包含了自我筹划和付诸行动。付诸行动具有非常复杂的内涵,包括了路径选择或手段抉择、社会合作、捕捉时机和规避风险等系列行动过程。显然,这都涉及一系列能力品质,如大胆抉择能力、社会合作能力、把握机遇能力和规避风险能力,最终需要在遭遇挫折之后持续奋斗的能力,这个能力就包含了对原

来目标的调整,实际上这就开启了一个新的能力循环。因此我们把创新创业能力分成七个步骤能力,分别是目标确定能力、行动筹划能力、果断决策能力、沟通合作能力、把握机遇能力、防范风险能力和逆境奋起能力。这七个能力形成了创新创业能力的结构模型。

(四)系统地构建了创新创业能力评价的指标体系

在构建了创新创业能力结构模型之后,创新创业能力的基本蕴含就已经揭示清楚了。但不得不说,这七个能力构成都各自代表了一个能力系统,因为它们都不是一种简单能力,而是一种复杂的能力,即由多个子能力构成。到此,我们的研究进入了一个岔道口,有两个道路可以选择,一个是走完全逻辑分析的路径,即通过理性思辨,分析各个能力具体构成,即便如此,仍然无法分析出非常具体的能力。即使能够分析出一些具体能力也是没有意义的,因为这些具体能力相加也无法得到一个整体的能力,而且这些具体能力也是不可测量的,勉强测量也没有多大价值。另一个路径是描述这些能力的具体情境,与现实结合起来。这是一种可以实践操作的路径。所以,我们没有坚持按照严格的逻辑分析路线进行,而是根据各种能力的实践情境表现进行描述,由此得出各种能力的关键构成要素。然后利用专家评议法对这些构成要素进行修订完善,具体步骤为指标评分、专家研讨、指标修订,由此形成包含 21 个关键要素的创新创业能力评价指标体系。在数据分析时,通过探索性因子分析、验证性分析等测量学方法证明了该指标体系的科学性,并由此最终形成了 7 个分量表、17 个评价指标,如此就构成了"大学生创新创业能力量表"。

(五)对大学生创新创业能力发展状况进行了测量

运用课题组独立研制的"大学生创新创业能力量表",对不同类型高校进行发放,最终获得有效样本 6028 份。这个量表为大学生自测量表,由此可知,自测结果必然会出现一定程度的误差。因为人们在对自我进行判断时往往受情境影响,会受自身的心理状态调节,大学生在对自我评价时,虽然都会根据自己的日常认知评判自己,但不可避免地受到自我认知倾向的影响。如一个人对自己要求严格,自我评价就会趋低,相反,如果一个人对自己要求较低,自我评价就会趋高。可以说,自我期望对自我评价发挥反向调节作用。一般而言,人们都会根据自己在群体中的位置以及平时自我表现对自己做出评价,虽然也会心理状态调节,但波动不会太大,造成较大偏差的是自我认知倾向,因为这直接影响到自我评价的地位分布。这可能对于整个群体评价的影响不是太大,因为群体中趋高评价与趋低评价会产生一种对冲效应,从而总体表现仍然趋于平均数。这次测评过程中我们考虑了性别因素、学科因素、年级因素、个人经历因素和学业成绩的因素,还考虑到家庭所在地的因素和学校类型因素等。就调查结果而言,我们发现,大学生创新创业能力发展状况总体上属于一般,而且分布也不平衡,其中防范风险能力和沟通合作能力表现最好,目标确定能力和逆境奋起能力次之,行动筹划能力再次之,而把握机遇能力和果断决策能力最差。这个测评结果与人们的日常认知基本一致,能够用大学生的种种表现来解释。

(六)对大学生创新创业能力测评印证了人们许多猜测

测评结果揭示,男女生的创新创业能力存在着显著差别,女生创新创业能力明显低于男生。这个结果本身并不稀奇,因为之前许多研究都有所涉及,但都是小样本调查结果,而且调查设计并不合理。而人们日常感受似乎也觉得女生低于男生,但苦于缺乏足够的证据。本次调查通过大样本数据证实了这一点。另一个调查结果是人文社会科学的学生创新创业能力低于自然科学的学生,这个结果并不出人意料,这与人们认为理工科学生的创新创业能力强于文科学生的判断是一致的。还有一个调查结果是有学生干部经历和社团工作经历的创新创业能力高于无此类经历者,也印证了人们关于社会实践经历有助于创新创业能力成长的判断,这为进一步开展社会实践活动提供了丰富的证据。这些调查数据具有重要的教育意义,能够为教育决策科学化提供有力的支持。

(七)对大学生创新创业能力测评获得了许多意想不到的发现

在这次测评过程中,最大的意想不到的发现就是发现了大学生创新创业能力整体呈现低年级到高年级的"衰减现象",大一学生的创新创业能力显著高于大三以上年级的学生,而且不同年级的样本总量都达到了一个比较满意的水平,即不会因为样本量的因素对结果产生重大影响。我们发现,大学生的创新创业能力发展并未随着年级增加而提升,反而在高年级时期形成了一个低谷。我们认为这与大学生适应期有关,与大学生自我评价系统变化有关。另一个重要发现是大学生社团经历对大学生创新创业能力发展具有明显的促进作用,但在参加年限上存在着一个边际效应,即当大学生参加社团经历超过

一年之后,社团经历的正向影响虽然仍在增加,但影响已经不显著了,也即不具有统计学意义了。这种社团经历的边际效应值得我们重视。

二、大学生创新创业能力研究获得了多方面突破

经过三年多的齐心协力探讨,我们对大学生创新创业能力评价指标体系与模型建构问题探讨已经取得了丰硕的成果,发表了学术论文20余篇,其中CSSCI论文10余篇,直接与创新创业能力相关的研究主题发表CSSCI论文8篇,已经达到预定目标任务要求。

关于大学生创新创业能力模型构建与实证研究是一次系统的学术探讨,我们的探讨是从创新创业能力内涵辨析出发,到创新创业能力基本结构确定作为第一次突破,再到创新创业能力指标评价体系确定进行了第二次突破,最终形成了创新创业能力测量量表作为第三次突破,完成了大学生创新创业能力概念建构、大学生创新创业结构模型建构、大学生创新创业能力测评体系构建的任务。在进行这些理论探索之后,我们开展了关于大学生创新创业能力评价体系与结构模型的实证研究,我们在考虑高校的地域平衡、类型平衡、层次平衡、科类平衡、性别平衡的基础上,从全国各地各类各层次的高校中选取调研样本,采用实地调查和网络调查相结合的方法,进行创新创业能力测量量表的研制和测试工作,最后确定了比较成熟的"大学生创新创业能力量表"。然后我们又进行了全国范围内大样本施测,同样照顾到了地域均衡、层次平衡和类型平衡等方面的因素,采用了委托发放和网络调查的方法来获取数据,最终获得了关于全国大学生创新创业能力发展状况的大样本数据,在经过复杂的统计数据处理后,我们获得了关于全国大学生创新创业能力发展状况的调查结果数据,调查结果在很多方面都证实了我们预先的猜想,也在不少方面获得了一些出乎我们意料的结果,从而有不少新发现,这是非常令人惊喜的。概括起来,本次研究有以下几个重要的创新点:

（一）重新阐释了创新创业能力概念

这是本次研究工作的根本起点,也是一个基础性突破,如果没有这个基础突破,后续的工作就难以接续。我们是从哲学视野出发重新定义了创新创业能力概念。该概念的确立实际上基于这样的一个基本假设:即创新创业是人人拥有的一种潜能,这是创新创业教育的逻辑前提。它包含了以下几层意思:

1. 创新创业能力是人的一种普遍能力,并非一种特殊能力;

2. 创新创业能力是可以培养的能力,这是创新创业教育存在的基础;

3. 每个人拥有的创新创业潜能不同,从而应该施以不同的教育;

4. 不同的教育环境造就了不同的创新创业能力。

因而,我们把创新能力定义为主动应对环境挑战的能力,把创业能力定义为积极向理想目标追求的能力,而把创新创业能力定义为发现自我和实现自我的能力。这是从个体意义层面定义的创新创业能力,不同于从社会意义定义的创新能力是做出科学发明创造的能力,创业能力是创办企业的能力,创新创业能力是通过科技成果创办企业的能力。从个体层面定义创新创业能力是广义的,从社会层面定义是狭义的,而广义的创新创业能力是狭义的创新创业能力成立的前提。

(二)对创新创业能力培养的价值进行了重新概括

我国高等教育进入转型期,开始从外延式扩张向内涵式发展转变,这个时期也是高等教育从大众化阶段走向普及化时期。恰在此时,我国高等教育提出了高质量发展命题,那么,高等教育高质量发展的切入口是什么呢?我们认为创新创业能力培养是高质量高等教育的核心内涵,这是从高等教育目标属性角度而言的,因为我国社会经济发展急需大批的创新创业人才,培养大批的创新创业人才是中国高等教育发展的急迫任务,也是我国高等教育工作的核心目标。当高等教育发展目标定位为培养大批创新创业人才时,那么创新创业能力培养就必然成为高质量高等教育的核心内涵。当我们以创新创业能力培养效果来衡量高等教育工作成效时,那么高等教育就转向了创新创业教育体系建设。

(三)重新阐释了创新创业教育的学术价值与实践意义

通过文献梳理发现,创新创业教育概念是我国本土的创造,是我国创新教育与创业教育相互结合的产物,在内涵上进行了大大的拓展,适用范围也大大加强。原先的创新教育集中在少数精英人才培养上,对绝大多数人而言仅仅是一种创新精神的教育;原先的创业教育是引进的概念,属于商业教育的范畴。当创新创业教育概念合成之后,它的适用范围是"广谱式"的,适用于所有大学生群体,它的内涵既包括创新精神教育,也包括创新能力培养,还包括创业能力实践训练,从而形成了具有中国本土特色的高等教育理念。而且它也被寄予很高的希望,即作为高等教育改革发展的突破口。它的地位相当于思

想政治教育,要求全员参与、全过程融入、全方位开展,核心点在于创新创业教育与专业教育融合,实现教育系统的改造,使创新创业教育成为中国高等教育的内在品质。如此就为中国高等教育新型内涵建设确立了努力方向,也为高等教育发展任务进行了新定位,即造就大批的社会急需的创新创业人才,适应中国经济发展动能转换的要求。政府参与并扮演主导角色是创新创业教育的鲜明特色,高校积极参与是创新创业教育的内在特征,调动广大教师和管理人员积极参与是创新创业教育的难点所在,社会力量积极配合也是创新创业教育开展的有利条件。政府通过把创新创业教育课程作为大学生必修课、举办全国性的创新创业大赛和评选创新创业教育改革示范校等一系列措施来调动高校参与的积极性,显示中国高等教育体制具有全员动员的能力,也是中国高等教育制度自信的显现。

(四)重新确立了创新创业能力的结构模型

创新创业能力结构非常复杂,历来人们对创新能力的认识和创业能力的认识就不统一,因为这两种能力几乎涉及所有的智慧潜能,如何将两者阐释清楚一直是对学界的挑战。创新创业能力作为创新能力与创业能力的有机合成,而非两者的简单叠加,从而使概念的复杂程度要胜于单独的创新能力或创业能力数倍。所以,科学地阐释创新创业能力概念是对所有研究者的严峻的挑战。如果缺乏一个清晰的思考脉络就很容易被无数现象所困扰。我们从创新创业能力的本质探讨入手,认识到创新创业能力实际上是自我发展能力的展现,它源于人们对事物本质的探究能力和达成自我意愿的能力,从而创新创业能力就其实质而言是一种改进自我认识和达成自我目的的能力。如此我们就获得了关于创新创业能力概念的彻底认识。以此为出发点,我们确定创新创业能力本质就是认识自我和实现自我的能力。而人们认识自我和实现自我经历了一个探索的历程,即从确定发展目标开始,经过行动筹划、果断决策的过程,采用沟通合作的策略,再经过个体积极把握机遇和防范风险的步骤,并经过无数次挫折的考验,逐渐认识真正的自我,而且趋向于理想的自我。这实际上就是认识自我和实现自我的过程,是创新创业必经的历程,也是自我发展的主要关口,从而是对自我发展的主要挑战,我们把这样几个关键能力看成是创新创业能力的基本构成,即目标确定能力、行动筹划能力、果断决策能力、沟通合作能力、把握机遇能力、防范风险能力和逆境奋起能力这七个能力作为创新创业能力的基本结构模型,从而赋予创新创业能力以实质性内涵。

（五）构建了大学生创新创业能力评价指标体系，研制出《大学生创新创业能力量表》，完成了主要研究任务

课题组在确定大学生创新创业能力结构模型之后，又对创新创业能力的构成要素进行了系统分解，这个分解过程经过了五个步骤。首先是从研究者的实践经验出发，对七个基本能力进行操作性定义，确定其核心内涵是什么；其次是将七个能力进行逻辑分解，分析出其中的基本构成部分；再次，借鉴相关研究成果，丰富本研究创新创业能力内涵；再其次，对参与创新创业项目的大学生进行质性问卷调查，了解他们对创新创业过程的认识，分析其中的能力构成因子；最后，对创新创业能力构成要素编制问卷进行测量，通过对各个构成因子进行统计分析，确定其中可靠性比较强的因子作为创新创业能力具体构成因子。最终确定了7个二级维度、17个三级维度的评价体系，在此基础上研制了"大学生创新创业能力量表"。

（六）通过对全国大学生创新创业能力发展状况大规模调查，获得了许多重要发现

我们开发的"大学生创新创业能力量表"是一个原创性研究成果，填补了国内在该方面研究的空白。我们展开了两次大规模调查，第一次是为了验证量表的有效性，以便于对其中的变量进行控制和调整。第二次是进行大规模测试，以揭示中国大学生创新创业能力发展水平。通过这两次测试，我们搜集了关于大学生创新创业能力发展状况的大量一手资料，从而初步建立了关于大学生创新创业能力发展的数据库，为以后的对比研究打下了良好基础。

通过大规模调查，我们发现：第一，我国大学生创新创业能力总体处于中等水平，但在把握机遇能力和果断决策能力方面表现较弱。在各子能力内部也存在着不平衡，如目标确定能力的短板是"评估形势"，把握机遇能力的短板是"忍受不确定性"，逆境奋起能力的短板在"韧性"。第二，大学生创新创业能力存在显著的性别、学科、家庭背景等差异，但与所在高校类型与层次不具有显著性差异。具体而言，男大学生创新创业能力显著高于女大学生；理工农医类学生的创新创业能力显著高于人文社科类学生。第三，大学生创新创业能力总体上并未出现随年级升高而增长的规律，相反，呈现出"不升反降"的现象。第四，学业基础越好的学生，创新创业能力越强；具有创业经历的学生，创新创业能力显著高于不具有创业经历的学生。第五，社团参与、学生干部任职

时间越长,学生的创新创业能力越高,但却存在参与时间越长,能力增值空间越小的现象。

三、大学生创新创业能力研究的新发现有待进一步验证

通过研究,我们认为以下几个方面仍然大有拓展余地,可能是未来研究与创新的方向所在:

(一)学业成绩与创新创业能力发展之间是一种正相关关系,其普遍性有待广泛验证

如果学业成绩与创新创业能力发展之间的正相关关系具有普遍性,则说明:只要个体努力,无论学习什么,都有助于创新创业能力的提升。显然,要验证这个关系,就需要进行更大样本调查,而且也需要采用同质性样本调查,因为这样的调查样本背景相同,从而具有可比性。如此,最好是选择具有全样本的案例学校进行普查,从而就可以严格地检验学业成绩与创新创业能力发展之间的关系。可以推想,要进行这项工作,没有行政力量介入就难以完成。如果能够完成这项工作,就说明专业学习与个人能力发展之间存在着一致性,间接地证明了大学教育的有效性,这也为我国高等教育高质量发展提供了一个证据,同时也可以证明我们研制开发的"大学生创新创业能力量表"具有广泛的适用性,甚至可以成为检测大学生能力发展水平的通用性量表。

(二)大学生创新创业能力并未随年级增长而增长,预示大学期间是人生的重要转折期

过去无数个大学学情研究都揭示了大学生在进入学校后存在着一个适应期,是否这正是大学生进行自我发展模式变革的反映?如果是的话,则说明大学教育促进了个体发展成熟,促进了个体自我认知模式革新,促进了个体心理的主动调适,换言之,大学教育与中小学教育之间变化不是一种量变,而是一种质变。如果这个结论成立,则需要我们重新定位大学教育的意义,重新审视大学生成长发展规律,如此就为大学教育模式改革提供了第一手资料。

(三)大学生创新创业能力发展存在着明显的性别差异,这种差别属性有待进一步验证

对于男女生之间存在的能力差别,历来都有不同的解释。如果说是一种

群体性差异，则说明男女生的创新创业能力发展之间不存在可比性，他们需要建立相对独立的衡量维度，从而在教育措施上更加照顾性别差异。如果这是一种实力差距，则需要加大对女生创新创业能力发展的关注水平，检讨传统教育措施中是否存在着性别偏差，换言之，传统教育方案和教育过程设计是否仅仅从男性视角出发进行的，没有真正发挥女生的优势？果真如此，这也为促进男女平等教育提供出新方案。

（四）大学生创新创业能力发展存在着明显的学科差异，其背后的深层原因有待揭示

我们知道，人文社会科学与自然科学在经费投入上存在着明显差别，在训练方式上也存在着显著差别，当然在知识体系上也存在着根本性差别，是否这些差别导致了自然科学类学生在创新创业能力上优于人文社会科学类的学生？这些外在差别也影响了他们对自我的判断？进而言之，是否学科不同造成了人们的思维方式不同和行为方式不同，从而对自我判断方式也不同？这种自我判断的不同是代表了能力发展水平差别，还是仅仅反映了自我判断方式的差别？如果具体到人文社会科学内部，它们之间差别明显吗？在自然科学内部，是否也存在着明显的差别？有没有一个明确的界限来代表学科之间差别？这对创新创业教育具有哪些启发意义？

（五）大学生创新创业能力发展存在两个明显短板，这些短板的内在成因有待揭示

通过调查发现，大学生创新创业能力发展存在着结构上的不均衡，出现了两个比较明显的短板能力，即把握机遇能力与果断决策能力，这两个能力短板是什么造成的？又该如何提高？我们知道，按照"木桶原理"，个体能力发展水平往往取决于能力短板的发展状况，换言之，如果把握机遇能力和果断决策能力不能提高，就会影响整体能力的发展效果，所以我们有必要探明究竟是什么影响了这两种能力的发展。

（六）大学生创新创业能力发展与学校层次及类型无关，其背后寓意有待揭示

我们知道，不同层次高校在办学条件上存在着巨大差异，也必然对大学生的能力发展产生不小的影响，为什么调查数据不能反映出这一点？这是否意

味着中国高等教育同质化非常强,是高等教育高度集中管理造成的结果?换言之,在高度集中的管理体制下,各个高校缺乏自主权,很难办出自己的特色,从而在教育质量上走向平庸,在大学生创新创业能力培养上没有展现出各自的优势和特色。如果真是这样,说明高等教育扩大办学自主权的道路仍然是任重而道远。

(七)"大学生创新创业能力量表"可检测出大学生创新创业能力发展状况,其实践意义有待开发

通过调查,我们发现大学生创新创业能力发展存在着性别、学科差别,这能否说明教育在其中发挥了主导作用?我们发现大学生学业成绩与个体创新创业能力发展之间存在着正相关关系,是否证明大学生创新创业能力主要是个体努力的结果,那么学校教育在其中究竟发挥了什么样的作用?我们发现大学生参与社团经历对个体创新创业能力发展影响存在着边际效应,那么该怎么改进大学教育?使其发挥更加积极的作用?最为重要的是,"大学生创新创业能力量表"可否作为衡量大学创新创业教育效果的基本测量工具?如果真的能够做到这一步,本研究的实践价值就非同寻常。

显然,这些都是未解之谜,需要进一步搜集证据才能得到破解。

参考文献

1. 专著

[1]约瑟夫・熊彼特.经济发展理论[M].贾拥民,译.北京:中国人民大学出版社,
2019.

[2]彼得・德鲁克.创新与企业家精神[M].蔡文燕,译.北京:机械工业出版社,
2007.

[3]弗兰克・H.奈特.风险、不确定性与利润[M].郭武军,刘亮,译.北京:商务出版
社,2006.

[4]G.佩奇・韦斯特三世,伊丽莎白・J.盖特伍德,等.广谱式创业教育[M].孔洁
珺,王占仁,译.北京:商务印书馆,2020.

[5]科林・琼斯.本科生创业教育[M].王占仁,译.北京:商务印书馆,2016.

[6]王洪才,等.研究型教学:教学共同体建构[M].厦门:厦门大学出版社,2020.

[7]维尔斯曼.教育研究方法导论[M].袁振国,等译.北京:教育科学出版社,1997.

[8]伯克・约翰逊,拉里・克里斯滕森.教育研究:定量、定性和混合方法:第4版
[M].马健生,等译.重庆:重庆大学出版社,2015.

[9]迈克尔・L.费特斯,等.广谱式大学创业生态系统发展研究[M].李亚员,译.北
京:商务印书馆,2018.

[10]克里斯汀娜・埃尔基莱.创业教育:美国、英国和芬兰的论争[M].汪溢,常飒
飒,译.北京:商务印书馆,2017.

[11]阿兰・法约尔,海因茨・克兰特.国际创业教育:议题与创新[M].金昕,王占
仁,译.北京:商务印书馆,2019.

[12]阿兰・法约尔.创业教育研究手册:第一卷[M].刘海滨,译.北京:商务印书

馆,2019.

[13]理查德·韦伯.创业教育评价[M].常飒飒,武晓哲,译.北京:商务印书馆,2017.

[14]杨晓慧.大学生就业创业教育研究[M].北京:经济科学出版社,2015.

[15]杰弗里·迪蒙斯,小斯蒂芬·斯皮内利.创业学:第6版[M].周伟民,吕长春,译.北京:人民邮电出版社,2005:3.

2. 学位论文

[1]宋之帅.工科高校创新创业教育模式研究[D].合肥:合肥工业大学,2014.

[2]欧阳泓杰.面向创新创业能力培养的高校实践教学体系研究[D].武汉:华中师范大学,2014.

[3]段肖阳.大学生创新创业能力发展的"个体—院校"双层影响因素实证研究[D].厦门:厦门大学,2022.

[4]张丹译.高校创新创业教育绩效评价研究[D].武汉:武汉科技大学,2019.

[5]蔡离离.普通本科高校学生创新能力评价体系的构建及应用研究[D].长沙:长沙理工大学,2013.

3. 期刊文献

[1]王洪才.创新创业能力评价:高等教育高质量发展的真正难题与破解思路[J].江苏高教,2022(11):39-46.

[2]王洪才,刘隽颖,韩竹.中国特色的高职"双创"教育模式探索:以宁波职业技术学院"1234"创新创业教育模型建构为案例[J].教育学术月刊,2018(2):56-64.

[3]王洪才.创新创业教育必须树立的四个理念[J].中国高等教育,2016(21):13-15.

[4]王洪才,刘隽颖.大学创新创业教育核心·难点·突破点[J].中国高等教育,2017(Z2):61-63.

[5]王洪才.创新创业教育的意义、本质及其实现[J].创新与创业教育,2020,11(6):1-9.

[6]王洪才.创新创业能力的科学内涵及其意义[J].教育发展研究,2022,42(1):53-59.

[7]王洪才.创新创业能力培养:作为高质量高等教育的核心内涵[J].江苏高教,2021(11):21-27.

[8]王洪才,郑雅倩.创新创业教育的哲学假设与实践意蕴[J].高校教育管理,
2020,14(6):34-40.

[9]王洪才.论创新创业教育的多重意蕴[J].江苏高教,2018(3):1-5.

[10]王洪才.创新创业教育:中国特色的高等教育发展理念[J].南京师大学报(社
会科学版),2021(6):38-46.

[11]王洪才.论创新创业人才的人格特质、核心素质与关键能力[J].江苏高教,
2020(12):44-51.

[12]段肖阳.论创新创业能力模型与评价指标体系构建[J].教育发展研究,2022,
42(1):60-67.

[13]王洪才,郑雅倩.大学生创新创业能力测量及发展特征研究[J].华中师范大学
学报(人文社会科学版),2022,61(3):155-165.

[14]王洪才.创新创业能力评价:高等教育高质量发展的真正难题与破解思路[J].
江苏高教,2022(11):39-46.

[15]王洪才.创新创业能力培养:作为高质量高等教育的核心内涵[J].江苏高教,
2021(11):21-27.

[16]王占仁.创新创业教育的历史由来与释义[J].创新与创业教育,2015,6(4):1-
6.

[17]王占仁."广谱式"创新创业教育体系建设论析[J].教育发展研究,2012,32
(3):54-58.

[18]梅伟惠,孟莹.中国高校创新创业教育:政府、高校和社会的角色定位与行动
策略[J].高等教育研究,2016,37(8):9-15.

[19]王占仁.创新创业教育的核心要义与周边关系论析[J].国家教育行政学院学
报,2018(1):21-26.

[20]张彦.高校创新创业教育的观念辨析与战略思考[J].中国高等教育,2010
(23):45-46.

[21]陈向明.质性研究的新发展及其对社会科学研究的意义[J].教育研究与实验,
2008(2):14-18.

[22]梅伟惠.美国高校创业教育模式研究[J].比较教育研究,2008(5):52-56.

[23]刘宝存.确立创新创业教育理念培养创新精神和实践能力[J].中国高等教育,
2010(12):12-15.

[24]牛长松.英国大学生创业教育政策探析[J].比较教育研究,2007(4):79-83.

[25]房国忠,刘宏妍.美国大学生创业教育模式及其启示[J].外国教育研究,2006
(12):41-44.

[26]李兵.关于高职院校"四位一体"创新创业教育评价体系研究[J].中国职业技术教育,2015(28):78-80.

[27]黄兆信,黄扬杰.创新创业教育质量评价探新:来自全国1231所高等学校的实证研究[J].教育研究,2019,40(7):91-101.

[28]徐小洲.创新创业教育评价的VPR结构模型[J].教育研究,2019(7):83-90.

[29]邹晓东,胡俊伟,吴伟.基于D-A-V方法的大学创业能力评价研究[J].教育发展研究,2014,34(Z1):31-36,58.

[30]任胜洪,刘孙渊.高校创新创业教育政策的演进逻辑及展望[J].教育研究,2018,39(5):59-62.

[31]黄扬杰,黄蕾蕾,李立国.高校创业教育教师的创业能力:内涵、特征与提升机制[J].教育研究,2017,38(2):73-79,89.

[32]高桂娟,苏洋.学校教育与大学生创业能力的关系研究[J].复旦教育论坛,2014,12(1):24-30.

[33]曹勇,张丹.大学生创新创业教育实施路径探析[J].国家教育行政学院学报,2015(7):36-39.

[34]王辉,张辉华.大学生创业能力的内涵与结构:案例与实证研究[J].国家教育行政学院学报,2012(2):81-86.

[35]周光礼.从就业能力到创业能力:大学课程的挑战与应对[J].清华大学教育研究,2018,39(6):28-36.

[36]高文兵.众创背景下的中国高校创新创业教育[J].中国高教研究,2016(1):49-50.

[37]贾建锋.基于能力成熟度模型的大学创新创业课程体系构建[J].高等工程教育研究,2018(5):178-182.

[38]李旭辉,孙燕.高校大学生创新创业能力关键影响因素识别及提升策略研究[J].教育发展研究,2019,39(Z1):109-117.

[39]陆晓莉.高职院校大学生创业能力的评价与提升机制[J].高等工程教育研究,2015(3):152-156.

[40]金昕.大学生创业能力分类培养的筛选机制研究[J].社会科学战线,2011(10):254-256.

[41]卢瑶,张青根,沈红.基于学生自评数据的能力增值可靠吗?:来自归因理论的解释[J].国家教育行政学院学报,2021,(11):78-88,95.

[42]王占仁.中国高校创新创业教育的学科化特性与发展取向研究[J].教育研究,2016,37(3):56-63.

[43]张磊.大学生"挑战杯"竞赛实效性研究:基于98位参赛者的问卷调查与半结构化访谈[J].中国青年研究,2017,(8):105-109,63.

[44]谢爱磊.精英高校中的农村籍学生:社会流动与生存心态的转变[J].教育研究,2016,37(11):74-81.

[45]郭娇.基于调查数据的家庭第一代大学生在校表现研究[J].中国高教研究,2020(6):13-19.

[46] DAVIDSSON P, LOW M B, WRIGHT M. Editor's introduction: low and macmillan ten years on: achievements and future directions for entrepreneurship research[J]. Entrepreneurship theory and practice, 2001, 25(4):5-15.

[47] BECHARD J P, TOULOUSE J M. Validation of a didactic model for the analysis of training objectives in entrepreneurship[J]. Journal of business venturing, 1998, 13(4):317-332.

[48] GIBB A. Entrepreneurship and enterprise education in schools and colleges: Insights from UK practice [J]. International journal of entrepreneurship education, 2008, 6(2):101-144.

[49] JEROME A K. The chronology and intellectual trajectory of American entrepreneurship education: 1876—1999[J]. Journal of business venturing, 2003, 18(2):283-300.

[50] KURATKO D F. The emergence of entrepreneurship education: development, trends, and challenges [J]. Entrepreneurship: theory and practice, 2005, 29(5):577-597.

[51] CLARK B W, DAVIS C H, HARNISH V C. Do courses in entrepreneurship aid in new venture creation? [J].Journal of small business management, 1984, 22(2):26-31.

[52] BROWN R. Encouraging enterprise: Britain's graduate enterprise program. (educational institutions in Great Britain encourage new graduates to start up new businesses)[J].Journal of small business management, 1990, 28(4):71-77.

[53] MCMULLAN W E, LONG W A. Entrepreneurship education in the nineties [J]. Journal of business venturing, 1987, 2(3):261-275.

[54] KATZ J A. The chronology and intellectual trajectory of American entrepreneurship education: 1876—1999[J]. Journal of business venturing,

2003(2):283-300.

[55] KIRBY D. Entrepreneurship education：can business schools meet the challenge? [J].Education＋training，2004(8/9):510-519.

[56] SOMMARSTRÖM K，OIKKONEN E，PIHKALA T. Entrepreneurship education-paradoxes in school-company interaction [J]. Education＋training，2020,62(7/8):933-945.

[57] UC HYTTI. What is "Enterprise Education?" an analysis of the objectives and methods of enterprise education programmes in four European countries. [J]. Education＋training，2004，46(1):11-23.

[58] VALENCIANO J D P，URIBE-TORIL J，RUIZ-REAL J L. Entrepreneurship and education in the 21st century：analysis and trends in research [J]. Journal of entrepreneurship education，2019(4):1-20.

[59] PENALUNA A，PENALUNA K. In search of entrepreneurial competencies：peripheral vision and multidisciplinary inspiration [J].Industry and higher education，2021(4):471-484.

[60] KRUEGER N F. Entrepreneurial intentions are dead：long live entrepreneurial intentions[J]. Revisiting the entrepreneurial mind：inside the black box：an expanded edition，2017：13-34.

4. 电子文献

[1]政府工作报告:2015 年 3 月 5 日在第十二届全国人民代表大会第三次会议上 [EB/OL].(2015-03-05)[2021-11-25].http://www.gov.cn/guowuyuan/2015-03/16/content_2835101.htm.

[2]教育部、财政部关于批准 2008 年度人才培养模式创新实验区建设项目的通知 [EB/OL].(2009-01-20)[2021-11-25].http://www.moe.gov.cn/srcsite/A08/s7056/200901/t20090120_109574.html.

[3]教育部关于大力推进高等学校创新创业教育和大学生自主创业工作的意见 [EB/OL].(2010-05-13)[2021-11-25].http://www.moe.gov.cn/srcsite/A08/s5672/201005/t20100513_120174.html.

[4]教育部办公厅关于印发普通本科学校创业教育教学基本要求(试行)的通知 [EB/OL].(2012-08-01)[2021-11-25].http://www.moe.gov.cn/srcsite/A08/s5672/201208/t20120801_140455.html.

[5]国务院办公厅关于深化高等学校创新创业教育改革的实施意见[EB/OL].
  (2015-05-04)[2021-11-25].http://www.gov.cn/gongbao/content/2015/content
  _2868465.htm.

5. 报纸

[1]黄兆信.高校创业教育应以"岗位创业"为导向[N].光明日报,2016-11-08(13).
[2]张大良.大学中学携手 培养创新人才[N].中国教育报,2010-05-03(5).

附　录

附录一:大学生创新创业能力评价指标体系评分表

尊敬的 _____ :

　　您好！非常感谢您在忙碌之中抽出宝贵时间来协助填写"大学生创新创业能力评价指标体系评分表",本表旨在判断大学生创新创业能力指标体系中的各个指标与其所属维度定义的符合程度。本表由两部分组成:基本信息部分与指标评价部分。该指标体系中所涉及的指标合理性还有待检验,因此,恳请您的协助。本次调查采用不记名方式填写,填写内容无好坏之分,亦不对外公开,仅供学术分析,请您安心作答。

　　在此谨对您的协助与支持,致以最诚挚的谢意！

厦门大学教育研究院创新创业教育研究团队

第一部分　基本信息

　　1. 您的性别:□男　　□女

　　2. 您是(可多选):□本科生　　□在读硕士　　□在读博士　　□讲师
　　□副教授　　□教授　　□创新创业导师　　□创新创业者

　　3. 您的专业领域(填空):_____

第二部分　指标的评价

指导语：创新创业能力是个体认识到自我的价值和成长的意义，并能够积极地与外界环境产生有效互动，在不断挑战自己的创新创业行为上所具有的个人特征和行为表现。本问卷旨在判断大学生创新创业能力指标体系中的各个指标与其所属维度定义的符合程度，即判断指标的合理性。

请您结合下文各维度的定义，判断各二级指标能否体现创新创业能力，及各三级指标能否体现二级指标，并在相应的符合程度下打"√"。

能力指标及定义		非常不合理	不合理	不确定	合理	非常合理
1. 目标确定能力：一个人根据自身实际情况和社会需要确定行动目标的能力						
1.1	自我认知：一个人对自己的性格、兴趣和优势有清晰的认识					
1.2	自我认同：一个人对自己能力和存在价值的肯定					
1.3	评估形势：一个人对自己所处环境态势能够做出准确地把握					
1.4	设置目标：一个人知道自己在合适的时间内该追求什么					
2. 行动筹划能力：一个人对达到目标所需要的条件进行系统规划设计的能力						
2.1	制定规划：一个人对自己应做的事项能够进行通盘考虑					
2.2	筹划资源：一个人知道自己行动需要什么资源并能够想办法获得					
2.3	主动性：一个人积极地把想法付诸行动					
3. 果断决策能力：一个人能够在复杂的选择面前快速做出决定的能力						
3.1	冒险精神：一个人在无十足把握的前提下仍敢于采取行动					
3.2	大胆决策：一个人善于在冲突的选择中做出最符合自己意愿的决定					

能力指标及定义	非常不合理	不合理	不确定	合理	非常合理
4. 沟通合作能力:一个人与他人形成一致行动目标并采取一致行动的能力					
4.1 沟通交往:一个人有效地表达自己意见并获取他人意见的能力					
4.2 团队合作:一个人善于与他人共同解决问题和克服困难的能力					
4.3 解决冲突:一个人善于搁置分歧并获得共识的能力					
5. 把握机遇能力:一个人快速识别机遇并准确地把握机遇的能力					
5.1 发现并评估机会:一个人善于发现事物的有利方面并把它转变成现实的能力					
5.2 忍受不确定性:一个人能够对事物发展不明晰状态保持平和的心态					
5.3 创新行为:一个人善于从新角度思考问题并采取行动的能力					
6. 防范风险能力:一个人发现潜藏的风险并预先采取对策的能力					
6.1 感知风险:一个人善于发现事物不良苗头的意识及敏感性					
6.2 反思学习:一个人发现自己不足并加以弥补的能力					
6.3 风险管理:一个人善于从不利角度思考问题并采取对策的能力					
7. 逆境奋起能力:一个人勇敢地面对失败打击并寻求新的突破的能力					
7.1 乐观:一个人对事物经常持积极的态度					
7.2 希望:一个人对自我始终持肯定的态度					
7.3 韧性:一个人不惧怕挫折并在挫折中成长的能力					

中国大学生创新创业能力结构与发展水平研究

您对创新创业能力指标体系的意见或建议？

_____

_____

_____

附录二：大学生创新创业能力量表内容效度评价表

尊敬的 _____ ：

　　您好！非常感谢您在忙碌之中抽出宝贵时间协助填写《大学生创新创业能力量表内容效度评价表》，该评价表旨在判断大学生创新创业能力量表中的**各个测量条目与其所属维度定义的符合程度**。该量表中所涉及的测量维度与测量条目是在文献研究、访谈等基础上所初步拟定的，其有效性还有待检验，因此，恳请您的协助。**本次调查采用不记名方式填写，填写内容无好坏之分，亦不对外公开，仅供学术分析，请您安心作答。**

　　在此谨对您的协助与支持，致以最诚挚的谢意！

厦门大学教育研究院创新创业教育研究团队

第一部分　基本信息

　　1. 您的性别：□男　　□女
　　2. 您是(可多选)：□讲师　　□副教授　　□教授　　□创新创业导师
　　3. 您的专业领域(填空)：_____

第二部分　量表内容效度的评价

　　指导语：创新创业能力是个体认识到自我的价值和成长的意义，并能够积极地与外界环境产生有效互动，在不断挑战自己的创新创业行为上所具有的个人特征和行为表现。本问卷旨在判断大学生创新创业能力量表中的各个测量条目与其所属维度定义的符合程度，即判断各测量条目能否体现其对应维度的定义。

　　请您结合下文各维度的定义，判断各测量条目能否体现其对应维度的定义，并在相应的符合程度下打"√"。

　　评定分值标准及含义：

　　"1"指：认为该题项与所属维度不相关

"2"指:认为该题项与所属维度弱相关

"3"指:认为该题项与所属维度较强相关

"4"指:认为该题项与所属维度非常相关

维度一:自我认知 定义:一个人对自己的性格、兴趣和优势有清晰的认识	1	2	3	4
1	我了解自己的性格				
2	我了解自己的兴趣				
3	我了解自己的发展需求				
4	我知道自己是怎样的人				
5	我相信自己能够很好地解决各种问题				
6	我清晰地知道自己的优势				
7	我能成功地应对许多挑战				

维度二:自我认同 定义:一个人对自己能力和存在价值的肯定	1	2	3	4
1	我认为自己是一个有价值的人				
2	总体来说,我对自己是满意的				
3	我觉得自己有能力成就一番事业				
4	我相信我会得到应得的成功				
5	我能成功地完成任务				

维度三:评估形势 定义:指一个人对自己所处的环境态势能够做出准确地把握	1	2	3	4
1	我对自己未来有清晰的认知				
2	我能决定自己的发展道路				
3	我能够很好地掌控自己的行动				
4	我能够很好地判断外界形势变化				
5	我对社会需求有清楚的认知				
6	我能及时捕捉社会信息				

维度四:设置目标 定义:指一个人知道自己在合适的时间内该追求什么	1	2	3	4
1	做事情前我都要先明确自己的目标				
2	我的目标需要我全力以赴				
3	我为自己制定了短期目标和中长期目标				

4	我有明确的发展目标				
5	我知道该如何实现自己的目标				
6	我有具体而又明确的目标				
7	我很清楚我在学习工作中该怎么做				
维度五:制定规划 **定义:指一个人对自己应做的事项能够进行通盘考虑**		1	2	3	4
1	做事情前我都会做任务分解				
2	在任务分解时我都会区分重点与难点				
3	做事情前我都会把任务分解到具体行动步骤				
4	每一步行动计划都有确定的期限				
5	进行计划时,我都会留出一定的余地				
6	我会提前规划				
维度六:筹划资源 **定义:指一个人知道自己行动需要什么资源并能够想办法获得**		1	2	3	4
1	我能根据目标合理规划资源				
2	我能快速获取到想要的资源				
3	我能充分利用现有的资源以实现目标				
4	我能主动拓展原有的资源以实现目标				
5	我善于获取完成目标所需的相关资源				
6	我会找关键人物帮助我达到目标				
维度七:主动性 **定义:指一个人积极地把想法付诸行动**		1	2	3	4
1	一旦制定了规划,我就会立马采取行动				
2	我一直在寻找更好的方式以实现目标				
3	我善于把想法付诸实践				
4	即使别人不主动,我也会迅速采取行动				
5	我经常创造条件去实现我的目标				
6	为了完成目标,我会积极作准备				
7	无论何时,只要出现问题,我都会立刻着手寻求解决方法				

续表

维度八:冒险精神 定义:指一个人在没有十足把握的前提下仍然敢于采取行动	1	2	3	4
1 我喜欢承担有挑战性的任务				
2 我喜欢接受挑战				
3 我喜欢大胆尝试新方案				
4 我是一个雄心勃勃的人				
5 我喜欢开拓未知领域				
6 即使明知有风险,我也会试一试				
维度九:大胆决策 定义:指一个人善于在冲突的选择中做出最符合自己意愿的决定	1	2	3	4
1 我通常不会犹豫不决				
2 我喜欢以我自己的方式行事				
3 在决策时不害怕失败				
4 我做出的决定通常是正确的				
5 我通常可以迅速做出决定				
6 一旦做出决定后,我就不会后悔				
维度十:沟通交往 定义:指一个人有效地表达自己意见并获取他人意见的能力	1	2	3	4
1 在公共场合我能够从容地发言				
2 我能够流利自如地表达自己的想法				
3 别人总是很容易理解我所说的话				
4 与他人沟通时,我能在合适的时候做出回应				
5 我擅长与人沟通				
维度十一:团队合作 定义:指一个人善于与他人共同解决问题和克服困难的能力	1	2	3	4
1 我注重与团队成员密切配合				
2 我喜欢和别人合作				
3 在与他人合作时,我能够考虑不同人的想法				
4 工作中,我通常会考虑双方的利益				
5 我不能容忍自己在争论中输掉(R)				

维度十二：解决冲突 定义：指一个人善于搁置分歧并获得共识的能力	1	2	3	4
1 我总是想办法促进大家团结				
2 我能够尊重他人不同的观点和建议				
3 我能主动调解团队成员的意见分歧				
4 当我与他人有分歧时，我能开诚布公地讨论				
5 我都会与意见不一致的人去沟通				
维度十三：发现并评估机会 定义：指一个人善于发现事物的有利方面并把它转变成现实的能力	1	2	3	4
1 我擅长于将问题转化为机会				
2 我善于发现机会				
3 我能够评估潜在机会中的优势与劣势				
4 我能够抓住难得的机会并采取行动				
5 我不会放过任何一个了解和发现问题的机会				
6 我总是想办法为自己创造机会				
维度十四：忍受不确定性 定义：指一个人能够对事物发展不明晰状态保持平和的心态	1	2	3	4
1 我可以忍受不确定的状态				
2 我能很好地处理好意外事件				
3 不确定的状态对我影响不大				
4 我可以忍受意外的突然降临				
5 在行动中，不确定性不会阻止我前进				
6 我能够平静地接受不确定状态				
维度十五：创新行为 定义：指一个人善于从新角度思考问题并采取行动的能力	1	2	3	4
1 我经常尝试采用新的方法解决生活中出现的问题				
2 我经常会从不同的角度来思考问题				
3 我经常冒险去支持新的想法或创意				
4 我经常检验新工作方法的有效性				
5 我能够创造性地解决问题				
6 我善于产生新颖的想法				

续表

维度十六:感知风险 定义:指一个人善于发现事物不良苗头的意识及敏感性	1	2	3	4
1	我能及时发现可能存在的风险				
2	我随时留心行动中可能出现的不利状况				
3	我会及时调整任务安排中的不妥之处				
4	每次行动之前,我都要设想一下各种可能的风险				
5	我在做事情时首先会考虑可能存在的风险				

维度十七:反思学习 定义:指一个人发现自己不足并加以弥补的能力	1	2	3	4
1	我经常总结经验与教训				
2	我经常能够从失败中学到很多东西				
3	我会反思最初制定的目标是否合适				
4	我会反思工作方法是否合适				
5	当我犯错或失误后,我会进行反思				

维度十八:风险管理 定义:指一个人善于从不利角度思考问题并采取对策的能力	1	2	3	4
1	每次行动时,我都会选择最合适的时机				
2	每次行动我都要设想一下各种可能的风险				
3	一出现危机状况我就立即启动预案				
4	我做事都会提前做好备选方案				
5	我善于从不利角度思考并采取对策				

维度十九:乐观 定义:一个人对事物经常持积极的态度	1	2	3	4
1	我相信阳光总在风雨后				
2	不论未来会发生什么,我都会乐观对待				
3	我总能看到事情光明的一面				
4	当遇到不确定的事情时,我通常期盼最好的结果				
5	我凡事都看得开,几乎没有沮丧的时候				

维度二十:希望 定义:指一个人对自我始终持肯定的态度	1	2	3	4
1	遭遇失败后,我会想到这未必都是坏事				

续表

2	目前,我正精力充沛地追求自己的目标				
3	目前,我觉得自己已经取得了一定成功				
4	任何问题都有很多解决方法				
5	在困境中我会努力寻找对策				
6	我能想出很多办法来实现我目前的目标				
维度二十一:韧性 **定义:指一个人不惧怕挫折并在挫折中成长的能力**		1	2	3	4
1	为了实现目标,我可以长期坚持不懈				
2	遇到挫折时,我能够很快恢复过来并继续前进				
3	我无论如何都会去解决遇到的难题				
4	我能做到迎难而上				
5	我能够坦然面对压力				

您对大学生创新创业能力量表的意见或建议?

_____

_____

_____

附录三:大学生创新创业能力调查问卷(初始量表)

亲爱的同学:

　　您好! 非常感谢您在忙碌中参与此次调查。本量表由厦门大学教育研究院创新创业教育研究团队研发,旨在测量大学生创新创业能力,以深入推进创新创业教育发展。

　　本次调查为匿名测试,测试结果仅用于学术分析,请您放心填写!

　　在此谨对您的协助与支持,致以最诚挚的谢意!

厦门大学教育研究院创新创业教育研究团队

　　请根据您的实际情况选择"非常不同意~非常同意"。

序号	自我评价项目	认同度				
		非常不同意	不同意	不确定	同意	非常同意
1	我认为自己是一个有价值的人					
2	总体来说,我对自己是满意的					
3	我知道自己是怎样的人					
4	我觉得自己有能力成就一番事业					
5	我相信自己能够很好地解决各种问题					
6	我清晰地知道自己的优势					
7	我了解自己的性格					
8	我了解自己的兴趣					
9	我了解自己的发展需求					
10	我能成功地应对许多挑战					
11	我对自己未来发展方向有清晰的认识					
12	我能决定自己的发展道路					
13	我能够很好地掌控自己的行动					

续表

序号	自我评价项目	认同度				
		非常不同意	不同意	不确定	同意	非常同意
14	我能够很好地判断外界形势变化					
15	我有明确的发展目标					
16	我的目标需要我全力以赴去实现					
17	我为自己制定了短期目标和中长期目标					
18	做事情前我都要先明确自己的目标					
19	我知道该如何实现自己的目标					
20	我做事情前都会做任务分解					
21	在任务分解时我都会区分重点与难点					
22	我做事情前会把任务分解到具体行动步骤					
23	每一步行动计划都有确定的期限					
24	进行计划时,我都会留出一定的余地					
25	我能根据目标合理地规划资源					
26	我能快速获取到想要的资源					
27	我能充分利用现有的资源以实现目标					
28	我能主动拓展原有的资源以实现目标					
29	一旦制定了规划,我就会立马采取行动					
30	我一直在寻找更好的方式以实现目标					
31	我善于把想法付诸实践					
32	即使别人不主动,我也会迅速采取行动					
33	我经常创造条件去实现我的目标					
34	我喜欢接受挑战					
35	我喜欢大胆尝试新方案					
36	我是一个雄心勃勃的人					
37	我喜欢开拓未知领域					
38	即使明知有风险,我也会试一试					
39	我喜欢承担有挑战性的任务					
40	我通常可以迅速做出决定					

续表

序号	自我评价项目	认同度				
		非常不同意	不同意	不确定	同意	非常同意
41	我总是能做出正确的决定					
42	我在决策时不害怕失败					
43	我喜欢以我自己的方式行事					
44	我通常不会犹豫不决					
45	一旦做出决定后,我就不会后悔					
46	我能够流利自如地表达自己的想法					
47	在公共场合我能够从容地发言					
48	别人总是很容易理解我所说的话					
49	与他人沟通时,我能在合适的时候做出回应					
50	我擅长与人沟通					
51	在与他人合作时,我能够考虑不同人的想法					
52	我喜欢和别人合作					
53	我注重与团队成员密切配合					
54	工作中,我通常会考虑双方的利益					
55	我能够尊重他人不同的观点和建议					
56	我能主动调解团队成员的意见分歧					
57	我都会与意见不一致的人去沟通					
58	我总是想办法促进大家团结					
59	当我与他人有分歧时,我能开诚布公地讨论					
60	我善于发现机会					
61	我擅长于将问题转化为机会					
62	我能够评估潜在机会中的优势与劣势					
63	我能够抓住难得的机会并采取行动					
64	我可以忍受不确定的状态					
65	我能很好地处理好意外事件					
66	不确定的状态对我影响不大					
67	我可以忍受意外的突然降临					

续表

序号	自我评价项目	认同度				
		非常不同意	不同意	不确定	同意	非常同意
68	我能够平静地接受不确定状态					
69	在行动中,不确定性不会阻止我前进					
70	我经常尝试采用新的方法解决生活中出现的问题					
71	我经常会从不同的角度来思考问题					
72	我经常冒险去支持新的想法或创意					
73	我经常检验新方法的有效性					
74	我能够创造性地解决问题					
75	我善于产生新颖的想法					
76	每次行动我都要设想一下各种可能的风险					
77	一出现危机状况我就立即启动预案					
78	每次行动时,我都要选择最合适的时机					
79	我做事都会提前做好备选方案					
80	我善于从不利角度思考并采取对策					
81	我经常能够从失败中学到很多东西					
82	我经常总结经验与教训					
83	我会反思最初制定的目标是否合适					
84	我会反思工作方法是否合适					
85	我随时留心行动中可能出现的不利状况					
86	我会及时调整任务安排中的不妥之处					
87	我能及时发现可能存在的风险					
88	不论未来会发生什么,我都会乐观对待					
89	我总能看到事情光明的一面					
90	我相信阳光总在风雨后					
91	当遇到不确定的事情时,我通常期盼最好的结果					
92	我凡事都看得开,几乎没有沮丧的时候					
93	在困境中我会努力寻找对策					
94	我认为任何问题都有很多解决方法					

续表

序号	自我评价项目	认同度				
		非常不同意	不同意	不确定	同意	非常同意
95	目前,我认为自己在生活和学习上相当成功。					
96	目前,我正精力充沛地追求自己的目标					
97	遭遇失败后,我会想到这未必都是坏事					
98	我能想出很多办法来实现我目前的目标					
99	为了实现目标,我可以长期坚持不懈					
100	遇到挫折时,我能够很快恢复过来并继续前进					
101	我无论如何都会去解决遇到的难题					
102	我能做到迎难而上					
103	我能够坦然面对压力					

附录四:大学生创新创业能力调查问卷(终版量表)

亲爱的同学:

您好!非常感谢您在忙碌中参与此次调查。本量表由厦门大学教育研究院创新创业教育研究团队研发,旨在测量大学生创新创业能力,以深入推进创新创业教育发展。

本次调查为匿名测试,测试结果仅用于学术分析,请您放心填写!

在此谨对您的协助与支持,致以最诚挚的谢意!

厦门大学教育研究院创新创业教育研究团队

第一部分:大学生创新创业能力

请根据您的实际情况选择"非常不同意~非常同意"。

序号	自我评价题目	认同度				
		非常不同意	不同意	不确定	同意	非常同意
1	我认为自己是一个有价值的人					
2	总体来说,我对自己是满意的					
3	我知道自己是怎样的人					
4	我觉得自己有能力成就一番事业					
5	我相信自己能够很好地解决各种问题					
6	我清晰地知道自己的优势					
7	我了解自己的性格					
8	我了解自己的兴趣					
9	我对自己未来发展方向有清晰的认识					
10	我能决定自己的发展道路					
11	我能够很好地掌控自己的行动					

续表

序号	自我评价题目	认同度				
		非常不同意	不同意	不确定	同意	非常同意
12	我能够很好地判断外界形势变化					
13	我有明确的发展目标					
14	我的目标需要我全力以赴去实现					
15	我为自己制定了短期目标和中长期目标					
16	做事情前我都要先明确自己的目标					
17	我知道该如何实现自己的目标					
18	我做事情前都会做任务分解					
19	在任务分解时我都会区分重点与难点					
20	我做事情前会把任务分解到具体行动步骤					
21	每一步行动计划都有确定的期限					
22	进行计划时,我都会留出一定的余地					
23	我能快速获取到想要的资源					
24	我能充分利用现有的资源以实现目标					
25	我能主动拓展原有的资源以实现目标					
26	一旦制定了规划,我就会立马采取行动					
27	我一直在寻找更好的方式以实现目标					
28	我善于把想法付诸实践					
29	即使别人不主动,我也会迅速采取行动					
30	我经常创造条件去实现我的目标					
31	我喜欢接受挑战					
32	我喜欢大胆尝试新方案					
33	我是一个雄心勃勃的人					
34	我喜欢开拓未知领域					
35	即使明知有风险,我也会试一试					
36	我喜欢承担有挑战性的任务					
37	我通常可以迅速做出决定					
38	我总是能做出正确的决定					

续表

序号	自我评价题目	认同度				
		非常不同意	不同意	不确定	同意	非常同意
39	我在决策时不害怕失败					
40	我喜欢以我自己的方式行事					
41	我通常不会犹豫不决					
42	一旦做出决定后,我就不会后悔					
43	我能够流利自如地表达自己的想法					
44	在公共场合我能够从容地发言					
45	别人总是很容易理解我所说的话					
46	与他人沟通时,我能在合适的时候做出回应					
47	我擅长与人沟通					
48	在与他人合作时,我能够考虑不同人的想法					
49	我喜欢和别人合作					
50	我注重与团队成员密切配合					
51	工作中,我通常会考虑双方的利益					
52	我能够尊重他人不同的观点和建议					
53	我能主动调解团队成员的意见分歧					
54	我都会与意见不一致的人去沟通					
55	我总是想办法促进大家团结					
56	当我与他人有分歧时,我能开诚布公地讨论					
57	我善于发现机会					
58	我擅长于将问题转化为机会					
59	我能够评估潜在机会中的优势与劣势					
60	我能够抓住难得的机会并采取行动					
61	我可以忍受不确定的状态					
62	不确定的状态对我影响不大					
63	我可以忍受意外的突然降临					
64	我能够平静地接受不确定状态					
65	在行动中,不确定性不会阻止我前进					

续表

序号	自我评价题目	认同度				
		非常不同意	不同意	不确定	同意	非常同意
66	我经常尝试采用新的方法解决生活中出现的问题					
67	我经常会从不同的角度来思考问题					
68	我经常冒险去支持新的想法或创意					
69	我经常检验新方法的有效性					
70	我能够创造性地解决问题					
71	我善于产生新颖的想法					
72	每次行动我都要设想一下各种可能的风险					
73	一出现危机状况我就立即启动预案					
74	每次行动时,我都要选择最合适的时机					
75	我做事都会提前做好备选方案					
76	我善于从不利角度思考并采取对策					
77	我经常能够从失败中学到很多东西					
78	我经常总结经验与教训					
79	我会反思最初制定的目标是否合适					
80	我会反思工作方法是否合适					
81	我会及时调整任务安排中的不妥之处					
82	不论未来会发生什么,我都会乐观对待					
83	我总能看到事情光明的一面					
84	我相信阳光总在风雨后					
85	当遇到不确定的事情时,我通常期盼最好的结果					
86	我凡事都看得开,几乎没有沮丧的时候					
87	我认为任何问题都有很多解决方法					
88	目前,我认为自己在生活和学习上相当成功					
89	目前,我正精力充沛地追求自己的目标					
90	我能想出很多办法来实现我目前的目标					
91	为了实现目标,我可以长期坚持不懈					
92	我无论如何都会去解决遇到的难题					
93	我能做到迎难而上					

第二部分　个人信息

1. 您的性别：

A.男　B.女

2. 您的年级：

A.大一　B.大二　C.大三　D.大四及以上

3. 您的专业所在学科门类：

A.哲学　B.经济学　C.法学　D.教育学　E.文学　　F.历史学

G.理学　H.工学　　I.农学　J.医学　　K.管理学　L.艺术学

4. 您所在高校的名称：

_____

5. 您的家庭所在地：

A.农村　B.乡镇　C.县城　D.地级市　E.省会城市

6. 根据您目前的成绩,您在班级的排名是：

A.前 5％(含)　B.5％～35％(含)　C.35％～65％(含)　D.65％～95％
(含)　E.后 5％

7. 您在大学期间的学生干部经历：

A.无　B.1 年及以下　C.1～2 年(含)　D.2 年以上

8. 您在大学期间的社团经历：

A.无　B.1 年及以下　C.1～2 年(含)　D.2 年以上

9. 您在大学期间的创业经历：

A.无　B.有

附录五：大学生创新创业能力评价指标体系权重打分表

尊敬的专家：

您好！本研究旨在研究大学生创新创业能力评价指标体系各指标的权重，以便客观、科学地去评价学生的创新创业能力，现请您结合实际工作中的体会，对问卷中提到的两个指标的相对重要性加以比较，请在表中相应的分数下打"√"。问卷采用1～9标度法，具体九级标度含义如附表5-1所示：

附表 5-1　标度分值说明

A 与 B 的关系	选择范围	具体标度分值及含义							
A 与 B 同等重要	选择 1	1							
A 比 B 重要	选择＞1 的数值,(即 2 到 9)	微小重要	稍微重要	更为重要	明显重要	十分重要	强烈重要	更强烈重要	极端重要
		2	3	4	5	6	7	8	9
A 比 B 不重要	选择＜1 的数值(即 1/2 到 1/9)	微小不重要	稍微不重要	更为不重要	明显不重要	十分不重要	强烈不重要	更强烈不重要	极端不重要
		1/2	1/3	1/4	1/5	1/6	1/7	1/8	1/9

创新创业能力分为 7 个子能力，7 个子能力的指标说明：

目标确定能力：表现为一个人根据自身实际情况和社会需要确定行动目标的能力。

行动筹划能力：表现为一个人对达到目标所需要的条件进行系统规划设计的能力。

果断决策能力：表现为一个人能够在复杂的选择面前快速做出决定的能力。

沟通合作能力：表现为一个人与他人形成一致行动目标并采取一致行动的能力。

把握机遇能力:表现为一个人快速识别机遇并准确地把握机遇的能力。

防范风险能力:表现为一个人发现潜藏的风险并预先采取对策的能力。

逆境奋起能力:表现为一个人勇敢地面对失败打击并寻求新的突破的能力。

具体如附表 5-2 所示:

附表 5-2 创新创业能力的 7 个子能力间重要性比较(打分表)

两两能力对比	重要性程度																
	同样重要	微小重要	稍为重要	更为重要	明显重要	十分重要	强烈重要	更强烈重要	极端重要	微小不重要	稍为不重要	更为不重要	明显不重要	十分不重要	强烈不重要	更强烈不重要	极端不重要
	1	2	3	4	5	6	7	8	9	$\frac{1}{2}$	$\frac{1}{3}$	$\frac{1}{4}$	$\frac{1}{5}$	$\frac{1}{6}$	$\frac{1}{7}$	$\frac{1}{8}$	$\frac{1}{9}$
目标确定能力 VS 行动筹划能力																	
目标确定能力 VS 果断决策能力																	
目标确定能力 VS 沟通合作能力																	
目标确定能力 VS 把握机遇能力																	
目标确定能力 VS 防范风险能力																	
目标确定能力 VS 逆境奋起能力																	
行动筹划能力 VS 果断决策能力																	
行动筹划能力 VS 沟通合作能力																	
行动筹划能力 VS 把握机遇能力																	

续表

两两能力对比	重要性程度																
	同样重要	微小重要	稍微重要	更为重要	明显重要	十分重要	强烈重要	更强烈重要	极端重要	微小不重要	稍微不重要	更为不重要	明显不重要	十分不重要	强烈不重要	更强烈不重要	极端不重要
	1	2	3	4	5	6	7	8	9	$\frac{1}{2}$	$\frac{1}{3}$	$\frac{1}{4}$	$\frac{1}{5}$	$\frac{1}{6}$	$\frac{1}{7}$	$\frac{1}{8}$	$\frac{1}{9}$
行动筹划能力 VS 防范风险能力																	
行动筹划能力 VS 逆境奋起能力																	
果断决策能力 VS 沟通合作能力																	
果断决策能力 VS 把握机遇能力																	
果断决策能力 VS 防范风险能力																	
果断决策能力 VS 逆境奋起能力																	
沟通合作能力 VS 把握机遇能力																	
沟通合作能力 VS 防范风险能力																	
沟通合作能力 VS 逆境奋起能力																	
把握机遇能力 VS 防范风险能力																	
把握机遇能力 VS 逆境奋起能力																	
防范风险能力 VS 逆境奋起能力																	

目标确定能力分为 4 个子能力,4 个子能力的指标说明:

自我认知:一个人对自己的性格、兴趣和优势有清晰的认识。

自我认同:一个人对自己能力和存在价值的肯定。

评估形势:一个人对自己所处的环境态势能够做出准确地把握。

设置目标:一个人知道自己在合适的时间内该追求什么。

具体如附表 5-3 所示:

附表 5-3　目标确定能力的 4 个子能力间重要性比较(打分表)

	同样重要	微小重要	稍微重要	更为重要	明显重要	十分重要	强烈重要	更强烈重要	极端重要	微小不重要	稍微不重要	更为不重要	明显不重要	十分不重要	强烈不重要	更强烈不重要	极端不重要
	1	2	3	4	5	6	7	8	9	1/2	1/3	1/4	1/5	1/6	1/7	1/8	1/9
自我认知 VS 自我认同																	
自我认知 VS 评估形势																	
自我认知 VS 设置目标																	
自我认同 VS 评估形势																	
自我认同 VS 设置目标																	
评估形势 VS 设置目标																	

行动筹划能力分为 2 个子能力,2 个子能力的指标说明:

制定规划:一个人对自己应做的事项能够进行通盘考虑。

主动行为:一个人积极地把想法付诸行动。

具体如附表 5-4 所示:

附表 5-4　行动筹划能力的 2 个子能力间重要性比较(打分表)

	同样重要	微小重要	稍微重要	更为重要	明显重要	十分重要	强烈重要	更强烈重要	极端重要	微小不重要	稍微不重要	更为不重要	明显不重要	十分不重要	强烈不重要	更强烈不重要	极端不重要
	1	2	3	4	5	6	7	8	9	1/2	1/3	1/4	1/5	1/6	1/7	1/8	1/9
制定规划 VS 主动行为																	

果断决策能力分为 2 个子能力, 2 个子能力的指标说明:

冒险精神: 一个人在没有十足把握的前提下仍然敢于采取行动。

大胆决策: 一个人善于在冲突的选择中做出最符合自己意愿的决定。

具体如附表 5-5 所示:

附表 5-5 果断决策能力的 2 个子能力间重要性比较(打分表)

	同样重要	微小重要	稍微重要	更为重要	明显重要	十分重要	强烈重要	更强烈重要	极端重要	微小不重要	稍微不重要	更为不重要	明显不重要	十分不重要	强烈不重要	更强烈不重要	极端不重要
	1	2	3	4	5	6	7	8	9	1/2	1/3	1/4	1/5	1/6	1/7	1/8	1/9
冒险精神 VS 大胆决策																	

沟通合作能力分为 2 个子能力, 2 个子能力的指标说明:

沟通交往: 一个人有效地表达自己意见并获取他人意见的能力。

团队合作: 一个人善于与他人共同解决问题、克服困难并能够搁置分歧以达到获得共识的能力。

具体如附表 5-6 所示:

附表 5-6 沟通合作能力的 2 个子能力间重要性比较(打分表)

	同样重要	微小重要	稍微重要	更为重要	明显重要	十分重要	强烈重要	更强烈重要	极端重要	微小不重要	稍微不重要	更为不重要	明显不重要	十分不重要	强烈不重要	更强烈不重要	极端不重要
	1	2	3	4	5	6	7	8	9	1/2	1/3	1/4	1/5	1/6	1/7	1/8	1/9
沟通交往 VS 团队合作																	

把握机遇能力分为 3 个子能力, 3 个子能力的指标说明:

发现并评估机会: 一个人善于发现事物的有利方面并把它转变成现实的能力。

忍受不确定性: 一个人能够对事物发展不明晰状态保持平和的心态。

创新行为: 一个人善于从新角度思考问题并采取行动的能力。

具体如附表 5-7 所示：

附表 5-7 把握机遇能力的 3 个子能力间重要性比较（打分表）

	同样重要	微小重要	稍微重要	更为重要	明显重要	十分重要	强烈重要	更强烈重要	极端重要	微小不重要	稍微不重要	更为不重要	明显不重要	十分不重要	强烈不重要	更强烈不重要	极端不重要
	1	2	3	4	5	6	7	8	9	1/2	1/3	1/4	1/5	1/6	1/7	1/8	1/9
发现并评估机会 VS 忍受不确定性																	
发现并评估机会 VS 创新行为																	
忍受不确定性 VS 创新行为																	

防范风险能力分为 2 个子能力,2 个子能力的指标说明：

反思学习：一个人善于发现自己不足并加以弥补的能力。

风险管理：一个人善于从不利角度思考问题并采取对策的能力。

具体如附表 5-8 所示：

附表 5-8 防范风险能力的 2 个子能力间重要性比较（打分表）

	同样重要	微小重要	稍微重要	更为重要	明显重要	十分重要	强烈重要	更强烈重要	极端重要	微小不重要	稍微不重要	更为不重要	明显不重要	十分不重要	强烈不重要	更强烈不重要	极端不重要
	1	2	3	4	5	6	7	8	9	1/2	1/3	1/4	1/5	1/6	1/7	1/8	1/9
反思学习 VS 风险管理																	

逆境奋起能力分为 2 个子能力,2 个子能力的指标说明：

乐观：一个人对事物经常持积极的态度。

韧性：一个人对自我始终持肯定的态度，并不惧怕挫折，且在挫折中成长的能力。

具体如附表 5-9 所示：

附表 5-9　逆境奋起能力的 2 个子能力间重要性比较(打分表)

	同样重要	微小重要	稍微重要	更为重要	明显重要	十分重要	强烈重要	更强烈重要	极端重要	微小不重要	稍微不重要	更为不重要	明显不重要	十分不重要	强烈不重要	更强烈不重要	极端不重要
	1	2	3	4	5	6	7	8	9	1/2	1/3	1/4	1/5	1/6	1/7	1/8	1/9
乐观 VS 韧性																	

后 记

  《中国大学生创新创业能力结构与发展水平研究》是我主持的国家自然科学基金课题研究的主要代表性成果,它担负着如下四个基本使命:(1)系统地总结团队前期的理论探讨成果;(2)系统地报告大学生创新创业能力量表研制过程;(3)系统地报告运用大学生创新创业能力量表在全国进行大规模测量的结果;(4)对我国创新创业教育及未来大学生创新创业能力研究进行展望与建议。

  首先,本书作为课题研究代表性成果的呈现,需要对课题组前期研究成果进行系统总结。因为课题组有丰富的理论研究成果,在很多方面具有开创性,需要在此处重点呈现出来。如我们对创新创业概念进行了重新界定,对创新创业教育的价值进行重新定位,对创新创业能力做出了新的界定,对创新创业能力结构模型进行了初步构想。这些理论探讨成果大部分都以论文的形式发表了,所以,在本书需要进行整合。这个工作主要由杨振芳同学协助我完成。

  其次,本书作为国家自然科学基金资助项目的代表性成果,需要系统地报告课题组的原创性贡献——大学生创新创业能力量表的研制过程,这是本次课题研究的重头戏。段肖阳博士全程参与了量表研制工作,她作为核心成员在研制过程中承担联系人角色,对研究进程体会也最深,所以她是这项工作的主要负责人。在她博士毕业后,她负责的工作由郑雅倩同学接替,所以她们两个人共同承担了这部分工作。

  再次,本书需要系统地报告运用大学生创新创业能力量表进行全国大规模测量的结果和发现,这个结果和发现是本次实证研究的主要成果,它也是对我们前期理论探讨和量表研制工作效果的检验,这部分工作异常重要。该部分工作由郑雅倩同学负责,因为她不仅全程参与了量化数据采集、处理和分析过程,而且也进行了质性数据的采集、分析和处理,如此就可以将两方面数据结合起来进行分析,从而可以有更多的发现。

最后,在她们三个人工作的基础上,我对整个研究发现进行了总结分析,并且对未来研究趋势进行了展望。可以说,如果没有她们三个人的基础性工作,我的工作就无从开展。我虽然进行了大量的理论探讨工作,但没有来得及进行系统梳理。作为一本专著,也需要他者视角进行审视,杨振芳同学帮助我完成了这项工作。杨振芳同学因为具有量化研究和心理学研究的基础,在我们团队进行实证研究过程中发挥了很好的协助作用。

具体而言,在本书撰写中,杨振芳博士生协助我完成了第一章部分,段肖阳负责第二章(创新创业能力研究进展)、第三章主体内容(大学生创新创业能力结构的理论模型),并协助我完成了第三章中关于创新创业能力的理论研究工作,郑雅倩负责第四章(大学生创新创业能力结构模型的实证检验)和第五章(大学生创新创业能力发展水平的实证研究)及第一章部分内容(研究设计),我负责第六章和对整本书的统筹。我对同学们的团结协作、高效工作、追求完善的作风感到由衷的欣慰。

在课题申报和推进过程中,我们得到了多方面的热情支持,在此我们对参与课题研究设计的张启富博士生、汤智博士生、陈坤党博士生、吴强博士生、徐志强博士生、汤建博士、段肖阳博士表示衷心感谢,特别是对课题设计进行指导的沈红教授、陆根书教授、张建卫教授表示诚挚的敬意,对课题中期成果修改过程中提供指导性意见的陆根书教授、马永霞教授和吕林海教授表示真诚的谢意,此外特别向对课题成果发表给予大力支持的《江苏高教》、《教育发展研究》、《高校教育管理》、《华中师范大学学报》(人文社会科学版)、《山西大学学报》(哲学社会科学版)、《创新与创业教育》等编辑部同仁致敬,正是大家的共同支持才使课题顺利完成并做出了创造性的贡献。